PSICOLOGIA DAS MASSAS

Blucher

PSICOLOGIA DAS MASSAS

Um século de pensamento crítico

Organizadores

Gisele Papeti

Joaquim Pereira da Silva Junior

Maria Luiza Scrosoppi Persicano

Sandra Aparecida Ramos de Mello

Psicologia das massas: um século de pensamento crítico

Publisher Edgard Blücher
Editor Eduardo Blücher
Coordenação editorial Jonatas Eliakim
Produção editorial Ariana Corrêa
Preparação de texto Ana Maria Fiorini
Diagramação Guilherme Henrique
Revisão de texto MPMB
Capa Leandro Cunha
Imagem da capa A descoberta da Terra (1941), de Candido Portinari (1903-1962), São Paulo, Brasil, via Wikimedia Commons

Blucher

Rua Pedroso Alvarenga, 1245, 4º andar
04531-934 – São Paulo – SP – Brasil
Tel.: 55 11 3078-5366
contato@blucher.com.br
www.blucher.com.br

Segundo o Novo Acordo Ortográfico, conforme 5. ed. do *Vocabulário Ortográfico da Língua Portuguesa*, Academia Brasileira de Letras, março de 2009.

Dados Internacionais de Catalogação
na Publicação (CIP)
Angélica Ilacqua CRB-8/7057

Psicologia das massas: um século de pensamento crítico / organizado por Gisele Papeti...[et al]. - São Paulo: Blucher, 2022.

312 p.

Bibliografia

ISBN 978-65-5506-448-3 (impresso)

1. Psicanálise I. Papeti, Gisele

22-4552 CDD 150.195

Índice para catálogo sistemático:
1. Psicanálise

In memoriam
Angela Di Munno Arruda

Guardaremos com amor a sua imagem
dentro de cada um de nós. Seu legado
permanecerá sempre vivo no psiquismo grupal.

Grupo de Estudos
Psicanálise, Grupos e Instituições

Sobre a Coleção Departamento Formação em Psicanálise

O Departamento Formação em Psicanálise tem a satisfação de apresentar mais um volume de sua Coleção, seguindo adiante com nosso compromisso em difundir o pensamento psicanalítico, sempre em concordância com a Carta de Princípios do Instituto *Sedes Sapientiae*, corpo social onde estamos inseridos.

Trazemos, por meio da Coleção Departamento Formação em Psicanálise, em união com a Editora Blucher – notória referência no campo da publicação psicanalítica –, uma proposta de trabalhos que corroboram a práxis de uma psicanálise implicada, ética e politicamente, no campo da reflexão crítica permanente e na esteira do que permeia nossa atualidade.

Convidando leitores a pensar, temos oito livros publicados anteriormente. Neste novo volume, reunimos o registro do evento *Psicologia das Massas: um século de pensamento crítico,* promovido pelo Departamento Formação em Psicanálise, em 18 e 19 de junho de 2021, com a participação de autores de importante expressão e de diversos pensamentos psicanalíticos. Para finalizar a construção desta obra, somamos ainda outras produções que consideramos agregadoras, a fim de celebrar o centenário de um dos textos de maior relevância do legado freudiano.

Com essa intersecção de saberes, nosso intuito é extrapolar os muros da instituição à qual pertencemos, contribuindo com a sociedade e tecendo de forma mais rica a possibilidade de questionar, com fecundidade e vivacidade, o coletivo na contemporaneidade.

Desejamos a todos uma boa leitura.

Comissão de Publicação

Departamento Formação em Psicanálise

Instituto *Sedes Sapientiae*

Sobre as pessoas autoras e organizadoras

Alexandre Santos Ferreira. Psicanalista pelo Departamento Formação em Psicanálise do Instituto *Sedes Sapientiae* (ISS), formado em Comunicação Social pela Universidade de Brasília (UnB) e em Coordenação e Manejo de Grupos pelo curso de Aprimoramento do Centro de Educação Permanente do Núcleo de Estudos em Saúde Mental e Psicanálise das Configurações Vinculares (Nesme).

Contato: ale@mod.com.br

Ana Elias Barbosa. Psicóloga, psicanalista e membro do Departamento Formação em Psicanálise do Instituto *Sedes Sapientiae* (ISS). Participante do Grupo de Estudos "Psicanálise, Grupos e Instituições" do mesmo Departamento. Administradora de empresas.

Contato: anaelias_19@yahoo.com.br

Carla Penna. Doutora em psicologia clínica pela Pontifícia Universidade Católica do Rio de Janeiro (PUC-Rio), psicanalista do Círculo Psicanalítico do Rio de Janeiro, membro do *Scientific Committee da Group Analytic Society International* e da *International Association for*

Group Psychotherapy and Group Processes. Ex-presidente da Sociedade de Psicoterapia Analítica de Grupo do Estado do Rio de Janeiro e da Associação Brasileira de Psicoterapia de Grupo. Ex-professora visitante de Psicologia Médica na Faculdade de Ciências Médicas/ Universidade do Estado do Rio de Janeiro (UERJ). Publicou os livros *Inconsciente social*, pela Casa do Psicólogo (2014), e *From crowd psychology to dynamics of large groups: historical, theoretical and practical considerations*, pela Routledge (2022).

Contato: drcarlapenna@gmail.com

Cristina Rocha Dias. Psicanalista, membro do Departamento Formação em Psicanálise do Instituto *Sedes Sapientiae* (ISS). Mestre em Psicologia Clínica pelo Instituto de Psicologia da Universidade de São Paulo (IPUSP). Docente do curso Formação em Psicanálise e coordenadora do curso Educadores e práticas sociais: escuta, transmissão e cuidado em contextos de vulnerabilidade, no ISS. Pesquisadora do Laboratório Psicanálise, Sociedade e Política (PSOPOL).

Contato: crisrdias@gmail.com

Gisele Papeti (org.). Psicóloga e psicanalista. Membro do Departamento Formação em Psicanálise do Instituto *Sedes Sapientiae* (ISS). Pós-graduada em Saúde Mental pela Santa Casa de Misericórdia de São Paulo. Membro do Núcleo Acesso – Estudos, Intervenções e Pesquisa sobre Adoção e membro da Comissão de Publicação do Departamento Formação em Psicanálise, ambos no ISS.

Contato: giselepapeti@gmail.com

Helenice Oliveira Rocha. Psicóloga, psicanalista, mestre em Psicologia pela Universidade São Marcos, membro, professora e supervisora no Curso Formação em Psicanálise do Departamento Formação em Psicanálise do Instituto *Sedes Sapientiae* (ISS). Autora do livro *O ideal: um estudo psicanalítico*, pela Editora Vetor.

Contato: helenice.o.rocha@uol.com.br

Helgis Torres Cristófaro. Bacharel em Filosofia e mestre em Filosofia pela Faculdade de Filosofia, Letras e Ciências Humanas da Universidade de São Paulo (FFLCH/USP). Doutorando em Psicologia Social no Instituto de Psicologia da Universidade de São Paulo (IPUSP). Foi fundador e sócio-diretor da Innova TG – Inovação em Tecnologia de Gestão. Pesquisador do Laboratório de Teoria Social, Filosofia e Psicanálise (LATESFIP) da USP desde 2008. Foi diretor do Departamento de Educação Ambiental da Cidade de São Paulo e diretor da Universidade Aberta do Meio Ambiente e Cultura de Paz (Umapaz) e membro titular do Conselho para o Desenvolvimento Sustentável da Cidade de São Paulo (Cade) e do Conselho do Fundo Especial do Meio Ambiente da Cidade de São Paulo (Confema). Psicanalista pelo Departamento Formação em Psicanálise do Instituto *Sedes Sapientiae* (ISS).

Contato: helgis@terra.com.br

Joaquim Pereira da Silva Júnior (Org.). Médico (especialista em Clínica Médica, Cardiologia e Homeopatia). Psicanalista. Membro do Departamento Formação em Psicanálise do Instituto *Sedes Sapientiae* (ISS). Coorganizador do livro *Psicanálise, sexualidade e gênero: um debate em construção* e coautor de capítulo do livro *Além do vírus: psicanálise e resistência*, ambos da Coleção Departamento Formação em Psicanálise.

Contato: jpereiraj1964@gmail.com

Joel Birman. Psicanalista, membro efetivo do Espaço Brasileiro de Estudos Psicanalíticos e do *Espace Analytique* (França); professor titular do Instituto de Psicologia da Universidade Federal do Rio de Janeiro (UFRJ); professor e pesquisador do Programa de Pós-Graduação em Teoria Psicanalítica da UFRJ; diretor de Estudos em Letras e Ciências Humanas, Universidade Paris VII; pesquisador associado do Laboratório de Psicanálise, Medicina e Sociedade, da Universidade Paris VII.

Contato: joelbirman@uol.com.br

Lazslo Antonio Ávila. Mestre (Psicologia Social, USP, 1983), doutor (Psicologia Clínica, USP, 1995), pós-doutorado na *University of Cambridge* (Inglaterra, 2001). Professor livre docente, graduação e pós-graduação na Faculdade de Medicina de São José do Rio Preto (Famerp). Ex-professor do Instituto *Sedes Sapientiae* (ISS) (1979-1987). Autor de cinco livros e diversos artigos científicos.

Contato: lazslo@terra.com.br

Maria Luiza Scrosoppi Persicano (Org.). Psicóloga (IPUSP), Psicanalista (ISS). Mestre e doutora em Psicologia Clínica (PUC-SP), pós-graduação em Psicologia Escolar (IPUSP). Especialista em Psicologia Clínica e Psicologia Escolar (CRP 06) e em Psicossomática (ISS). Membro efetivo, professora e supervisora do Departamento Formação em Psicanálise do Instituto *Sedes Sapientiae* (ISS). Membro do Conselho Deliberativo do mesmo Departamento como Coordenadora da Comissão de Projeto e Pesquisa. Também coordenadora dos Grupos de Estudos "Psicopatologias do Trabalho" e "Psicanálise, Grupos e Instituições" daquela Comissão. Membro do Núcleo de Assistência Social (NAS) do ISS, no NAS/TJ-SGP e Conselho Estadual dos Direitos da Criança e do Adolescente (Condeca). Publicou o livro *A imago somatossensitiva na fantasia somática* e vários textos em revistas e livros. Fez capacitação em Fotolinguagem nível 1. CV: http://lattes.cnpq.br/7835403189738844.

Contato: mlspersicano@gmail.com

Margaret Simas Ramos Marques. Psicanalista e membro efetivo do Departamento Formação em Psicanálise pelo Instituto *Sedes Sapientiae* (ISS). Especialista em Psicologia Hospitalar pelo ISS. Pós-graduada em Psicologia Médica no Departamento de Psiquiatria da Escola Paulista de Medicina da Universidade Federal de São Paulo (Unifesp) e em Ciências da Saúde pelo Instituto de Assistência Médica ao Servidor Público Estadual de São Paulo (Iamspe). Coordenadora dos grupos de estudos "Psicanálise, Grupos e Instituições" e "Grupo de Estudos e Pesquisa: Drogas e Adicções" pelo Departamento Formação em Psicanálise do ISS. Coordenadora da Comissão de Divulgação, membro da Comissão de Clínica e do Conselho Deliberativo do referido Departamento. Membro do Núcleo de Estudos em Saúde Mental e Psicanálise das Configurações Vinculares (Nesme). Psicanalista no programa ComTato do Instituto Fazendo História.

Contato: margmarkes@gmail.com

Natália Bezerra Mota. Psiquiatra e neurocientista. Mestrado, doutorado e pós-doutorado pelo Departamento de Física da Universidade Federal de Pernambuco (UFPE). Desenvolve soluções computacionais que auxiliam rastreamento de sintomas mentais pela fala, além de verificação de desenvolvimento cognitivo saudável e conteúdo de sonhos. Publicou em 2020 um dos primeiros artigos internacionais sobre sonhos na pandemia, utilizando ferramentas computacionais para verificar indicadores de conteúdo pandêmico em relatos de sonhos no Brasil. Foi indicada três vezes para a *Latin American School for Education*, ao Prêmio "Carreira Inspiradora" pela revista *Nature*, e vencedora dos Prêmios "Inovação para o SUS", em 2017, e "Abril & Dasa", em 2018.

Contato: natalia.mota@ipub.ufrj.br

Pablo Castanho. Professor doutor do Departamento de Psicologia Clínica (PSC), do Instituto de Psicologia da Universidade de São Paulo (IPUSP). Autor do livro *Uma introdução Psicanalítica ao Trabalho com Grupos em Instituições* (São Paulo: Linear A-barca, 2018). Membro do Núcleo de Estudos em Saúde Mental e Psicanálise das Configurações Vinculares (Nesme). Membro da *International Association for Group Psychotherapy and Group Processes* (IAGP).

Contato: pablo.castanho@usp.br

Roberto Bittencourt Martins (Prefácio). Médico (Faculdade Nacional de Medicina, 1962). Psiquiatra. Psicanalista. Membro efetivo, ex-presidente e ex-diretor do Instituto da Sociedade Brasileira de Psicanálise do Rio de Janeiro. Ex-presidente da Sociedade de Psicoterapia Analítica de Grupo do Estado do Rio de Janeiro. Autor de artigos científicos e obras de ficção.

Contato: robertomartins1701@gmail.com

Rose Pompeu de Toledo. Psicóloga (PUC-SP), mestre em Psicologia Clínica (PUC-SP), com formação em Psicoterapia Infantil (Grupo de Estudos e Pesquisas Políticas da Intimidade – GEPPI), em Psicanálise dos Vínculos (Nesme) e em Psicoterapia Psicanalítica (USP). Especialista em Psicologia Clínica (CRP 06). Membro efetivo, professora e coordenadora do Centro de Educação Permanente do Nesme. Membro do NAS do Instituto *Sedes Sapientiae* (ISS), no NAS/TJ-SGP e NAS/CONDECA. Publicou textos em revistas e livro. Fez capacitação em Fotolinguagem níveis 1 e 2 com Claudine Vacheret. CV: http://lattes.cnpq.br/9797071673562098.

Contato: rptoledo@uol.com.br

Sandra Aparecida Ramos de Mello (Org.). Psicóloga. Psicanalista, membro efetivo do Departamento Formação em Psicanálise do Instituto *Sedes Sapientiae* (ISS). Participante do Grupo de Estudos

"Psicanálise, Grupos e Instituições" e coordenadora suplente da Comissão de Projeto e Pesquisa do mesmo Departamento. Especialização em Coordenação de Grupos Operativos pelo Instituto Pichon-Rivière. Orientadora Profissional e de Carreira pelo Instituto de Psicologia da Universidade de São Paulo (IPUSP) – Psicologia Social e do Trabalho (PST).

Contato: sand.mello@yahoo.com.br

Wilson Klain. Psicanalista, mestre (1988) e doutor (2020) em Psicologia Clínica pela Pontifícia Universidade Católica de São Paulo (PUC-SP). Atualmente é professor no curso de Teoria Psicanalítica da Coordenadoria Geral de Especialização, Aperfeiçoamento e Extensão da PUC-SP.

Contato: profklain@gmail.com

Apresentação

Gisele Papeti
Joaquim Pereira da Silva Junior
Maria Luiza Scrosoppi Persicano
Sandra Aparecida Ramos de Mello

Na cegueira do amor, a falta de piedade
é levada até o diapasão do crime.
(Freud, 1921)

É com alegria que fazemos chegar esta obra à comunidade psicanalítica e aos leitores de Freud em geral.

Trata-se do registro ampliado de um evento on-line e gratuito, realizado em junho de 2021, no Instituto *Sedes Sapientiae* (ISS), pelo Grupo de Estudos "Psicanálise, Grupos e Instituições", da Comissão de Projeto e Pesquisa do Departamento Formação em Psicanálise.

Nascido em março de 2019, a partir do desejo da professora Maria Luiza Scrosoppi Persicano, esse Grupo de Estudos entendeu como seminal à sua constituição, desde o seu início, o debruçar-se sobre o artigo freudiano *Psicologia das massas e análise do eu*, de 1921. Indubitavelmente, esse texto possibilita inúmeras reflexões contemporâneas, bem como promove a circulação do pensar psicanalítico com toda sua diversidade, a respeito da massa humana, de grupos e instituições em geral e da civilização como um todo.

No segundo semestre de 2020, brotou dentro do Grupo de Estudos, a ideia de promover um evento comemorativo do centenário da referida obra de Freud, como primeiro fruto do estudo e pensamento desenvolvidos nas reuniões semanais entre os membros.

Assim, foi engendrado o evento *Psicologia das Massas: um século de pensamento crítico*. A construção e a realização do encontro foram atravessadas, violentamente, pela pandemia da covid-19, e o evento, a partir desse acontecimento avassalador, foi se constituindo num trabalho grupal de luta contra os tempos mortíferos que vivíamos e que ainda hoje nos ameaçam. Vírus, guerras e polarizações políticas odientas assolam a humanidade desde sempre, mas em maior escala e, por vezes, com requintes de crueldade nunca vistos anteriormente. Em contrapartida, um estado de consciência fomentando o pensamento crítico, encontra-se cada dia mais fortalecido, permitindo um rápido desenvolvimento técnico-científico (como vacinas), negociações internacionais globais, ou possíveis melhores escolhas de nossos líderes pelas massas.

A estrutura do evento se deu num formato original de três mesas redondas:

I. Psicologia das massas e as ressonâncias de um pensamento

II. Sonho, pensamento e cultura – criando mundos

III. Laços afetivos: de Freud ao contemporâneo

As mesas redondas foram transmitidas em *lives* abertas para o público em geral, sempre precedidas de atividades grupais (Sessão de fotolinguagem; Uma experiência espontânea; Grupo de discussão), fechadas e restritas a inscritos. O encerramento contou com mais uma palestra (Do virtual ao digital) e a presença, na tela, de todos os membros do grupo de estudos (Alexandre Santos Ferreira, Ana Elias Barbosa, Angela Di Munno Arruda, Cássio Barroso Padilha, Gabriela Pessoa, Helgis Torres Cristófaro, Isabela Cury Calil, Ismael Alves Freitas, Jaime Troiano, Joaquim Pereira da Silva Junior, Margaret Simas Ramos Marques, Maria Luiza Scrosoppi Persicano e Sandra Aparecida Ramos de Mello), que haviam participado e se distribuído nos bastidores do evento, nos chats do YouTube, recebendo e endereçando comentários e questionamentos do público on-line. Dessa forma, orquestrou-se a vivência de um trabalho grupal na prática e a realização do próprio evento.

Os palestrantes foram, então, convidados a publicar o material apresentado e/ou inspirado no texto freudiano de 1921. E, assim, chegamos até aqui, nesta obra, que agora entregamos ao grande público leitor de Freud, prefaciada por Roberto Bittencourt Martins, com o qual percorremos a história, desde o momento inicial, da psicoterapia analítica de grupo no Brasil.

Maria Luiza Scrosoppi Persicano e Rose Pompeu de Toledo, em "O pensamento crítico grupal em abertura de evento: uma sessão de Fotolinguagem", apresentam conceitos dos autores que mais lhes servem de embasamento ao trabalho psicanalítico grupal, a saber, Wilfred Bion, Pichon-Rivière e René Kaës, além do entendimento sobre "Objeto Mediador", no qual a Fotolinguagem é um dispositivo passível de utilização. Ademais, trazem recortes de falas da sessão propriamente dita – respeitando as questões da confidencialidade –, produzidas a partir da pergunta "Como é viver em sociedade para você? Responda com uma foto". Esse trecho nos permite perceber que seu trabalho como cocoordenadoras vai além do aqui e agora vivido na sessão, conduzindo também o leitor de seu capítulo pelos meandros da vivência de um sonhar grupal, possibilitando um caminhar pelas vias representacionais, em direção à simbolização.

Em "O centenário da psicologia das massas freudiana: seu legado para o estudo das formações coletivas", de Carla Penna, percorremos um pouco mais do que esses cem anos, começando, na realidade, no final do século XIX, pelo entendimento de Le Bon sobre a assim nomeada por ele "alma coletiva". Em seguida, expandimos e atravessamos com Freud as primeiras décadas do século XX, quando ele nos diz na introdução da sua obra, a qual nos serve de base, que "desde o começo, a psicologia individual . . . é, ao mesmo tempo, também psicologia social". E, por fim, chegamos à contemporaneidade de Hooper e o seu conceito de "Incoesão: Agregação/Massificação". Com todos estes elementos, a autora faz uma costura histórica fundamentada nas interrogações de Freud, que nos ajuda a refletir sobre as formações coletivas do século atual.

Sandra Aparecida Ramos de Mello nos conta, com "O movimento grupal: um entrelaçar de histórias", a vivência do Grupo Operativo intitulada "Atividade grupal: uma experiência espontânea", que aconteceu em cocoordenação com Alexandre Santos Ferreira, no segundo dia do evento. Para isso, nos traz os conceitos de "tarefa", "pré-tarefa" e "porta-voz", centrais no referencial teórico do psiquiatra e psicanalista suíço naturalizado argentino, Pichon-Rivière, bem como algumas considerações sobre a "Teoria de Campo", do casal Willy e Madeleine Baranger, sendo todos coetâneos e muito próximos, pertencentes à psicanálise nascente na América Latina. Essa aproximação abre espaço para pensar a conexão entre o intrassubjetivo e o intersubjetivo em psicanálise, guardadas as diversidades teóricas e técnicas entre o dispositivo grupal e a clínica psicanalítica individual, permitindo novas reflexões para ambos os campos. A autora relata a vivência grupal inspiradora desse trabalho, transportando-nos para uma integração que facilita o entendimento dos conceitos apresentados.

Helenice Oliveira Rocha, em "No coração da massa, a violência dos ideais", reflete acerca das manifestações de violência nas massas, oriundas da pulsão de morte, incidindo na esteira dos ideais que constituem o sujeito. A autora adentra a concepção e a construção da noção de "ideal" na obra freudiana, partindo da proposição de desamparo em Freud e passando pelos processos identificatórios vividos. Expõe, em seguida, a potência e os efeitos da pulsão de morte nas massas, tendo como referencial postulados basilares de Freud e contribuições de André Green na esfera das pulsões, tecendo uma articulação de conceitos fundamentais no campo psicanalítico, sustentadores de suas considerações sobre essa problemática que nos é tão cara na atualidade.

Em "A massa e a psicologia de Eichmann", Wilson Klain constrói, a partir de suas pesquisas em obras de diversos autores como Hannah Arendt, Cesarani, Shakespeare e, claro, Freud, além de outros tantos, o entendimento sobre o menino primogênito que atendendo, como habitual, ao (seu) pai da horda, passivamente, vem a ser o adulto com funcionamento pré-genital, cedendo aos impulsos perversos, identificando-se e constituindo-se no psicopata genocida do nazismo.

Partindo da expressão hebraica *Tikun Olam* (Melhorar o mundo), Maria Luiza Scrosoppi Persicano, no seu "Um Hitler interno em todos nós", nos conduz, de Freud a Bion, para apontar o narcisismo destrutivo que habita em todos os humanos e que emerge facilitado pelo processo de identificação inconsciente grupal. Afinal, para Freud, formamos grupos para enfrentar e dominar as forças da natureza, necessitando, para isso, vencer as "discordâncias e animosidades" entre os homens. E, em Bion, entendemos que para um grupo vir a ser um grupo de trabalho com uma tarefa definidora, há que se conter e modificar fantasias destrutivas e autodestrutivas, os assim chamados supostos básicos. A autora desenvolve essas teorias mediante recortes de sessões do caso Richard (atendido e relatado por Melanie Klein), além da sua própria experiência com grupo de psicóticos. Encerra com o conceito kleiniano de "reparação", transformando a expressão original de "melhorar o mundo" em "reparar o mundo".

Em "A atualidade de Freud e a transgeracionalidade do povo brasileiro", Lazslo Antonio Ávila utiliza o texto centenário de Freud e a noção de transmissão intergeracional como operadores de interrogações sobre a ancestralidade de nós, brasileiros. Questiona, assim, a própria psicanálise, se é possível pensar na identidade pessoal se suprimimos a identidade nacional. Pergunta como é ser filho de um pai da horda bruto branco europeu e de uma mãe lamentosa africana ou indígena, considerando os estudos genéticos que confirmam uma herança permeada de ódio na relação entre opressores e oprimidos. Mas não abdica do triunfo de Eros necessário às transformações.

Cristina Rocha Dias, partindo de Freud e o seu sujeito forjado entre os processos narcísicos e os fenômenos sociais, em "Identificação, racismo e o circuito dos afetos", chega à questão do racismo. Sustentada a partir de autores como Fanon e Safatle, dentre outros, coloca em questão uma sociedade hegemônica que insiste em permanecer dessa forma.

No capítulo "Quando a massa não dá liga: sobre fragmentos e traumas no Brasil", Pablo Castanho nos traz sua consideração de que algo no laço social em nosso país se estrutura na forma de um pacto denegativo com função de um desmentido ferencziano, impedindo a elaboração do que é da ordem do trauma.

Joel Birman, no ensaio "A problemática do narcisismo das pequenas diferenças. Nova leitura sobre a política no discurso freudiano", reflete acerca do seu entendimento sobre a ruptura teórica, promovida por Freud, do paradigma do general prussiano Clausewitz, de que "a guerra seria a continuação da política em outros termos", conforme as palavras do autor do capítulo. Este fundamenta que, de acordo com essa mudança de concepção acerca das relações entre guerra e política, entre 1913 a 1921, "a política é que seria a continuação da guerra em outros termos".

O filósofo e psicanalista Helgis Torres Cristófaro inicia "Psicanálise e Biopolítica" apresentando-nos os conceitos de "biopoder" e de "biopolítica", transitando por autores como Michael Foucault, Deleuze, Guattari, Michael Hardt e Antonio Negri, de forma a construir o entendimento sobre a passagem da sociedade disciplinadora para a sociedade de controle e onde o poder não se trata de uma entidade unitária, mas um campo de poderes. Nesse pano de fundo, emerge o papel dos textos freudianos sociais, em especial "Psicologia das massas e análise do eu" e sua díade individual-social. Com estas ferramentas, o autor põe em xeque a própria psicanálise, sob risco de sucumbir ante ao biopoder, a despeito da biopolítica que reside em seu cerne.

Em "Sonhos pandêmicos", Natália Bezerra Mota mergulha no evento traumático global mais significativo deste século até o momento, a pandemia da covid-19. Com sua expertise de médica, a neurocientista nos apresenta sua pesquisa, inspirada em Freud, documentando a repercussão do trauma nos sonhos da população voluntária estudada, mediada e medida pela incidência e prevalência das palavras.

Com "Experiência em Grupo de Discussão", Ana Elias Barbosa e Margaret Simas Ramos Marques contam o que viveram nesse encontro grupal, que teve como disparador o curta-metragem de ficção científica *A date in 2025*, com treze minutos de duração, produzido na Ucrânia em 2017 e lançado em agosto do mesmo ano. Utilizando, principalmente, referenciais teóricos de Anzieu, Kaës e Fernandes & Hur, as autoras apresentam vários conceitos fundamentais que possibilitam uma articulação clínico-teórica.

No capítulo final, "W³: O virtual, o digital e a arte como recursos de transformação", Alexandre Santos Ferreira nos desafia a pensar no virtual como um grande e potencial campo de transformação simbólica, associado ao trabalho da arte. Para isso, nos remete aos primórdios do desenvolvimento da computação até a criação da *World Wide Web*.

Por meio deste livro, pretendemos contribuir, com importantes e fecundas reflexões, para fomentar o pensamento crítico necessário à construção de um futuro que acontece a partir de cada instante presente.

Conteúdo

Prefácio

Roberto Bittencourt Martins

Éramos muitos então. Curiosos, animados pela compreensão psicanalítica dos grupos humanos e entusiasmados por sua aplicação terapêutica, a grupo-terapia analítica, tão inovadora quanto promissora. É grande o número desses psicanalistas pioneiros que se foram ao longo desses muitos anos. Tantas reuniões clínicas, tantos debates, congressos, simpósios... mas posso imaginá-los absorvidos na leitura deste livro que abrange tantos desenvolvimentos advindos das ideias de Freud em *Psicologia das massas e análise do ego*. São cem anos em que as concepções freudianas sobre os grupos humanos foram dando seus muitos frutos. E essa vitalidade pode ser bem avaliada nos vários capítulos dos diversos autores da obra comemorativa de seu centenário que tenho a honra de prefaciar. Eles nos convidam a refletir sobre os múltiplos desenvolvimentos possibilitados pelo pensamento sagaz daquele senhor que chegava a seus 60 anos com tantos lutos a elaborar. A importância desse contexto histórico e da vida pessoal de Freud é lembrada por muitos autores deste volume. São assinaladas suas muitas perdas naqueles anos de uma guerra em que seus filhos Martin e Ernst lutaram como soldados, e nos tempos de pós-guerra, com sua escassez de víveres e grandes quantidades de apreensão. Além do pesar pela morte do amigo Anton Von Freund, ele certamente sofreu a morte da filha, vítima da gripe dita "espanhola", pandemia consequente à guerra e cujo vírus, hoje sabemos, tivera sua origem na América e infectara, inicialmente, os soldados norte-americanos trazidos para combater na Europa. E, tal como hoje, o contágio da enfermidade, era temido e, não sem razão, apavorava por seu grau de periculosidade fatal.

Questão essa, a do contágio, que leva minha memória ao momento inicial da psicoterapia analítica de grupo no Brasil. Ela aqui chegou, trazida de Buenos Aires. Na capital argentina, analistas pioneiros como Pichon-Rivière haviam se juntado a Emílio Rodrigué, recém-chegado de sua formação analítica na Inglaterra, no empenho por uma aplicação da psicanálise que lhes parecia muito promissora, tanto no campo terapêutico quanto na investigação científica dos processos psicológicos grupais. Motivados também pela preocupação social, assinalada por Freud em seu artigo "Linhas do progresso na terapia psicanalítica" (lida em Budapeste no Quinto Congresso, em setembro de 1918, pouco antes do final da guerra). Nesse texto, Freud antevia a possibilidade da extensão benéfica da psicanálise àqueles – homens, mulheres, crianças – economicamente não favorecidos. Dessa prática, resultou um livro de grande importância para todos os psicanalistas latino-americanos – *Psicoterapia de grupo: seu enfoque analítico* –, no qual León Grinberg, Marie Langer e Emilio Rodrigué reuniam sua experiência clínica e teórica. Os analistas brasileiros que faziam então sua formação em Buenos Aires, como Walderedo Ismael de Oliveira e Alcyon Bahia (do Rio de Janeiro) e Cyro Martins (de Porto Alegre) trouxeram, em seu regresso ao Brasil, os conhecimentos lá adquiridos, assim como seu entusiasmo. Walderedo, professor no Instituto de Psiquiatria da Universidade do Brasil, foi responsável pela formação de inúmeros terapeutas, terminando por fundar, juntamente com seus colegas, em junho de 1958, a Sociedade Brasileira de Psicoterapia de Grupo – cujo nome foi posteriormente mudado para Sociedade de Psicoterapia Analítica de Grupo do Estado do Rio de Janeiro, quando da realização do Primeiro Congresso Brasileiro de Psicoterapia Analítica de Grupo, em Porto Alegre, no ano de 1968, atendendo à necessidade de uniformização com as coirmãs, igualmente vigorosas, de São Paulo, Porto Alegre e Rio de Janeiro. Era uma época de grande efervescência nessa especialidade, com grande número de trabalhos apresentados e com suas discussões, depois publicados em volume de minuciosas Atas com mais de trezentas páginas.

Mas o que terá a ver essa pequena digressão histórica com o tema do contágio que lembrei anteriormente? Faz parte dela a história do primeiro trabalho de psicoterapia analítica de grupo publicado em nosso país. Após seu regresso ao Rio, já em 1951, no Serviço Nacional de Doenças Mentais, Alcyon Bahia iniciou esse primeiro grupo. Teve cuidado extremo na seleção dos pacientes para a nova modalidade terapêutica que estava inaugurando. Procurava seguir aquilo que aprendera com Pichon-Rivière no estágio portenho, além das técnicas advindas dos trabalhos de Bion, Foulkes, Rickman, e outros psicanalistas durante a Segunda Guerra, e na Tavistock Clinic. No mesmo ano de 1951, levou uma nota prévia sobre esse grupo à Sociedade Brasileira de Neurologia, Psiquiatria e Medicina Legal. E, em agosto de 1954, a revista *Medicina, Cirurgia e Farmácia* (n. 220, Rio de Janeiro) publicou seu artigo "Experiências psicanalíticas em terapia de grupo", primeiro trabalho científico dedicado à grupoterapia analítica no Brasil. Nele podemos conhecer o que ocorreu nesse primeiro grupo – que não pretendia ser, como afirma Bahia, uma "exposição rutilante de êxitos". Ao final dos dois primeiros meses, um participante acaba por desvendar a todos o segredo que havia escondido, considerado terrível pela cultura da época: era "leproso", contagiante, foragido de uma colônia de portadores dessa enfermidade. Bahia é forçado, então, a constatar que, apesar de todos cuidados tomados em sua criteriosa seleção, o grupo guardara intacta sua capacidade de surpreender o terapeuta.

O paciente deixa o grupo e os outros participantes não perdoam a imprevisão do terapeuta e também abandonam o tratamento. Aqui, somos quase obrigados a refletir sobre a maneira como surge, e de modo tão desagregador, já nesse primeiro experimento, um dos temas predominantes nos tratamentos grupais: o tema do contágio, expresso de forma tão viva e objetiva pela "lepra contagiante" do paciente. Ela simbolizaria também o temor ao "contágio" psíquico. Bahia vive, com desânimo, essa deserção quase maciça. Um único participante – AB – persiste, porém. A grupoterapia parece transformar-se num tratamento individual. Bahia luta contra seu próprio desânimo e o desejo de concluir a iniciativa. E é o paciente (em todos os sentidos...) quem o ajuda a prosseguir. AB não falta, acredita que, a qualquer momento, um novo membro poderá chegar. Em sua mente, o grupo continua. Embora acabrunhado, é a partir das fantasias de AB que o terapeuta vai vencendo seu pessimismo. Na mente de AB, o grupo não acabara, e ele esperava constantemente a chegada de novos participantes. Assim, Bahia termina por verificar que a ideia do trabalho em grupo passara a ser uma presença permanente, inevitável. Assim, apenas na aparência, o grupo estava desfeito. E, com arrojada sinceridade, Bahia conclui que, ao exibir as inquietudes de sua mente, AB o levara a enxergar muitas de suas próprias dificuldades. Então, apesar da decepção inicial, o terapeuta iniciante recomeça a seleção de novos membros para integrar o grupo. Pouco a pouco, eles vão entrando, e o grupo segue sua evolução.

Impossível não assinalar neste momento alguns pontos que parecem constantes no trabalho grupal. Em primeiro lugar, a posição do grupo diante de seu criador (o terapeuta) que se percebe inteiramente incapaz de prever-lhe o desenvolvimento e que é muitas vezes surpreendido por seu desenrolar. Outro ponto diz respeito ao valor do exame dos sentimentos contratransferenciais do terapeuta em seu trabalho com grupos, noção que foi enfatizada por Walderedo ao apontar a necessidade de uma "posição contratransferencial básica" para o terapeuta de grupo. Podemos vislumbrar mesmo uma espécie de "contágio" de sentimentos, emoções e fantasias que, provenientes do grupo, adentram pelo terapeuta e dos quais ele se fará ciente tão logo possível. E, como terceiro ponto, podemos enfocar aqui o tema do "contágio". Seu significado, como todos sabemos, é o de transmissão de doença de uma pessoa a outra – ou de vícios e características alheias. Em sua origem, o termo latino do qual provém tinha o sentido de união, relação, conexão, influência. E, além disso, abrangia a transmissão da peste. E da hanseníase, a temida, vergonhosa e aprisionante "lepra" do paciente AB.

É numa época dominada pelo temor ao contágio que estamos vivendo – um tempo em que uma nova peste modificou toda uma maneira já conhecida de viver e conviver. Não tivemos de ser encarcerados numa colônia fechada – mas o isolamento se fez altamente necessário para proteger os demais de nossos vírus. Contudo, a aceleração dos conhecimentos científicos logrou superar a fatalidade da enfermidade, com sua rapidez na descoberta das vacinas, não obstante o esforço quase macabro daqueles que se opõem, com soberba ignorância, à ciência. Aos quais, podemos imaginar sob a influência de intensas ansiedades persecutórias expressas na crença em conspirações sinistras. Indivíduos unidos nessas crenças compartilham uma forte sensação de certeza, onipotência e pertencimento de cada um à arrogante onisciência de uma comunidade idealizada. O contágio aqui é o de imaginarem que estão todos unidos contra o Mal – em luta contra todos os males que projetam nos inimigos. Refazem assim todos os mecanismos aqui abordados por Maria Luiza Persicano em "Um Hitler interno em todos nós", capítulo que nos transporta desde a argúcia das observações sobre a análise do Pequeno Richard, feita por Melanie Klein durante a Segunda Guerra, até uma sessão grupoanalítica da autora com pacientes psicóticos – e que permite a compreensão não apenas relativo ao aparecimento de um líder tirânico e cruel como o Führer, mas também sua adoção pelas massas.

Também relativo a um acontecimento nazista é o texto de Wilson Klain "A Massa e a Psicologia de Eichmann" – que, situando a obra em seu contexto, cita as comoventes palavras de Freud quando da perda de sua filha Sophie, vítima do vírus da influenza. A esse início, uma nova perspectiva biográfica do carrasco nazista nos faz repensar a famosa noção da "banalidade do mal" – e nos coloca diante dos fatores culturais – as Massas – que teriam possibilitado a Eichmann o desenvolvimento pleno e terrível de sua psicopatia. Num outro capítulo, "O Centenário da Psicologia das Massas: seu legado para o estudo das formações coletivas", Carla Penna vai demonstrando a importância do texto de Freud e de seus precursores e, desse modo, nos permite acompanhar, com detalhada abrangência, seus múltiplos desenvolvimentos ao longo destes cem anos, até chegarmos à busca da compreensão do funcionamento dos grandes grupos, essencial para entender a psicodinâmica contemporânea. Nesse percurso, podemos observar o surgimento do "indivíduo moderno", após a Revolução Francesa, e seguimos sua trajetória desde as ideias de Hippolyte Taine até aquelas de Hopper, que assinala o desamparo do homem contemporâneo e sua regressiva adesão às ilusórias "ilhas de proteção" dos grupos de pertencimento.

A fecunda vitalidade do pensamento de Freud aparece em toda sua contemporaneidade neste volume que comemora seus cem anos. E essa vigorosa fertilidade se faz presente em seus quatorze capítulos, iniciados com a criativa sessão grupal de Fotolinguagem, a exemplo da caixa lúdica de Klein e do jogo de rabiscos de Winnicott. E finalizados com "O virtual, o digital e a arte como recurso de transformação", em que o autor Alexandre Santos Ferreira soube reunir a virtualidade do cotidiano atual com a sabedoria milenar de Heráclito. Todas essas razões fazem com que, como disse anteriormente, a publicação deste livro seja, mais do que oportuna, necessária para nossa reflexão e para nos auxiliar a compreender os difíceis tempos que estamos vivendo.

1. O pensamento crítico grupal em abertura de evento: uma sessão de Fotolinguagem

Maria Luiza Scrosoppi Persicano

Rose Pompeu de Toledo

> *Por coisas singulares entendo coisas que são finitas e têm existência determinada. Se vários indivíduos concorrem para uma única ação de maneira que todos sejam simultaneamente causa de um único efeito, nesta medida considero-os todos como única coisa singular.*
>
> Espinosa, 1677[1]

Introdução

A experiência vivida pelas autoras na cocoordenação de uma atividade grupal de orientação psicanalítica, em único encontro, de uma sessão de Fotolinguagem grupal em evento do Departamento Formação em Psicanálise do Instituto *Sedes Sapientiae* motivou a elaboração deste texto. A sessão de Fotolinguagem foi a atividade de abertura do evento *Psicologia das Massas: um século de pensamento crítico*,[2] com o

1 Espinosa, B. de (2000). Da mente. In *Ética* (Marilena Chauí, Coord. e Grupo de Estudos Espinosanos, Trad.). São Paulo: Edusp, p. 127. (Trabalho original publicado em 1677)

2 Evento *Psicologia das Massas: um século de pensamento crítico*. Grupo de Estudos "Psicanálise, Grupos e Instituições", Departamento Formação em Psicanálise. Instituto *Sedes Sapientiae*. 18 e 19 jun. 2021. Youtube.

objetivo de estimular os participantes a pensarem grupalmente o tema do evento. Tratar do tema do evento implicou o enfrentamento de situações traumáticas vividas na sociedade e na cultura, nos grupos e nas instituições. Para abrir o evento, preferimos como dispositivo um grupo com objeto mediador (Fotolinguagem), porque possibilita a emergência de um "pensar" grupal capaz de recolher sentidos compartilhados frente à pergunta colocada e às fotos projetadas. O texto pretende apresentar resumidamente a técnica da Fotolinguagem como objeto mediador, sua origem e seu embasamento, na teoria e na técnica psicanalítica de grupos, e será finalizado com a sessão de Fotolinguagem, buscando apontar aspectos dessa prática e como se fundamentam na teoria psicanalítica e conversam com a sua técnica.

Grupo em psicanálise

Quando se define o que é um grupo, independentemente das diferenças entre as especialidades teóricas e metodológicas que tratam do tema grupalista, em todas um grupo não é mero aglomerado nem uma série[3] de pessoas; urgem aspectos estabelecidos: um grupo é mais que a soma dos indivíduos que o compõem; um grupo é um sistema de relações, laços, vínculos que se estruturam como exteriores aos sujeitos que o compõem; um grupo é um conjunto de indivíduos que estão ligados entre si por constantes de tempo e espaço, ao mesmo tempo que é constituído por sujeitos articulados por mútua representação interna.

Procurar definir grupo é uma busca de certa essência irredutível que dê condições para a existência do objeto-grupo para estudo e

3 Sartre, J.-P. (1970). *Critique de la raison dialectique*. Paris: Gallimard. (Trabalho original publicado em 1960)

pesquisa, e que permita fazer uma reflexão crítica à existente oposição indivíduo-grupo. São dois conjuntos de noções a respeito de grupos: de um lado, teses individualistas nas quais o grupo é tido como os indivíduos que se juntam ou são reunidos por motivação, necessidades, características pessoais, patologias, eventos coletivos, na verdade, um agrupamento, e "o grupo" praticamente não é percebido como um ente em si; de outro, teses grupalistas que o consideram entidade distinta dos indivíduos que o compõem. Neste segundo, após a Segunda Guerra Mundial, temos, entre muitos autores, três que tomaremos como fundamentais para a finalidade deste trabalho: Bion, Pichon e Kaës. No grupalismo, "a referência privilegiada será ao grupo que, ao se distinguir como outro ser, ganhará estatuto próprio, transformando-se numa espécie de *a priori* para a compreensão dos movimentos que nele se dão".[4]

Bion

Durante a década de 1940, Bion partiu de suas experiências com grupos em um hospital militar durante a Segunda Guerra Mundial, e depois na Clínica Tavistock de Londres, para desenvolver conceitos originais a respeito de grupos[5,6] sob a influência do pensamento de Melanie Klein.[7]

---

4 Barros, R. D. B. (1993). Grupo e produção. *Saúde e loucura 5 – Grupos e coletivos.* São Paulo: Hucitec, p. 146.

5 Bion, W. R. (1969). Dinâmica de grupo: uma revisão. In M. Klein, P. Heimann, & R. E. Money-Kyrle, *Temas de psicanálise aplicada* (cap. 7; Álvaro Cabral, Trad.). Rio de Janeiro: Zahar. (Trabalho original publicado em 1955)

6 Bion, W. R. (1975). *Experiências com grupos: os fundamentos da psicoterapia de grupo* (Walderedo Ismael de Oliveira, Trad.; 2a ed.). Rio de Janeiro: Imago. (Trabalho original publicado em 1961)

7 Klein, M. (1991). *Obras completas de Melanie Klein.* (Liana Pinto Chaves, Claudia Starzynsky Bacchi e André Cardoso Trad.). Rio de Janeiro: Imago. (Trabalho original publicado em 1975)

Define o conceito de mentalidade grupal como a atividade mental coletiva que se produz quando as pessoas se reúnem num grupo. Essa atividade mental inclui, de um lado, pensamentos, opiniões, anseios, e, de outro, impulsos e desejos, conscientes ou inconscientes. A mentalidade grupal pode apresentar duas tendências ou planos opostos: a atividade mental de trabalho, em sua maioria consciente, e a atividade mental de suposto básico, totalmente inconsciente. Ambas sempre coexistem, mas, dependendo da atividade dominante em determinado grupo, este é caracterizado pela mentalidade grupal de trabalho ou pela mentalidade grupal de suposto básico. O que caracteriza a mentalidade grupal é ela possuir uma unanimidade, em que o grupo funciona como uma unidade em muitas situações, apesar de seus membros não se proporem a isso nem terem consciência disso.

No grupo a mentalidade grupal contrasta com a mentalidade individual. A atividade mental coletiva entra em confronto com a mentalidade individual, o que produz desconforto e mal-estar nos indivíduos do grupo, estes últimos enfrentado pela elaboração da sua cultura característica. A cultura de grupo será o conceito forjado por Bion para qualificar a sua organização em dado momento, resultante da oposição e interjogo entre a mentalidade grupal e as mentalidades individuais.

A *cultura de grupo* corresponde à estrutura dele em dado momento, às tarefas a que ele se propõe e à organização adotada para a realização dessas tarefas. Inclui um conjunto de objetivos, normas, valores, papéis, condutas. O grupo em sua cultura tende a constituir-se em líder e seguidores, o líder correspondendo à fantasia grupal.

O *grupo de suposto básico* é regido por uma atividade mental de fantasias inconscientes primárias, as quais contêm impulsos libidinais narcísicos e destrutivos, angústias arcaicas persecutórias ou depressivas e mecanismos primitivos de defesa. São fantasias onipotentes a respeito do modo pelo qual serão resolvidas as dificuldades do grupo. São estados emocionais tendentes a evitar a frustração que é inerente ao aprendizado por experiência, que implicaria esforço, dor e contato com a realidade. É a mentalidade de um grupo que se caracteriza pela participação automática e inevitável dos indivíduos, não necessitando para isso de nenhum treinamento especial, de nenhuma experiência emocional integrada e de pouca elaboração no pensar. É uma participação espontânea, sempre inconsciente, e não conduta intencional e consciente. Bion denominou *valência* essa capacidade "instintiva", semelhante ao tropismo das plantas, de combinação instantânea e involuntária de um indivíduo com outros para participarem da mentalidade grupal de suposto básico e atuarem de acordo com ela. Na linguagem de nosso evento, podemos dizer que é uma atividade mental sem nenhum pensamento crítico, que Bion classificará mais tarde como protomental dentre os primeiros níveis da grade que construiu em sua teoria do pensamento,[8] diferentemente do grupo de trabalho, que exige capacidade prévia de cooperação por parte do indivíduo, cuja participação é tanto inconsciente quanto consciente.

Bion trabalha três tipos de grupos de suposto básico, afirmando que apenas um está presente e atuante em dado momento. São eles: suposto de dependência, de luta e fuga e de conjugação ou acasalamento.

O *grupo de suposto básico de dependência* representa uma mentalidade que se caracteriza pela fantasia coletiva do grupo ser um "organismo ainda imaturo", dependente absoluto de um líder revestido de poderes mágicos, capaz de prover total segurança ao grupo e a satisfação de todas as necessidades e desejos. Esse líder é uma "deidade" protetora, de quem não se duvida da bondade, poder e sabedoria. A forma aberrante do suposto básico de dependência ocorre em casos extremos de conflito com a ideia nova, que, se trazida pelo "místico" ou "gênio",[9] é julgada insatisfatória pelo grupo e é vivida como um

8 Bion, W. R. (1977). The grid. In W. R. Bion, *Two papers: the grid and caesura*. Imago. (Trabalho original publicado em 1976).

9 Bion, W. R. (2007). O místico e o grupo. In *Atenção e interpretação* (cap. 6; Paulo César Sandler, Trad.). Rio de Janeiro: Imago. (Trabalho original publicado em 1970).

ataque às suas crenças. O grupo pode reagir criando uma forma de organização que necessitará da contribuição de algum grupo externo com o propósito de pressionar, por meio da ação, o grupo externo, a fim de influenciá-lo ou de ser influenciado por ele. Aqui o grupo passa a procurar outro líder.

O *grupo de suposto básico de luta e fuga* ou *ataque e fuga* revela uma mentalidade grupal cujo material é a fantasia coletiva de atacar e ser atacado, na convicção grupal de que existe um inimigo externo ao grupo, o qual é preciso atacar ou do qual é necessário fugir. É a fantasia de um objeto mau projetada no exterior do grupo, e as ações e reações defensivas são tendentes à destruição ou evitação. Predomina a ira e o ódio, correspondendo à angústia persecutória do grupo em relação ao mundo externo. O líder aceito de um grupo nesse estado é um líder paranoide, alguém que receba bem as projeções destrutivas do grupo, mas ao mesmo tempo que deve alimentar a ideia grupal de um inimigo externo a ser atacado ou evitado, bem como de haver o perigo de um possível inimigo interno aliado ao inimigo externo que tem de ser expurgado ou eliminado para que o grupo não seja aniquilado. A forma aberrante desse tipo de suposto básico, em que a ideia nova é vivida como "o inimigo", é caracterizada por atividades tendentes a tomar posse da pessoa do líder ou de grupos externos. Ou a tendência a serem possuídos por um grupo externo, por suas ideias e opiniões.

O *grupo de suposto básico de acasalamento* apresenta uma mentalidade grupal dominada pela esperança messiânica de um líder por nascer, um salvador. As partes ideais de cada membro estão colocadas num líder messiânico, alguém que ainda não nasceu, relacionado com um par que promete gerar um filho ou alguma ideia relacionada com o futuro, que virá libertar o grupo de seus sentimentos de ódio, destruição e desespero. Há a crença coletiva e inconsciente de que, quaisquer que sejam os problemas e anseios atuais do grupo, um fato futuro ou um ser ainda por vir os resolverá. É uma esperança messiânica, mágica, e o importante nesse estado é a ideia de futuro, não a resolução no presente. A forma aberrante deste último é a tendência à cisão ou cisma, em que uma parte do grupo continuará à espera do messias e se manterá nesse suposto, enquanto outra parte sofrerá as vicissitudes dependentes de vários fatores, entre eles a capacidade de tolerar a ideia nova e uma tendência a funcionar novamente por supostos básicos.

Mais adiante em sua obra, Bion conclui que o grupo precede o indivíduo na história da espécie, e por isso as origens da formação espontânea de grupos estão enraizadas no grupo-horda primordial e primevo. O grupo de suposto básico é oriundo dessa origem primitiva, um atavismo do grupo primevo que está inserido na mentalidade e na cultura grupal.[10] Por essa origem primitiva, o grupo de suposto básico tende a não suportar o bom e o mau no mesmo objeto, recorrendo à cisão e à idealização para a defesa contra a angústia de experienciar algo. Caracteriza-se pelo ódio à aprendizagem por experiência e apoio na crença da eficácia da magia, presente no pensamento mágico e na reparação maníaca.

> *Na* teoria dos grupos, *uma notável* intuição *permitiu a Bion antecipar, muito além de seu tempo, descobertas arqueológicas que descrevem no funcionamento grupal a presença de "vestígios psíquicos do grupo pré-humano", grupo nômade das savanas africanas, que se organizava de acordo com padrões descritos pelos* supostos básicos.[11]

Bion, em fase posterior à sua teoria de grupos, ao tratar do que denominou de vincularidade permanente entre analista e paciente

---

10 Bion, W. R. (2007). O místico e o grupo. In *Atenção e interpretação* (cap. 6; Paulo César Sandler, Trad.). Rio de Janeiro: Imago. (Trabalho original publicado em 1970).

11 Chuster, A. & Soares, G.; Trachtemberg, R. (2014). *W. R. Bion: a obra complexa*. Porto Alegre: Sulina. Grifos do autor.

na relação dual analítica, foi além de Freud e de Melanie Klein, que traziam o constante conflito de amor *versus* ódio. A noção de *vínculo*[12] será tratada por Bion como experiência emocional nas relações de objeto entre duas ou mais pessoas (coloridas de fantasias de relações de objeto interno) e nas relações de objeto interno. Vínculo é o conceito que se refere a elos emocionais que unem duas ou mais pessoas, ou duas ou mais partes da mesma pessoa (consciente e inconsciente; id e superego; parte psicótica e parte não psicótica) relacionadas uma com a outra. Para ele, existem três vínculos: *vínculo de amor*, *ódio* e *conhecimento*, correspondendo às respectivas emoções de amor, ódio e conhecimento, que são intrínsecas ao vínculo entre objetos, já que uma experiência emocional não pode ser concebida isoladamente de uma relação. Fala de conflitos entre emoções: do *vínculo de amor* com o *vínculo de ódio*, mas acrescenta no *vínculo de amor* o conflito entre esse *vínculo mais(+) amor* com o *vínculo menos(-) amor*; igualmente no *vínculo do conhecimento*, o conflito *conhecimento* (verdade) com o *menos*(-) *conhecimento* (não verdade). Aqui podemos pensar em uma combinação possível de ocorrer em certos grupos de supostos básicos: *menos*(-) *amor*, *menos*(-) *conhecimento* (não verdade) e *ódio*, o que permitiria pensar que o resultado dessa combinação poderia ser o que se observaria como algo do tipo *menos*(-) pensamento crítico.

Pichon-Rivière

Pichon-Rivière inicialmente define grupo como um "conjunto restrito de pessoas, ligadas entre si por constantes de tempo e espaço, e

12 Bion, W. R. (1991). *O aprender com a experiência*. (Paulo Dias Correa, Trad.). Rio de Janeiro: Imago. (Trabalho original publicado em 1962)

articuladas por sua mútua representação interna, que se propõe, de forma explícita ou implícita, uma tarefa que constitui sua finalidade".[13]

Por essa definição, poderia parecer que Pichon segue a tese individualista, vendo o grupo apenas como um conjunto de pessoas com uma tarefa e uma finalidade, mas ele desenvolverá a ideia da mútua representação interna, ampliando o conceito de relação de objeto de Melanie Klein[14] na sua noção de vínculo,[15] o que o coloca como um grupalista. Formula a noção de vínculo definindo-a como uma estrutura complexa, dinâmica, que inclui tanto o sujeito quanto o objeto e sua mútua inter-relação com processos de comunicação e aprendizagem. Também vê o vínculo em dois campos: um interno e outro externo, trazendo a noção de campo[16] para a psicanálise. O vínculo tem o vértice intrassubjetivo das relações de objeto interno de Klein, o vértice de "adaptação ativa à realidade" das relações objetais de Freud, acrescido do vértice da intersubjetividade da psicologia social.

> *A psicologia social que postulamos tem como objeto de estudo o desenvolvimento e transformação de uma relação dialética, que se dá entre estrutura social e fantasia inconsciente do sujeito, fundada sobre suas relações de necessidade. Dizendo de outra maneira: a relação entre estrutura social e configuração do mundo interno do*

13 Pichon-Rivière, E. (1983). *O processo grupal*. São Paulo: Martins Fontes, p. 177. (Trabalho original publicado em 1980/1982)

14 Klein, M. (1991). Algumas conclusões teóricas relativas à vida emocional do bebê. In M. Klein,. *Obras completas de Melanie Klein*. (vol. III: Inveja e gratidão e outros trabalhos [1946-1963], cap. 6; Elias Mallet da Rocha Barros, Liana Pinto Chaves (coord.) e colaboradores, Trad. da 4a ed. inglesa). Rio de Janeiro: Imago. (Trabalho original publicado em 1952)

15 Pichon-Rivière, E. (1986). *Teoria do vínculo*. São Paulo: Martins Fontes. (Trabalho original publicado em 1980)

16 Lewin, K. (1965). *Teoria de campo em ciência social* (Carolina Martuscelli Bori, Trad.). São Paulo: Pioneira. (Trabalho original publicado em 1951)

> *sujeito, relação esta que é abordada através da relação de vínculo.*[17]

Vínculos são relações intersubjetivas cujos fundamentos motivacionais são as "necessidades".[18] "Tais necessidades têm um matiz e intensidade particulares, nos quais já intervêm a fantasia inconsciente."[19] Essa estrutura relacional é internalizada e adquire uma dimensão intrassubjetiva com características "boas" ou "más" relacionadas ao sentimento de frustração ou gratificação associado ao início desse vínculo. Pertencem ao mundo interno e condicionam as características de aprendizagem da realidade.

> *O mundo interno se define como um sistema, no qual interatuam relações e objetos, em uma mútua realimentação. Em síntese, a inter-relação intrassistêmica é permanente, enquanto se mantém a interação com o meio. Formularemos os critérios de saúde e doença a partir das qualidades da interação externa e interna. Esta concepção do mundo interno e a substituição da noção de instinto pela de estrutura vincular (entendendo o vínculo como uma protoaprendizagem, como veículo das primeiras experiências sociais, constitutivas do sujeito como tal, com uma negação do narcisismo primário)*

---

17 Pichon-Rivière, E., & Quiroga, A. P. (1982). Contribuições à didática da psicologia social. In E. Pichon-Rivière, *O processo grupal*. São Paulo: Martins Fontes, p. 174. (Trabalho original publicado em 1980)

18 Aqui, o uso do termo "necessidade" em Pichon pode ser atualmente lido como correspondendo à pulsão e às pulsões parciais, coloridas pelo fantasiar inconsciente, e não apenas às necessidades biológicas.

19 Pichon-Rivière, E. (1982). *O processo grupal*. São Paulo: Martins Fontes, p. x. (Trabalho original publicado em 1980)

> *conduzem necessariamente à definição de psicologia, em um sentido estrito, como psicologia social.*[20]

Pichon, dessa forma, substitui a noção de instinto pela noção de estrutura vincular. Entende o vínculo como o veículo das primeiras experiências sociais constitutivas do sujeito, sendo também um elemento estruturante.

Pichon recuperou o pensamento da dialética como um instrumento que serve à psicanálise, conectou fundamentos epistemológicos da filosofia com fundamentos psicanalíticos e estruturou uma teoria psicanalítica de grupos.

> *Com a teoria do vínculo [Pichon] consegue dar um salto qualitativo de uma teoria psicanalítica predominantemente intrapsíquica para uma psiquiatria social que considera o indivíduo uma resultante dinâmico-mecanicista, não da ação dos instintos e dos objetos interiorizados, mas, sim, do interjogo estabelecido entre o sujeito e os objetos externos e internos em uma predominante relação de interação dialética, a qual se expressa através de certas condutas. Isso lhe permite desenvolver uma psiquiatria centrada no estudo das relações interpessoais, que denomina psiquiatria do vínculo, psiquiatria dinâmica que ele constrói com os postulados da psicanálise.*[21]

Kaës

Kaës entende o grupo como um método de investigação, um processo de trabalho psicanalítico e uma teoria. Afirma que ele tem

---

20 Idem, p. xi.

21 Taragano, F. (1986). Introdução. In E. Pichon-Rivière, *Teoria do vínculo*. São Paulo: Martins Fontes, p. 12. (Trabalho original publicado em 1980)

as seguintes características morfológicas: um princípio desejante e organizador; a pluralidade e a presença simultânea das pessoas; o face a face; a pluralidade dos discursos e a intersubjetividade, comuns a todos os tipos de grupo.[22]

Para pensar as estruturas, organizações e processos psíquicos do grupo, propôs o modelo de aparelho psíquico grupal,[23] que "mobiliza, liga e põe de acordo as formações e os processos da psique de cada membro do grupo no trabalho psíquico que se impõe a eles para construir o grupo".[24]

Segundo Kaës, a formação da realidade psíquica do grupo se apoia na psique dos sujeitos que o compõem, transformando-a e produzindo uma realidade psíquica com uma lógica própria e específica do grupo, com entidades psíquicas que não existiriam sem o agrupamento, diferente daquela do sujeito singular. Para ele, a realidade psíquica inconsciente do grupo só é acessível em grupo.

Afirma que no grupo, assim como em todo vínculo intersubjetivo, o inconsciente se inscreve e se manifesta diversas vezes – vários registros e em várias linguagens – nos espaços do grupo, nos vínculos intersubjetivos e no sujeito singular (espaço intrapsíquico).

> *Se, como o concebo, o grupo é um espaço psíquico comum e partilhado, é necessário não só relatar o que cabe à psique dos sujeitos nas formações originais que compõem o grupo, mas ainda especificar o que é singular e privado, o que é comum e partilhado e o que permanece diferente.*[25]

---

22 Kaës, R. (2011). *Um singular plural: a psicanálise à prova do grupo.* São Paulo: Loyola.

23 Kaës, R. (2017). *O aparelho psíquico grupal. Construções de grupo.* São Paulo: Ideias & Letras.

24 Kaës, R. (2011). *Um singular plural: a psicanálise à prova do grupo.* São Paulo: Loyola, pp. 48-49.

25 Idem, p. 54.

O singular e o privado correspondem ao espaço intrapsíquico. O comum é definido como substância psíquica que une os membros de um vínculo. Kaës aqui faz referência ao termo *kinship*, descrito por Freud em "Totem e tabu".[26] Para Freud, *kinship* é um vínculo que une incondicionalmente os membros do clã, cujos participantes respondem solidariamente uns pelos outros. Freud refere a um grupo de pessoas tão ligadas que podem ser vistas como partes de uma vida conjunta. O partilhado diz respeito ao lugar que cada sujeito ocupa nas fantasias, nas alianças, nos contratos e nas defesas comuns aos sujeitos de um vínculo. O diferente diz respeito ao que não pode ser comum nem partilhado entre os sujeitos.

Segundo Kaës, o vínculo é um espaço dotado de uma realidade psíquica específica; não é a ligação entre dois sujeitos e não é a soma de dois ou mais sujeitos. É uma formação intermediária entre os sujeitos e as configurações vinculares (grupo, família, casal e instituição). Afirma que vínculo "é um espaço psíquico construído a partir da matéria psíquica envolvida em suas relações, notadamente por meio das alianças inconscientes que as organizam".[27]

Kaës entende a intersubjetividade como "A estrutura dinâmica do espaço psíquico entre dois ou vários sujeitos. Esse espaço compreende processos, formações e experiências específicos, cujos efeitos infletem[28] o advento dos sujeitos do inconsciente e de seu futuro Eu no seio de um Nós".[29]

---

26 Freud, S. (2012). Totem e tabu. In S. Freud, *Obras completas* (vol. 1). São Paulo: Companhia das Letras, p. 207. (Trabalho original publicado em 1913)

27 Kaës, R. (2010). Les médiations entre les espaces psychiques dans les groupes. *Le Carnet PSY*, *141*(1), 35-38. Recuperado de https://www.cairn.info/revue-le-carnet-psy-2010-1.htm. Tradução nossa.

28 Infletir: inclinar(-se), dobrar(-se) formando curva; mudar a direção de (algo ou si mesmo).

29 Kaës, R. (2011). *Um singular plural: a psicanálise à prova do grupo*. São Paulo: Loyola, p. 24.

Kaës articula o espaço do sujeito singular ao espaço do grupo. O sujeito singular é sujeito do inconsciente e sujeito do grupo; além de parte constituída, é também parte constituinte do grupo.

> *A situação de grupo põe em ação as relações que o sujeito mantém com seus próprios objetos inconscientes, com os objetos inconscientes dos outros, com os objetos comuns e compartilhados que já estão aí, herdados, e com aqueles que se apresentam e são construídos na situação do grupo.*[30]

Esse autor reflete sobre os grupos com objetos mediadores a partir do trabalho de seus alunos que pesquisam e operam com esse dispositivo. Entende que qualquer grupo pode ser visto como o meio e o lugar de um trabalho psíquico que fabrica mediações entre os espaços psíquicos do grupo, dos vínculos intersubjetivos e do sujeito singular.

Objeto mediador

No sentido lato, não existe nenhum grupo – qualquer que seja sua característica (terapêutica, formativa ou situação natural de vida) – que não seja de mediação, pois todo grupo é o meio e o lugar de um trabalho psíquico que fabrica mediações entre os espaços psíquicos, os objetos, os processos e as formações que contêm.[31]

---

30 Kaës, R. (2010). Les médiations entre les espaces psychiques dans les groupes. *Le Carnet PSY, 141*(1), 35-38. Recuperado de https://www.cairn.info/revue-le-carnet-psy-2010-1.htm. Tradução nossa.

31 Idem.

Entretanto, na maioria das vezes, no sentido específico, quando se fala em grupo de mediação infere-se que o objeto mediador solicita a sensopercepção:

> *o grupo de mediação qualifica uma técnica destinada a mobilizar explicitamente os processos psíquicos, meios ordenados para um fim. Nesse caso, implementar uma "mediação" consiste em escolher e utilizar um objeto ou uma atividade (desenho, modelagem, jogo, psicodrama, contação de histórias, oficina de escrita, fotografia, teatro, coral, a lista é quase infinita) como meio pelo qual é possível obter certo efeito do trabalho psíquico nas pessoas que dele participam, ou estabelecer nelas ou entre elas certo tipo de relação. O recurso a essas mediações é muitas vezes feito quando a fala se revela insuficientemente disponível para os seus membros, e sobretudo quando vários modos de expressão – o corpo, a sensorialidade, o gesto – são mobilizados na sua relação com a fala, que continua a ser o objetivo supremo da mediação.*[32]

Para Vacheret,[33] "o objeto mediador é um objeto intermediário entre o sujeito e o grupo, entre os membros do grupo e, além disso, pode ser representativo do grupo como entidade". Essa autora[34,35]

---

32 Idem.

33 Vacheret, C. (2015). O grupo, o objeto mediador e o acesso ao pensamento metafórico. In C. C. Abud et al. (Orgs.), *A subjetividade nos grupos e instituições: constituição, mediação e mudança.* (pp. 90-91). Lisboa, São Paulo: Chiado.

34 Idem.

35 Vacheret, C., Gimenez, Guy & Abud, C. C. (2013). Como pensar a sinergia entre o grupo e o objeto mediador. *Revista Brasileira de Psicanálise*, *47*(3),

também destaca a importância do processo de sinergia, que é a ligação dinâmica entre o grupo e o objeto mediador. Os processos psíquicos grupais, de um lado, e os processos psíquicos gerados pela presença material do objeto mediador, de outro, formam um conjunto complexo que caracteriza esse dispositivo, que dá ao processo grupal com objeto mediador um duplo apoio no grupo e no objeto de mediação.

Como o objeto mediador é ao mesmo tempo um objeto intermediário[36] – não sendo nem eu nem outro, nem dentro nem fora, mas sim um objeto metafórico, gerador de símbolos, disparando o funcionamento do nível simbólico do "como se" –, ele contém angústias e conflitos, pois tolera as contradições e, assim, permite o pensar dialético.

O objeto mediador favorece o processo inconsciente de difração da transferência,[37] fenômeno que produz efeitos psíquicos no grupo, "mas sobretudo no sujeito do grupo quando ele toma consciência do que transitou do seu imaginário para outro membro do grupo".[38] Nos grupos de mediação os sujeitos depositam inconscientemente, em cada membro do grupo, as partes de sua psique. Os diferentes conteúdos psíquicos, como angústias, fantasias conscientes e inconscientes, depositados pelos membros do grupo no mesmo objeto mediador, determinam trocas intersubjetivas no grupo e permitem

---

156-169. Recuperado de http://pepsic.bvsalud.org/scielo.php?script=sci_arttext&pid=S0486-641X2013 000300015&lng=pt&tlng=pt.

36 O conceito de objeto mediador no dispositivo grupal não se equivale necessariamente ao de objeto transicional de Winnicott, no sentido de o objeto mediador ser compartilhado entre várias pessoas enquanto o objeto transicional diz respeito à relação dual mãe-bebê. Porém, grupo tem a função continente materna e ao mesmo tempo pode reproduzir a fusão no útero materno em muitos momentos.

37 Kaës, R. (1997). *O grupo e o sujeito do grupo: elementos para uma teoria psicanalítica do grupo*. São Paulo: Casa do Psicólogo. (Trabalho original publicado em 1993)

38 Vacheret, C. (2015). O grupo, o objeto mediador e o acesso ao pensamento metafórico. In C. C. Abud et al. (Orgs.), *A subjetividade nos grupos e instituições: constituição, mediação e mudança* (cap. 3). Lisboa, São Paulo: Chiado.

transformações no psiquismo de cada sujeito, produzindo uma passagem pelo outro, seus pensamentos, seus estados afetivos e suas fantasias. Quando um sujeito fala de um objeto mediador ele ignora que está falando de uma parte do outro depositada no objeto. É um processo ligado à cadeia associativa grupal. Poderíamos dizer, de forma resumida: "é como se o outro pensasse por mim e dissesse o que me toca, sem saber a que ponto ele fala de mim, de minha história, de meus desejos, de minhas emoções ou de meus traumatismos".[39]

> *O grupo traz as associações, manifesta sua cadeia associativa própria, até o momento em que um conteúdo, transitando pelo objeto mediador, faz eco e produz um ponto de ligação de sentido, altamente significativo para aquele que se reconhece nele.*[40]

Por outro lado, o grupo de mediação oferece aos sujeitos do grupo novos modelos identificatórios, permitindo que se reapropriem de partes perdidas da história pessoal e coletiva, bem como da grupalidade psíquica interna.

> *Todo grupo de mediação oferece ao sujeito uma oportunidade de encontrar novos modelos identificatórios através dos personagens colocados em cena, permitindo que o sujeito se reaproprie de partes de sua história e de sua grupalidade psíquica interna, muitas vezes sem que isso seja de conhecimento de cada um e do grupo.*[41]

---

39 Idem, p. 93.

40 Idem, p. 93.

41 Toledo, R. P. de. (2021). O trabalho com Fotolinguagem nos grupos de formação de psicoterapeutas e coordenadores de grupos. *Vínculo, 18*(2), 1-6. Recuperado de https://dx.doi.org/10.32467/issn.19982-1492v18nesp.p499-506.

A Fotolinguagem

Segundo Castanho,[42] Fotolinguagem "é um recurso para o trabalho grupal que pode ser utilizado por diferentes referenciais teóricos". O método da Fotolinguagem© foi criado em 1965 por um grupo de psicólogos e psicossociólogos franceses, de Lyon, que trabalhava com adolescentes que encontravam dificuldades de se exprimir e falar em grupo de suas experiências diversas e, frequentemente, dolorosas. Os psicanalistas começaram a trabalhar com o método a partir de 1988. Vacheret adotou e desenvolveu essa técnica na área de saúde mental.[43] Para essa autora,[44] é utilizado em formação de adultos e em psicoterapia.

É um método indicado para pacientes que demonstram uma falha no funcionamento do pré-consciente,[45] que carecem do pensamento associativo e cuja transferência é marcada pela violência: toxicômanos, alcoólicos, detentos em prisão, adolescentes delinquentes e todas as patologias graves próximas da psicose e dos estados-limite. Da formação dos adultos ao tratamento psíquico, cobre um amplo espectro de demandas e de públicos.

O método da Fotolinguagem é formado por um conjunto bem preciso de regras e de dossiês de fotos. Na sessão de Fotolinguagem é formulada uma pergunta à qual todos os participantes do grupo responderão com uma foto. A produção da pergunta pelos

---

42 Castanho, P. (2018). *Uma introdução psicanalítica ao trabalho com grupos em instituições*. São Paulo: Linear B, p. 181.

43 Vacheret, C., Gimenez, Guy & Abud, C. C. (2013). Como pensar a sinergia entre o grupo e o objeto mediador. *Revista Brasileira de Psicanálise, 47*(3), 156-169. Recuperado de http://pepsic.bvsalud.org/scielo.php?script=sci_arttext&pid=S0486-641X2013 000300015&lng=pt&tlng=pt.

44 Vacheret, C. (2015). O grupo, o objeto mediador e o acesso ao pensamento metafórico. In C. C. Abud et al. (Orgs.), *A subjetividade nos grupos e instituições: constituição, mediação e mudança*. Lisboa, São Paulo: Chiado.

45 Freud, S. (2006). Além do princípio do prazer. In S. Freud, *Obras psicológicas de Sigmund Freud: escritos sobre a psicologia do inconsciente* (vol. II, Luiz Alberto Hanns, Coord. e Trad.). Rio de Janeiro: Imago. (Trabalho original publicado em 1920)

coordenadores é a parte mais complexa e delicada do método. A escolha da questão deve ser preparada com cuidado e criatividade.

A sessão se desenvolve em dois tempos. O primeiro é a apresentação da pergunta e da instrução de respondê-la com uma foto, seguida da escolha das fotos. Estas são apresentadas aos participantes do grupo, que são convidados a olhar atentamente todas e escolhê-las, em silêncio. O coordenador deve dizer ao grupo, durante o enunciado das instruções, que ele mesmo escolherá também uma foto e participará das trocas em grupo. Essa instrução tem influência sobre a maneira como o trabalho é percebido pelos participantes. Segundo Vacheret, "os grupos de Fotolinguagem© se desenvolvem muito prontamente pelo fato de que, quando os animadores se implicam, os participantes têm imediatamente a percepção de que não se trata de uma atividade muito perigosa".[46]

Quando o coordenador percebe que todos escolheram suas fotos, dá início ao segundo tempo, e profere a consigna: *Vocês agora irão apresentar suas fotos, um por vez, quando desejarem, e falarão da foto que escolheram. Todos prestarão atenção e depois podem comentar a foto escolhida pelo colega.* Essa regra do segundo tempo desencadeia o processo associativo grupal.

Nesse segundo tempo começam as trocas em grupo. Cada um falará da foto que escolheu e de suas associações ao descrevê-la, o que é feito pela maioria. Então os demais participantes dizem o que viram de semelhante ou de diferente naquela foto.

Uma das características dessa fase é que a percepção que o grupo e os sujeitos do grupo têm do objeto se modifica. "O discurso associativo em grupo produz duas cadeias associativas: a de cada sujeito no grupo e a do grupo. Cada uma traz consigo os efeitos do inconsciente."[47]

---

46 Vacheret, C. (2008). A Fotolinguagem©: um método grupal com perspectiva terapêutica ou formativa. *Psicologia: Teoria e Prática*, *10*(2), 180-191, p. 184.

47 Kaës, R. (2011). *Um singular plural: a psicanálise à prova do grupo*. São Paulo: Loyola, p. 137.

No grupo de abertura do evento trazido aqui – e possível também em vários outros grupos naturais de vida (sociais e institucionais) –, foi utilizado o dispositivo da psicanálise de grupos com o objeto mediador da Fotolinguagem, com a finalidade de abertura de um espaço coletivo para pensar.

A sessão de Fotolinguagem

A sessão de Fotolinguagem foi a atividade de abertura do evento, que ocorreu na modalidade on-line, com duração de noventa minutos e cocoordenada pelas autoras deste texto, que propuseram de forma oral, concomitante com a projeção escrita, a pergunta com a consigna: *Como é viver em sociedade para você? Responda com uma foto.* Essa pergunta foi proposta com a finalidade de disparar a possibilidade de reflexão a respeito das vivências atuais do grupo naquele momento social, abrir a experiência emocional ao tema do evento e favorecer o pensar coletivo a partir dessa experiência.

A sessão começou com os vinte participantes, além das cocoordenadoras. Foram apresentadas cinquenta fotos, selecionadas previamente pelas coordenadoras dentre cinco dossiês franceses de Fotolinguagem[48,49,50,51,52] e algumas fotos brasileiras[53] no PowerPoint,

---

48 Bélisle, C., & Baptiste, A. *Dossiers Photolanguage©: Travail. Economie. Loisirs. Relations humaines.* Lyon: Editions Du Chalet. (oito fotos escolhidas)

49 Babin, P., Baptiste, A., & Bélisle, C. *Dossiers Photolanguage©: Corps et communication.* Lyon: Editions Du Chalet. (nove fotos escolhidas)

50 Babin, P., Baptiste, A., Bélisle, C., & Lonjarret, G. *Dossiers Photolanguage©: Groupes. Lyon:* Editions Du Chalet. (oito fotos escolhidas)

51 Alric, C., Baptiste, A., Bélisle, C., Gaittet, M-C., & Mouliner, C. *Dossiers Photolanguage©: FEMMES en devenir.* Lyon: Editions Du Chalet. (doze fotos escolhidas)

52 Baptiste, A., & Bélisle, C. *Dossiers Photolanguage©: Des choix personnele aux choix profissionnele.* Paris: Editions D'Organization. (cinco fotos escolhidas)

53 Fotos brasileiras avulsas, que não são dossiês. (oito fotos escolhidas)

com intervalo de sete segundos entre elas. Todos os participantes do grupo, inclusive as coordenadoras, escolheram uma foto e, em seguida, teve início o momento da apresentação delas, no qual os participantes falaram sobre suas escolhas e comentaram, conforme sua vontade, a foto escolhida pelos outros participantes.

Nesse grupo, duas fotos foram as mais escolhidas: a de número 14 (Figura 1.1), escolhida por quatro participantes (é a foto de um grupo de pessoas se abrigando da chuva sob um pedaço de lona); e de número 3 (Figura 1.2), escolhida por três participantes (é uma foto de trabalhadores no campo, homens e mulheres, de todas as idades). A foto 18 (Figura 1.3) foi aquela que, como a 14, recebeu mais comentários de outros participantes.

Figura 1.1 – Foto 14. Fonte: foto brasileira avulsa, sem fazer parte de nenhum dossiê.

Figura 1.2 – Foto 3. Fonte: Baptiste, A., & Bélisle, C. *Dossiers Photolanguage©: Des choixpersonneleauxchoixprofissionnele.* Editions D' Organization.

Figura 1.3 – Foto 18. Fonte: Alric, C., Baptiste, A.,Bélisle, C., Gaittet, M-C., & Mouliner,C. *Dossiers Photolanguage©: FEMMES endevenir.* Editions Du Chalet.

A sessão passa para o segundo momento, quando todos expõem a própria foto ao grupo e ocorrem associações de quem apresentou sua foto, mais os comentários de outros participantes. No início, quatro pessoas apresentam quatro fotos diferentes, sendo que a primeira é associada pelo participante a "pessoas que estão numa corda bamba na construção". Seguem outros três participantes, apresentando cada um a sua própria foto. Falam em "equipe de trabalho médico em exercício de cuidado", "trabalho em equipe na cozinha", "família reunida em sala de jantar". O que está surgindo ali, logo após a percepção da corda bamba, é a ideia de união em torno do cuidado e do provimento.

Mas, logo em seguida, na terceira foto escolhida – Figura 1.3 –, surgem escolhas com associações por parte de dois participantes, acrescidas de associações de outros membros, em que se fala de "inundações em áreas naturais por necessidades da sociedade incompatíveis com a natureza", "incêndios e floresta queimada na Amazônia e no Pantanal", de "areia e aridez", de "angústia e inundação", *versus* a visão de "uma cenografia com areia e não água, um espaço aberto, criativo" na mesma foto. Uma outra pessoa, então, coloca em relação a essa foto: "quando vi na primeira vez tive a sensação de destruição, aridez. Na segunda vez vi água, renovação". Um dos participantes, o mesmo que se referira antes ao espaço criativo, continua e relata ter tido um susto quando viu a água pela apresentação dos outros. No final da apresentação da foto 18, uma pessoa afirmou: "mas quando vi esta foto, eu pensei, essa eu não vou escolher, tem a ver com a força da natureza, não tem a ver com a sociedade". Nesse momento, esse último participante na foto 18 traz a escolha da foto 14 – a mais escolhida –, seguido por duas outras pessoas na mesma escolha.

Ao escolher a foto 14, diz, antes, que essa foto conversa com a 18. Refere-se "a um grupo que está junto, organizado e protegido até contra a natureza, apesar de vulnerável". Outra pessoa que também optou por essa foto fala que "é a sociedade que queria", com "pessoas num cenário bem adverso, que conseguiram uma maneira de se proteger". Mais um participante escolheu a foto por lhe passar a ideia de "solidariedade" e diz: "vemos o perigo e temos de nos unir". Outro também escolheu a 14 e diz: "escolhi essa foto porque me levou a algo mais primitivo, um agrupamento se organizando para sobreviver, agrupamento que consegue se unir para dar conta de coisas da natureza". Uma quinta pessoa diz, comentando a foto, que "quase escolhi, pois me conduz a uma ligação antiga e ancestral, ao coletivo enquanto lugar de amparo; me tocou bastante quando ela passou". Outro membro que comentou a foto 14 citou "o momento difícil de tempestade". Outro comentário sobre essa foto foi que ela incomoda e lembra as histórias de Graciliano Ramos[54] e também o livro *Torto arado*.[55] Outra fala traz ainda: "essa foto me incomodou, me deu a impressão de pessoas no campo exploradas".

Em seguida, na sessão de Fotolinguagem, seguem novamente diferentes escolhas de fotos e diversas associações. Falam de ter escolhido a sociedade que representa o que vivem hoje ou já viveram, ou, ao contrário, de escolherem a sociedade em que gostariam de viver, mas que não representa o que vivem. Alguém fala que escolheu "foto solitária, pois é preciso voltar para dentro para lidar com as demandas da sociedade". Até que ocorre a escolha da foto 3.

Três pessoas que escolheram essa foto falam da possibilidade e do sentido de uma construção coletiva: "ainda podemos viver este coletivo", "este coletivo para mim representa a sociedade", "volto ao passado para pensar a construção coletiva, sofrida e árdua, com os imigrantes", "é a dor da construção coletiva".

Retomam as variadas escolhas de fotos, e nas associações, novas manifestações: "o espaço de grupo e a sociedade"; "múltiplas existências, um monte de células que insistem em viver"; "o equilibrar-se

54 Ramos, G. (1973). *Vidas secas. Angústia* (32a ed.). São Paulo: Livraria Martins.
55 Vieira Jr., I. (2018). *Torto arado*. São Paulo: Todavia.

necessário". E surge novamente em outra pessoa: "indivíduo, atrás de barras de aço, sujeito solitário". Um participante conclui: "Há uma espécie de coletivo individualizado, o que mostra que não estamos aí num bom caminho. Uma multidão solitária. Todos igualados, anonimizados, iguais, mas na verdade distintos... chega a dar medo...".

Em seguida, a coordenadora 1 apresenta sua foto e fala de trilhos, de caminhos, da necessidade de circular por áreas melhores, por condições melhores. Uma pessoa completa a coordenadora, dizendo "outras possibilidades", "me pegou a ideia da criança, ideia de que olha o mundo com abertura". A coordenadora 2 apresenta sua foto e fala que "para prover cuidado é preciso um grupo, no grupo ao mesmo tempo um continente e um fermento para saídas diferentes". Um outro participante completa: "o grupo protegido da foto 14 é a proteção contra o desamparo, o qual pode ser transformado, assim como também a própria proteção pode ser transformada". A partir daí o grupo passa a associar mais livremente, sem relação direta com as fotos.

Na sequência, vão trabalhando. Uma pessoa diz: "pegar aqui o que é próprio e singular e ir compondo a colcha de retalhos, uma composição e uma continuidade..."; outra pessoa completa: "como se tivéssemos sonhado juntos; as imagens fazem isso, não se faz só de pensamento, mas de imagens internas". Ainda outro participante comunica: "o que ficou fora da panela foi o genitalizado". E um outro completa: "Eros é a força primária dos grupos, onde há vínculos". Retoma o anterior: "Pensar e sentir". O grupo se autoanalisa em sua própria atividade agora.

Então alguém chama a atenção de todos: "Não apareceram os meios de produção, algo que se opõe. Isto é outra colocação".

O participante que trouxe antes Eros, diz: "Sonhar foi possível. O que está me fascinando. A foto estimula muita projeção. É claro que temos de projetar nossos temores. Não só um cenário de realização, mas também de não realização. Estamos no território das possibilidades em uma época tão aterradora coletivamente. Quanta coisa é possível e se revela impossível, e que possibilidades isto, por sua vez, causa". Uma das pessoas que escolhera a foto 18 afirma: "a vida que insiste, como um colega disse aqui hoje". Nesse momento dois participantes deixam o grupo. O membro que dissera a frase acima completa: "são elementos que acolhem e permitem o coletivo". A coordenadora 1 agora diz: "temos cinco minutos".

A mesma pessoa repete que "a vida insiste, é tão enigmático e é poético" e continua: "no meio de tudo isso estamos conseguindo produzir pensamento... a vida insiste; apesar de tudo a gente está compondo". Quem falara antes em imagens acrescenta: "imagens são pensamentos". A coordenadora 2 aponta: "produção estética", e o participante de "a vida insiste" diz: "estética de contrários". A coordenadora 2 então diz: "nossa tenda está sendo o pensar". E a coordenadora 1 completa: "construída coletivamente, e cada um constrói os pedaços", seguida pela coordenadora 2, que diz: "sonhar juntos". E um membro declara: "que contato!", e a sessão de Fotolinguagem termina.

Considerações finais

O uso da Fotolinguagem facilita a expressão daquilo que é difícil de ser simbolizado, possibilita o pensar crítico, que é aquele pensar que recolhe o sentido onde o sentido pode se perder sem alcançar o símbolo, que permite dar continência ao pensar dialético no espaço grupal.

Castanho,[56] que utiliza e considera de muita importância para o trabalho do psicanalista com grupos o uso da Fotolinguagem, já

56 Castanho, P. (2018). *Uma introdução psicanalítica ao trabalho com grupos em instituições*. São Paulo: Linear B, p. 181.

apontou que "seu uso por Claudine Vacheret se distingue pela leitura e fundamentação psicanalíticas rigorosas". Muitas vezes há um questionamento, por parte de psicanalistas, quanto ao uso do método de objetos mediadores e, sobretudo, da Fotolinguagem pela psicanálise.

Vários pontos podem ser questionáveis: quanto à qualificação do objeto mediador em psicanálise; o fato de haver uma pergunta e uma consigna como tarefas estabelecidas previamente ao grupo, diferenciada da noção de tarefa de Pichon-Rivière ou de trabalho em Bion, que poderia comprometer a associação livre por parte dos participantes; o fato de os coordenadores participarem em ação ativa durante a sessão, escolhendo a foto e falando dela, dificulta ao psicanalista se manter em atenção flutuante como estabelecido por Freud,[57] e permanecer *sem memória ou desejo* como esclarecido por Bion,[58] impedindo a regra da abstinência; enfim, o principal, a nosso ver, a própria apresentação de fotos característica do método seria questionada.

Quanto ao uso do objeto mediador, devemos nos lembrar do jogo do rabisco criado por Winnicott,[59] bem como da própria apresentação da caixa lúdica utilizada por Melanie Klein[60] ou da solicitação de produção de desenhos por Françoise Dolto[61] como possibilidades de objeto mediador aceitos no exercício da psicanálise, como

57 Freud, S. (1969). Recomendações aos médicos que exercem a psicanálise. In S. Freud, *Edição standard brasileira das obras psicológicas completas de Sigmund Freud* (vol. XII; Jayme Salomão, Trad.). Rio de Janeiro: Imago. (Trabalho original publicado em 1912)

58 Bion, W. R. (1967). Notes on memoire and desire. *Psycho-Anal. Forum, II*(3).

59 Winnicott, D. W. (1984). *Consultas terapêuticas em psiquiatria infantil.* Rio de Janeiro: Imago, 1984. (Trabalho original publicado em 1971)

60 Klein, M. (1997). A técnica da análise da criança pequena. In (1932). *A psicanálise de crianças. Obras completas de Melanie Klein.* (vol. II; Liana Pinto Chaves, Trad.). Rio de Janeiro: Imago. (Trabalho original publicado em 1925)

61 Dolto, F. (1985). *Seminário de psicanálise de crianças.* (Vera Ribeiro, Trad.). Rio de Janeiro: Zahar. (Trabalho original publicado em 1982)

instrumentos legítimos de trabalho. Muitas respostas já foram pensadas em relação a isto por outros autores.

Quanto ao coordenador de grupo de Fotolinguagem, percebemos, pela sessão descrita, quanto ele sintoniza no processo grupal, capta e associa a partir do fenômeno grupal sem perder sua singularidade nem sua capacidade de escuta flutuante e sua continência sem memória nem desejo.

A Fotolinguagem não se baseia na associação livre total por parte do sujeito, ela é disparada por associação com imagens visuais, caracterizando o método pelo apelo à figurabilidade,[62] que é uma das características de funcionamento do processo primário inconsciente para Freud.

Trata-se, aqui, da possibilidade de sustentação do fantasiar como o "pensar" em imagens visuais, às vezes apenas pré-visuais.[63]

> *A coibição da descarga motora ou ação, que se tornou necessária ao aparelho, é proporcionada, para Freud,*[64] *pelo processo do "pensar", que ultrapassa e se desenvolve a partir do de visualizar ou conceber mentalmente a impressão do objeto, o que, nas origens, seria uma representação de coisa.*[65,66] *Portanto, é importante demarcar*

---

62 Freud, S. (1972). A interpretação dos sonhos. In S. Freud, *Edição standard brasileira das obras psicológicas completas de Sigmund Freud*. (vol. V; Jayme Salomão, Trad.). Rio de Janeiro: Imago. (Trabalho original publicado em 1900)

63 Persicano, M. L. S. (2013). *A imago somatossensitiva na fantasia somática*. São Paulo: Escuta.

64 Freud, S. (1969). Formulações sobre os dois princípios do funcionamento mental. In S. Freud, *Edição standard brasileira das obras psicológicas completas de Sigmund Freud*. (vol. XII; Jayme Salomão, Trad.). Rio de Janeiro: Imago. (Trabalho original publicado em 1911)

65 É o que nas primeiras traduções de Freud do inglês para o português era denominado de apresentação.

66 Freud, S. (2004). Formulações sobre os dois princípios do acontecer psíquico. In S. Freud, *Obras psicológicas de Sigmund Freud: escritos sobre a psicologia do*

> *que só será "pensar" a partir do ato de visualizar ou conceber mentalmente as relações entre as diferentes impressões deixadas pelo objeto. Só é "pensar" se esta formação de imagens incluir ou relacionar impressões. Este ato de conceber mentalmente [*Vorstellen*], segundo a tradução recente do alemão para o português, também tem a conotação de imaginar ou visualizar uma imagem, "trata-se do pensar calcado no ato de imaginar",*[67] *que caracteriza o "pensar" sob o processo primário, com sua figurabilidade imaginária. Aqui, para Freud, é preciso visualizar mentalmente, ou seja, uma imagem formada a partir da sensorialidade visual, para ser "pensar".*[68,69]

Outro aspecto a ser considerado para pensar a apresentação de fotos para dispararem escolha e associações é lembrar que, "em seus desenvolvimentos a respeito desse imaginário fantasístico, Freud[70,71] inclui implicitamente a importância do fantasiar pré-consciente e, em outro momento, coloca todo o trabalho do pré-consciente como extremamente necessário ao processo de elaboração psíquica".[72]

---

inconsciente (vol. I; Luiz Alberto Hanns, Coord. e Trad.) Rio de Janeiro: Imago. (Trabalho original publicado em 1911)

67 Idem, p. 73.

68 Persicano, M. L. S. (2013). *A imago somatossensitiva na fantasia somática*. São Paulo: Escuta, pp. 45-46.

69 Freud, S. (1976). Além do princípio do prazer. In S. Freud, *Edição standard brasileira das obras psicológicas completas de Sigmund Freud* (vol. XVIII; Jayme Salomão, Trad.). Rio de Janeiro: Imago. (Trabalho original publicado em 1920)

70 Persicano, M. L. S. (2004). *A angústia na trilha da pulsão: entre psique e soma. A metapsicologia da angústia e de suas manifestações somáticas*. (Dissertação de Mestrado). Pontifícia Universidade Católica de São Paulo (PUC-SP), São Paulo.

71 Freud, S. (1976). Além do princípio do prazer. In S. Freud, *Edição standard brasileira das obras psicológicas completas de Sigmund Freud* (vol. XVIII; Jayme Salomão, Trad.). Rio de Janeiro: Imago. (Trabalho original publicado em 1920)

72 Persicano, M. L. S. (2013). *A imago somatossensitiva na fantasia* somática. São Paulo: Escuta, p. 51.

> *Em seus desenvolvimentos a respeito desse imaginário fantasístico Freud inclui implicitamente a importância do fantasiar pré-consciente e, em outro momento, coloca todo o trabalho do pré-consciente como extremamente necessário ao processo de elaboração psíquica. Fala na capacidade de ligação do sistema pré-consciente, na amplitude dele, na energia quiescente disponível nele, pronta para ser usada. E esta depende do nível de estruturação simbólica alcançada pelo aparelho, que por sua vez depende de como esse aparelho conseguiu lidar com as excitações pulsionais ao se constituir. E, enfim, sem a capacidade de ligação do pré-consciente, não há recalque secundário exitoso. Este exige um pré-consciente amplo e rico. Se nas origens deste aparelho não se fundar o recalcamento originário, temos um pré-consciente do ego incipiente em sua capacidade significadora e maior tendência do ego em proceder à rejeição das intensidades, do que em efetuar o recalcamento. E aí, percebe-se, permaneceriam apenas as fantasias inconscientes, não haveria nem o sonho nem o fantasiar diurno.*[73]

Pensando assim, é possível sustentar que o uso de fotos favorece que o material irrepresentável, não só em sujeitos com falha no funcionamento do pré-consciente,[74] mas também em todos os humanos frente a situações de vida insuportáveis e indizíveis, encontre estímulos para caminhar a vias representacionais, por meio da projeção sobre as imagens das fotos. Trata-se do mesmo princípio dos testes

73 Idem.

74 Freud, S. (2006). Além do princípio do prazer. In S. Freud, *Obras psicológicas de Sigmund Freud: escritos sobre a psicologia do inconsciente* (vol. II; Luiz Alberto Hanns, Coord. e Trad.). Rio de Jabeiro: Imago. (Trabalho original publicado em 1920)

projetivos figurativos que permitem ao irrepresentável encontrar vias imagéticas visuais de representação, só que agora, na Fotolinguagem, tem finalidade oposta ao psicodiagnóstico: abrir espaço para o material ser vivenciado, ser elaborado e ser representado.

O método dispara o funcionamento do nível simbólico do "como se", objeto que contém angústias e conflitos, pois tolera as contradições, e assim permite o pensar dialético. E, também, o irrepresentável, num "pensar calcado no ato de imaginar sem visualizar, construído com imagens de sensações somáticas pré-visuais e pré-auditivas",[75] poderá então ser acolhido, por projeção, pela imagem visual.

No uso da Fotolinguagem como objeto mediador em grupos, podemos dizer, fazendo uso do artigo de Maria Antonieta Pezo del Pino:[76]

> *Apresenta-se o conceito de cadeia associativa grupal e sua especificidade . . . O trabalho com grupos instaura processos associativos distintos dos descritos pela psicanálise, no enquadre clássico, devido à presença de vários sujeitos simultaneamente e aos efeitos da interdiscursividade. As cadeias articulam processos inter-relacionados, as associações do sujeito singular e as produzidas intersubjetivamente no grupo. Quando, para além da palavra, se inclui no grupo um mediador terapêutico . . ., o processo associativo apresenta marcas específicas.*[77]

As imagens da Fotolinguagem apelam aí para o trabalho do pré-consciente e disparam um fenômeno associativo grupal. É esse

75 Persicano, M. L. S. (2013). *A imago somatossensitiva na fantasia somática*. São Paulo: Escuta, p. 46.

76 Pino, M. A. P. del P. (2015). Do squiggle game ao pictograma grupal: a especificidade das cadeias associativas grupais. *Jornal de Psicanálise, 48*(88), 131-142.

77 Idem.

fenômeno que permite o recolhimento do sentido onde o sentido poderia se perder sem alcançar o símbolo, pois a situação grupal e o uso do objeto mediador dão continência ao pensar dialético no espaço grupal, favorecendo o pensamento crítico.

Portanto, a fundamentação metapsicológica na figurabilidade inconsciente e no trabalho do pré-consciente aponta que o método não precisa comprometer a associação livre por parte dos sujeitos do grupo nem a cadeia associativa grupal, e temos a demonstração disto na sessão de Fotolinguagem exposta neste texto. Nela ficou evidente que o grupo conseguiu se manter em grupo de trabalho, dando conta de superar o grupo de suposto básico latente, podendo, assim, integrar o agir, o pensar e o sentir, caracterizando-se em processo de aprendizagem, ao tratar das dores, desconfortos e inquietudes provocados pelo viver em sociedade nos dias de hoje.

O grupo, no final da sessão, se tornou um *eu plural*[78,79] que se dá quando um grupo alcança uma unidade na vivência inconsciente de um *nós-aqui-agora*.

---

78 Persicano, M. L. S. (2018). O eu plural. A unidade do nós-aqui-agora. Artigo não publicado, apresentado no evento *O Eu Plural*, realizado no Departamento Formação em Psicanálise do Instituto *Sedes Sapientiae* em 2018.

79 Lazslo, A. Á. (2016). *Grupos: uma perspectiva psicanalítica*. São Paulo: Zagodoni.

2. O centenário da psicologia das massas freudiana: seu legado para o estudo das formações coletivas

Carla Penna

Introdução

O indivíduo moderno surgiu a partir de influências humanistas, iluministas e românticas que o alçaram à condição de centro do universo, com autonomia de espírito e razão, liberdade e subjetividade. Sua história foi construída ao longo da modernidade, sendo, para Moscovici (1981, p. 25), "a invenção mais importante do todos os tempos". Contudo, as mudanças sociopolíticas e ideológicas ocorridas após a Revolução Francesa, especialmente a partir da historiografia de Hippolyte Taine, no século XIX, conduziram o mundo moderno à reflexão sobre o fenômeno das multidões (Penna, 2014).

Na última década do século XIX, por meio do embate entre forças conservadoras e liberais, entre o socialismo e o anarquismo, o interesse pelo estudo das formações sociais ganhou espaço, abrindo caminho para o nascimento de novas disciplinas científicas como a sociologia, a psicologia, a estatística e a criminologia. Esses novos campos de pesquisa permitiram que uma geração de intelectuais – como Durkheim, Weber, Simmel, Tönnies, Tarde – se dedicassem ao estudo das formações coletivas. A partir de 1891, após a Unificação da Itália, Scipio Sighele (1891/1952) – discípulo de Enrico Ferri e influenciado pela criminologia de Cesare Lombroso – investigou as multidões criminosas e o sistema prisional. Seu trabalho foi marcado pelo darwinismo social e pelo positivismo que procurava harmonizar leis sociais e biológicas. Na França, o estudo da psicologia das multidões encontrou em Gabriel Tarde e Gustave Le Bon desdobramentos importantes por meio de investigações sobre as relações entre público, opinião e multidão (Tarde, 1890/2005) e mente grupal (Le Bon, 1895/2008) respectivamente. Inicialmente as multidões foram caracterizadas como selvagens, irracionais e patológicas. Seu comportamento foi associado "às formas inferiores de evolução" (Le Bon, 1895/2008, p. 39) como os selvagens, as crianças e as mulheres (Penna, 2014, 2022).

Le Bon (1895/2008) foi o mais importante dos teóricos da psicologia das multidões. Apesar de trabalhar às margens dos círculos acadêmicos, o talento de Le Bon parecia estar ligado à sua capacidade de captar e traduzir em palavras o *Zeitgeist* de sua época, ou seja, os conflitos sociais, os medos e as aspirações características do final do século XIX. Le Bon encontrava-se afinado ao desenvolvimento científico do período, e muitos dos conceitos dos quais se utilizava, como imitação, sugestão, hipnose e contágio, foram importados da École de Salpêtrière e da École de Nancy. Além disso, diferentemente de outros teóricos de sua geração, para Le Bon não havia nada de demente ou patológico nas multidões. As multidões eram constituídas por "indivíduos normais" que, quando reunidos, apresentavam uma "vida mental característica, tornando-se uma realidade autônoma organizada coletivamente, como uma alma coletiva" (Le Bon, 1895/2008, p. 25). Para compreendê-las era necessário estudar seu estado de espírito, seus modos de sentir, pensar e agir, sua psicologia. Assim, mediante investigação de sua psicologia, Le Bon procurava encontrar um antídoto contra as desordens que as multidões provocavam no corpo social. Na multidão, a consciência e a individualidade desapareciam, dando lugar ao pensamento automático e a uma sensação de invencibilidade. Tais comportamentos relacionavam-se ao contágio mental e à sugestionabilidade, especialmente quando associados ao fascínio exercido pelo hipnotizador/líder (Penna, 2014, 2022).

A psicologia das massas freudiana

À medida que o século XX se avizinhava, o peso das multidões sobre os acontecimentos políticos e históricos reproduzia as transformações na sociedade. Após a Primeira Guerra Mundial teve início um período no qual as massas adquiririam formas de pensamento e crenças próprias, dando lugar à sociedade de massas em que indivíduos se transformaram em seres anônimos, atomizados, fascinados pelo poder ilusório de seus líderes (Ortega y Gasset, 1930/1987). Foi assim que as correntes pessimistas e o temor outrora associado às multidões no século XIX se transformaram em tentativas de compreender sua formação e de encontrar formas de governá-las (Moscovici, 1981). Dessa forma, o que era temido no século XIX passou a ser manipulado, controlado e docilizado no século XX (Penna, 2014).

Psicologia de grupo e análise do ego (Freud, 1921/1976b) foi preparado no pós-guerra, em um dos piores invernos vienenses, quando um já sexagenário Freud, enlutado com a perda da filha Sophie e submetido a uma "verdadeira dieta de fome" (Gay, 1989), redigia à luz de velas, sob um frio cortante (Martins, 1986). Apesar do contexto traumático, Freud (1921/1976b) transformou visões que valorizavam as características hipnótico-sugestivas das multidões, reiterando a primazia dos processos inconscientes na massa ao imprimir uma visão otimista sobre a constituição do laço social, baseada nos processos inconscientes, no investimento libidinal, nas identificações entre os indivíduos e nas instâncias ideais. Para Semprún (2002), o texto freudiano sobre as massas inaugurou o século XX, sendo um livro crucial para sua compreensão, premonitório em relação à forma como líderes totalitários influenciariam e governariam as massas na Europa. O contexto histórico em que foi produzido apresentou o pensamento de um Freud que substituiu um investimento pessoal libidinal, inicialmente favorável ao Império Austro-Húngaro, por argutas reflexões sobre a guerra e a morte iniciadas a partir de 1915 em *Reflexões para os tempos de guerra e morte*. O ensaio foi redigido em um período histórico em que "chegava ao fim uma série de paixões germânicas e os valores democráticos estavam ameaçados pela insurgência de uma nova lei, a lei das massas" (Semprún, 2002, p. 20). Freud vislumbrava tempos sombrios com a ascensão dos totalitarismos e o recrudescimento do antissemitismo.

A partir de uma visão transformadora e crítica em psicologia das massas,[1] Freud empreendeu uma análise do eu dentro do contexto da psicologia coletiva, tomando de empréstimo tanto as descrições

---

1 A edição brasileira das *Obras psicológicas completas de Sigmund Freud* apresenta em *Psicologia de grupo e análise do ego* a palavra "grupo" como equivalente à palavra alemã *masse*, que é mais abrangente. Para Peter Gay, essa é uma tradução infeliz. O título da obra em alemão é *Massenpsychologie und Ich-Analyse* e, portanto, a palavra "grupo" escolhida pela *Standard edition* para *masse* foi inadequada (Gay, 1989, p. 362). Entretanto, vale ressaltar que Freud utilizou a palavra *masse* para se referir e traduzir tanto *o group* de McDougall como a *foule* de Le Bon (Freud, 1921/1976b, p. 91), o que provavelmente inspirou a tradução brasileira a empregar o termo "grupo" tanto para a massa quanto para o grupo organizado. Por outro lado, Roudinesco e Plon (1997) afirmam que James Strachey, ao traduzir o termo alemão *Massen* por *group* em lugar de *mass*, optou por uma tradução que envolvia uma concepção reducionista do social, característica da psicologia social norte-americana. As traduções francesas também não foram mais precisas, já que Freud escolhera o termo *Massen* em vez da palavra *Menge* para traduzir o termo francês *foule*, empregado por Le Bon em sua obra, privilegiando a conotação política que o primeiro termo em alemão carregava. No entanto, os tradutores franceses, preocupados em manter a ligação com a obra de Le Bon, optaram pela palavra *foule* para traduzir *Massen*.

de Sighele (1891/1952), Tarde (1890/2005) e Le Bon (1895/2008) sobre a psicologia das multidões do século XIX, como investigações de Trotter (1919/2016) e McDougall (1920/2010) do início do século XX. O ensaio visava empreender uma análise da vida coletiva dos indivíduos destacando o conflito entre a vida instintual – e a consequente necessidade de satisfação narcísica dos desejos individuais – e os vínculos grupais. O texto freudiano caminhou sob duas vertentes distintas. A primeira se propunha a explicar a psicologia das massas tendo como base as modificações que se processavam no indivíduo, enquanto a segunda dava continuidade às investigações metapsicológicas iniciadas por Freud em *Sobre o narcisismo: uma introdução* (1914/1974b) e em *Luto e melancolia* (1917[1915]/1974d), que tiveram prosseguimento em *O ego e o id* (1923/1976c).

Na introdução do trabalho, Freud foi revolucionário ao afirmar que "desde o começo, a psicologia individual . . . é, ao mesmo tempo, também psicologia social" (Freud, 1921/1976b, p. 91). A afirmação de Freud conferiu um tiro mortal às tendências da modernidade que desprezavam a ligação entre o psiquismo individual e coletivo na explicação de fenômenos sociais, apontando para a necessidade da alteridade na constituição subjetiva e no estabelecimento das relações sociais. O trabalho sobre as massas apresentou a inelutável interdependência entre processos individuais e coletivos ao valorizar o vínculo que reúne o indivíduo e o social e que necessariamente envolve o outro "como modelo, objeto, auxiliar ou oponente" (Freud, 1921/1976b, p. 91). Infelizmente, apesar dos esforços dos freudo-marxistas nas décadas de 1920 e 1930 e de trabalhos pioneiros realizados nas clínicas sociais de psicanálise (Rouanet, 1986), as palavras de Freud em relação à indissolubilidade dos laços entre indivíduo e sociedade foram pouco ouvidas pela psicanálise clássica.

Somente nas últimas versões francesas é possível observar o retorno à opção freudiana pela palavra "massa" (Roudinesco & Plon, 1997, p. 613).

A partir da análise das multidões artificiais, em especial a Igreja e o Exército, Freud revelou novas particularidades sobre o funcionamento das massas. Nesse sentido, o trabalho visava ao estabelecimento de uma relação emocional com os membros do grupo e com o líder, bem como o compartilhamento de valores e crenças entre seus membros. Assim, tendo a libido e a força agregadora de Eros como aliadas, Freud analisou os grupos organizados valendo-se do artifício da ilusão alimentada por seus membros de que o líder amava todos os membros do grupo com um amor igual (Freud, 1921/1976b, p. 120). Dessa forma, um grupo ou uma massa é mantido pela força agregadora de Eros, que faz com que os indivíduos abram mão de sua individualidade para se identificarem horizontalmente entre si – formando um "indivíduo grupal" (Freud, 1921/1976b, p. 149) – e verticalmente com o líder. Aqui, o conceito de identificação, enunciado de forma mais ampla no texto de 1921, foi apontado por Freud como a mais remota forma de expressão de laço emocional com um objeto. O laço mútuo estabelecido em um grupo, baseia-se na identificação entre seus membros que, identificados entre si, colocam o líder no lugar do ideal do ego (Freud, 1921/1976b, p. 133).

Contudo, existe uma intrínseca relação entre narcisismo e psicologia das massas, pois o principal objetivo de Freud no ensaio parecia ser encontrar os limites à expansão narcísica dos indivíduos no social. Nesse sentido, para Freud parecia existir uma oposição entre "o estado de indivíduo e o estado de massa" (Costa, 1989, p. 67), fator que refletia a polarização entre o investimento libidinal no eu ou no grupo ou mesmo entre o narcisismo individual e o narcisismo coletivo.

Isso nos leva à reflexão sobre a economia psíquica envolvida nas vinculações eróticas horizontais e verticais presentes nas relações grupais. No eixo horizontal encontramos a regressão e identificação entre iguais/pares e no eixo vertical as relações com o líder/pai da horda primeva (Figueiredo, 1999). Para Freud, a psicologia das massas envolve um estado de regressão a uma atividade mental primitiva semelhante ao da horda primeva (Freud, 1913/1974a). Contudo, para a manutenção do laço libidinal no grupo organizado, é necessário um equilíbrio entre as forças horizontais e verticais contra a irrupção de forças psíquicas contrárias à manutenção da coesão do grupo. Assim, apropriando-se da metáfora dos porcos-espinhos de Schopenhauer, Freud (1921/1976b) postulou a necessidade de uma distância ótima entre os membros para a manutenção de um grupo/massa.

Entretanto, dentro desse modelo, a ambivalência de sentimentos entre os membros não encontra lugar, e os sentimentos hostis e agressivos são projetados para fora. Nesse sentido, o narcisismo das pequenas diferenças (Freud, 1921/1976b, 1930/1976d) sobrevém, funcionando, por um lado, como amálgama para a ilusão de coesão nos grupos, por outro, promovendo a projeção de tudo aquilo que é hostilizado e rejeitado, mas que é fundamental para a preservação do grupo. Nesse sentido, o narcisismo das pequenas diferenças repousa sob o intrincamento pulsional entre as pulsões de vida e de morte, contribuindo tanto para a manutenção da coesão grupal como para a projeção das pulsões agressivas no mundo externo.

Aqui vale ressaltar que, embora ao abordar o narcisismo das pequenas diferenças Freud tenha tido a oportunidade de se deter na análise da agressividade e das expressões da pulsão de morte – que enunciou um ano antes em *Além do princípio do prazer* (1920/1976a) – presentes nos fenômenos de massa, sua discussão prosseguiu em torno da força agregadora de Eros quando os indivíduos, limitados em seu narcisismo, investem na afirmação dos laços libidinais. Nesse ponto, como Figueiredo (1999) apontou, Freud parece ter deixado de lado a oportunidade de inserir uma discussão sobre a pulsão de morte no debate, preferindo ratificar a importância do amor e dos laços libidinais como agentes civilizadores. De fato, no trabalho sobre as massas, mesmo que intimamente relacionada a Tânatos, "Eros visa sempre à ligação, buscando compor unidades cada vez mais amplas que partem do mero agregado celular em direção à dimensão social" (Mezan, 1982, p. 267). Nesse sentido, as diversas vinculações libidinais estabelecidas entre os indivíduos refletem as "diferentes formas de expressão do movimento de inclusão e assimilação de Eros" (p. 268).

Contudo, as formações grupais apresentam diferentes conformações que variam de acordo com o maior ou menor equilíbrio na balança dos investimentos libidinais e pulsionais dos componentes no grupo. O equilíbrio do circuito pulsional é fundamental para o destino de um grupo. Se seus membros estiverem próximos demais, serão levados à fusão, à indiferenciação; entretanto, se mantiverem uma distância ótima, podem preservar sua individualidade, sendo levados à atividade engajada. Assim, observamos desde Freud, passando por Bion (1961/1970; 1970/2006) - que discorreu sobre o dilema do indivíduo no grupo mediante o debate sobre narcisismo/socialismo, no qual sujeitos oscilam entre a necessidade de preservação da individualidade e o sentimento de pertencimento – até autores contemporâneos que na problemática das relações grupais se encontra sempre envolvida uma questão econômica (Penna, 2014).

Além disso, observando as formações grupais, sejam multidões efêmeras ou grupos organizados, reunidos ou não em torno de um líder, tanto umas quanto as outras não diferem entre si na relação que estabelecem com a ilusão. Isto é, a despeito de um maior ou menor compromisso com a vida em civilização e as limitações impostas ao narcisismo individual, verifica-se nas massas a mesma necessidade de crença no amor do líder (ou numa ideologia), colocado no lugar do ideal do ego. A importância da ilusão é central na discussão sobre as massas e na formação e na manutenção grupal. A ilusão funciona como uma defesa contra o desamparo original, encontrando-se na base das formações coletivas e culturais (Garcia, 2007). Assim, apesar de a libido ser o principal elemento agregador nas massas e as identificações serem as formas mais remotas de laço social, sem a presença da ilusão nenhum grupo se mantém (Penna, 2022).

O legado da psicologia das massas

Semprún (2002) aponta para a importância da psicologia das massas freudiana na construção do pensamento sobre o século XX. Teses defendidas por Hannah Arendt, Broch, Cannetti, Adorno e Sartre nunca poderiam ter sido postuladas sem a existência do trabalho freudiano sobre as massas. Além disso, o texto ratifica a importância do vínculo libidinal em Freud, apontando para a natureza intersubjetiva presente nas relações humanas e nos grupos. No entanto, foi preciso que o século XX avançasse para que *Psicologia de grupo e análise do ego* adquirisse seu *status* fundamental dentro da obra freudiana.

De conservadora e liberal no século XIX, a psicologia das massas tornou-se instrumento de manipulação ideológica fascista no século XX, e o modelo freudiano inicialmente centrado na relação com o líder conduziu às reflexões sobre os totalitarismos do século XX. O estudo da psicologia das massas empreendeu, assim, uma trajetória atrelada às mudanças político-sociais que, mais do que reproduzirem o *Zeitgeist* ou mesmo o *habitus* (Elias, 1939) de um período histórico, presentificaram a ação do inconsciente social de pessoas e grupos, dando espaço para novas hipóteses e desenvolvimentos teóricos sobre o funcionamento das formações coletivas (Hopper & Weinberg, 2011, 2017; Penna 2014, 2022).

A geração seguinte de investigadores passou a se preocupar com o estudo das massas por acreditar que elas poderiam constituir, graças ao seu poder de influência, um freio à revolução e às formas de dominação demagógica. Foi assim, com o objetivo de investigar essas relações, que nasceu no século XX uma psicologia das massas revolucionária e de esquerda. Os estudos freudianos sobre a cultura e a psicanálise dos freudo-marxistas legaram aos frankfurtianos instrumentos de análise para uma crítica contundente à vida em sociedade (Rouanet, 1986). Permitiram ainda que importantes temas relacionados à psicologia das massas, como as ideias sobre a fusão dos indivíduos na massa, o poder ilusório de seus líderes, a origem das crenças e da religião, bem como o enigma da submissão dos homens e a arte de governá-los, fossem cotejados (Jay, 1973/2008).

Assim, a partir da década de 1930, investigações sobre psicologia das massas, personalidade autoritária e lideranças foram conduzidas por Reich, Horkheimer, Adorno, Lowenthal, Guterman, Marcuse (Jay, 1973/2008). Após a Segunda Guerra Mundial, Adorno (1951/2005) discutiu, em *A teoria freudiana e o modelo fascista de propaganda*, a manipulação fascista a serviço de líderes carismáticos que se utilizava dos vínculos libidinais para exercer o controle sobre as massas. Mais do que defender um ideal, seu objetivo era manipular – por meio de técnicas demagógicas, autoritárias e mecanismos inconscientes – a massa regredida, homogeneizada e, portanto, dominável. Além de ser uma manifestação da destrutividade, uma recorrência do arcaico ou das primitivas relações paterno-filiais, para Adorno (1951/2005), o fascismo era a própria reprodução desses fenômenos inconscientes no seio da civilização, valendo-se da promoção de uma atitude passivo-masoquista da massa em relação à imagem do líder. A agitação fascista centrava-se na ideia e na imagem do líder que reanimava a ideia do pai primitivo, poderoso e ameaçador. Por outro lado, a irracionalidade do seguidor surgia como uma convicção baseada em sua vida erótico-libidinal, especialmente nas raízes passivo-masoquistas e em estágios pré-identificatórios subjacentes à submissão ao líder. Nesses momentos, a imagem do líder assumia "a aparência de uma ampliação da própria personalidade do sujeito, a forma de uma projeção coletiva de si mesmo, mais do que a imagem do pai" (Adorno, 1951/2005, p. 126). Dessa forma, "a imagem do líder fascista gratificava o duplo desejo do seguidor em se submeter à autoridade e ser ele mesmo a autoridade" (p. 127). Além disso, a individualidade é substituída por identificações entre os componentes e com a autoridade coletiva, e o que é bom para o grupo passa a ser bom para seus membros. Esse mecanismo revela como, por meio da regressão e das identificações, surge no grupo um "efeito de adesão", um "igualitarismo malévolo" (Adorno, 1967/2020), uma fraternidade excessiva que leva o indivíduo à perda do senso crítico, do superego, em prol da conformidade aos ideais do grupo, projetando a agressividade no grupo rival. Essa tendência tem sido na atualidade examinada nas análises de Hopper (2003, 2019) sobre experiências traumáticas na vida inconsciente dos grupos e de Vamik Volkan (2013) em relação à regressão coletiva encontrada em grandes grupos cujas identidades étnico-nacionais encontram-se ameaçadas. Por outro lado, Kernberg (2020) explorou o narcisismo maligno de líderes totalitários em grupos grandes regredidos.

O desenvolvimento do trabalho com grupos

A psicologia das massas freudiana foi também uma forte influência no desenvolvimento do trabalho e da pesquisa teórica com grupos. Durante a Segunda Guerra Mundial, no Hospital de Northfield, na Inglaterra (1942 a 1945), dois experimentos com grupos foram fundamentais. O primeiro, conduzido por Rickman e Bion (1961/1970) com grupos sem líder, levou à conceitualização de grupos de pressupostos básicos – dependência, luta e fuga e acasalamento – e grupo de trabalho, fundamentais para o estudo de processos primitivos e angústias psicóticas em grupos. Após a guerra, o primeiro experimento permitiu a criação do Tavistock Institute of Human Relations, em 1946, responsável pelos estudos de *group relations* sobre liderança e organizações, centrados no legado do trabalho com grupos de Bion. Já o segundo experimento deu origem às comunidades terapêuticas e à grupanálise de Foulkes (1964/1984), que, em colaboração com Norbert Elias, fundou em 1952 a Group Analytic Society. Em paralelo e de forma independente, Pichon-Rivière desenvolveu, a partir de 1936, importantes aportes para o trabalho com grupos na América Latina (Penna, 2022).

A década de 1970 foi um período de grandes transformações não só no mundo contemporâneo como também na psicanálise – pela atenção dirigida à clínica dos pacientes difíceis – e no trabalho com grupos. Assim, a partir de Pierre Turquet (1975) e Lionel Kreeger (1975), na Inglaterra, e de Anzieu (1975/1993), Kaës (1975/1997) e Chasseguet-Smirgel (1975/2003), na França, a pesquisa com grupos voltou seu interesse para a investigação de angústias primitivas e aspectos agressivos, regressivos e pré-edípicos, presentes nos pacientes difíceis e também encontrados na psicodinâmica dos grupos. Nesse sentido, as pesquisas caminharam para além das considerações enunciadas por Freud sobre o funcionamento grupal, ao se debruçarem não apenas sobre a ideia do líder como pai edipiano simbólico, conduzindo a reflexão para momentos pré-edípicos das formações grupais. Nessa conjuntura, focalizada na observação dos aspectos primitivos presentes nos grupos, a investigação da psicodinâmica de grandes grupos ganhou corpo (Kreeger, 1975).

Em *settings* grupais, que reúnem de oitenta a quinhentos participantes, é possível observar a presença de relações objetais, operações defensivas e agressividade muito primitivas. Contudo, por meio da criação desses espaços coletivos de experimentação e autorreflexão, pode-se avançar na pesquisa sobre os processos regressivos atuantes na interação de um grande número de pessoas. Experiências em grandes grupos, tanto no campo da *group relations* quanto na groupanálise, conduziram a tentativas de conceitualização de novos pressupostos básicos que se somariam àqueles postulados por Bion para a vida inconsciente dos grupos (Turquet, 1975; Lawrence, Bain & Gould, 2000; Hopper, 2003). Tais iniciativas, pouco conhecidas no Brasil, têm sido fundamentais para a exploração da questão das multidões e das massas, trazendo *insights* sobre os processos de homogeneização/fusão, coesão/incoesão nos grupos, bem como investigações sobre massificação, fundamentalismo e fenômenos de bode expiatório. Essas linhas de trabalho são tributárias ao trabalho freudiano sobre as massas (Penna, 2022).

Partindo de um referencial kleiniano e inspirado na experiência russa de Rickman, Turquet (1975) postulou na década de 1970 a teoria de *oneness* – que foi, na época, chamada de quarto pressuposto básico. Em *settings* de grandes grupos e diante da mobilização de angústias primitivas, os participantes experimentam uma ameaça identitária e regridem. A defesa encontrada é a homogeneização, isto é, a sobrevivência do indivíduo se dá mediante a tentativa de ser igual, semelhante ao outro, levando à fusão com o grupo e ao o desenvolvimento de um sentimento de totalidade – *wholeness* – que permite ao indivíduo se perder em sentimentos oceânicos de união salvadora no grupo (Turquet, 1975, p. 132). Assim, indivíduos no grande grupo estariam diante de uma fusão narcísica coletiva com a imagem, não mais do pai edípico, mas da mãe onipotente (Penna, 2022).

Ainda na década de 1970, Anzieu (1975/1993) explorou o fenômeno da ilusão grupal, na qual ocorre o investimento do ideal do ego no próprio grupo. Inspirada nas ideias de Anzieu, Chasseguet-Smirgel (1975/2003) investigou grupos sob a influência de ideologias, explorando a conexão entre o narcisismo e as instâncias ideais, revelando o desejo de fusão primária do ego com o ideal do ego. Esse desejo está relacionado tanto à regressão quanto às ilusões e não leva em consideração nem o suporte da figura paterna, nem as restrições do superego. Ou seja, o grupo tem como fantasia maior não a submissão à autoridade do pai, mas a fusão com o seio bom ou a mãe onipotente. Isso significa que os grupos ideológicos buscariam líderes que fornecessem ao grupo uma ideologia que, como uma ilusão, confirmasse as aspirações narcísicas de fusão com o grupo como um ideal de ego primitivo – uma mãe pré-edipiana poderosa e gratificante. Em grupos baseados em ideologias, os indivíduos experimentariam restaurações narcísicas e sentimentos de grandeza, onipotência e poder. Assim, grupos ideológicos têm "menos sede de um líder do que de ilusões" (p. 82).

A partir da década de 1990, dentro de uma perspectiva pós-moderna e transdisciplinar, a pesquisa teórica deslocou a atenção dos fenômenos de coesão – até então onipresentes no pensamento sobre grupos no século XX – para os processos de incoesão encontrados na vida inconsciente dos grupos. Baseando-se em décadas de experiência clínica com pacientes e grupos traumatizados, o psicanalista e grupanalista Earl Hopper (2003) elaborou uma teoria sobre a existência de um quarto pressuposto básico – incoesão: agregação/massificação (*incohesion: aggregation/massification*) – que se somaria aos descritos por Bion (1961/1970), mas que estaria relacionado a momentos anteriores à fase esquizoparanoide do desenvolvimento psíquico. Hopper indagou: o que aconteceria aos grupos se o pressuposto básico de dependência falhasse? Afastando-se do modelo kleiniano-bioniano e adotando um referencial winnicotiano, Hopper associou a ideia de falha na dependência básica à experiência traumática. A falha pode ser de natureza familiar, inter-relacional, mas também oriunda de experiências de violência estrutural, como aquelas que ocorrem em grupos e sociedades traumatizadas. Isto é, situações nas quais o contexto familiar, relacional ou social falhou na provisão de *holding* e continência. A teoria de incoesão de Hopper (2003) mescla formações sociais primitivas da sociologia, como agregados e massas, com os pressupostos básicos de Bion e teorias de relações de objeto da psicanálise. Em linhas gerais, esse processo traumático conduz à fragmentação intrapsíquica, ao surgimento de processos de incoesão marcados por ansiedades psicóticas e defesas caracterizadas pelo medo do aniquilamento, como encapsulamentos e dissociações (Hopper, 1991, 2003).

Nas últimas décadas, assistimos a um aumento nos processos de incoesão. A vida em sociedade enfrenta a escalada de políticas neoliberais, racismo, ameaças à democracia em um mundo social fragmentado, polarizado e controlado pelo poder das mídias sociais. Observamos deslocamentos no biopoder foucaultiano (Foucault, 1979) e o surgimento da necropolítica (Mbembe, 2018). Diariamente acompanhamos a situação de milhões de pessoas submetidas à humilhação, vergonha, desrespeito, processos de exclusão e outras formas de violência sistêmica e subjetiva. A contemporaneidade está, portanto, forjando experiências traumáticas que apontam para novas dimensões de desamparo em pessoas, grupos e na sociedade. Nesse sentido, apontam para o que Hopper (2003, 2019) explora em sua teoria em termos de falha na dependência básica nos níveis pessoal, institucional e social.

Diante da incoesão experimentada no meio social, marcados por falhas na dependência básica e ameaçados por angústias de aniquilamento, os sujeitos contemporâneos regridem, e seu comportamento pessoal, grupal e social passa a oscilar entre estados de agregação e massificação. No polo da agregação – "cada um por si"/*Me-ness* –, o individualismo exacerbado, o isolamento social, a errância, a falta de solidariedade e a anomia predominam. No polo da massificação – "um por todos e todos por um"/*We-ness* –, pessoas e grupos apresentam uma tendência à indiferenciação e fusão a um objeto compartilhado e idealizado. Desenvolvem, assim, estilos de comunicação, sentimento e pensamento comuns, como vemos em grupos de cunho fundamentalista. O comportamento é marcado por projeções maciças, funcionamento esquizoparanoide, polarização e demonização do grupo rival/do diferente, agressividade progressiva e fenômenos de bode expiatório. Pressionados pelo desamparo pessoal, institucional e social, os sujeitos contemporâneos afiliam-se de forma ilusória e regressiva a "grupos de pertencimento" que, como ilhas de proteção, permitem a sobrevivência por meio do amalgamento de ideias, estilos de comunicação e sentimento em torno do líder ou ideal, como presenciamos nos totalitarismos do século XX (Hopper, 2003, 2019).

Na segunda metade do século XX, observamos que o individualismo, a cultura narcísica e o cansaço de ser si mesmo (Ehrenberg, 2000) conduziram ao predomínio da esfera privada, levando ao isolamento e ao desenraizamento pessoal e coletivo em detrimento da participação na esfera pública (Sennett, 1998). No início do século XXI, esse modelo chegou ao seu ápice e parece esgotar-se na sociedade do cansaço descrita por Han (2015). Quando pressionados por eficiência, acabamos nos tornando escravos de nós mesmos. Talvez como um sinal de resistência pessoal e coletiva, a esfera pública surge reinvestida, e ganham corpo lutas por reconhecimento (Taylor, 1994; Honneth, 1996) associadas a discursos de identidade (Fukuyama, 2018), como a teoria da interseccionalidade (Crenshaw, 2015). Essas novas formações sociais abrigam o enfrentamento de sofrimentos e a tentativa de elaboração de lutos e feridas narcísicas, como aquelas iniciadas pelo movimento Black Lives Matter ou o que hoje nomeamos de luta e/ou luto contra o racismo estrutural no Brasil. Na verdade, são movimentos que atualizam traumas coletivos que permaneciam presentes, embora denegados, no inconsciente social (Penna, 2014, 2022) de pessoas e grupos sociais.

Nessa direção a fenomenologia das lutas contemporâneas por reconhecimento (Taylor, 1994; Honneth, 1996) tem propiciado a criação de grupos baseados em identidades sociais. Por meio de identificações adesivas ou por traço, essas formações coletivas têm conferido aos sujeitos atuais, outrora desamparados, proteção, reconhecimento, identidade, identidade social e novos ideais. Esse parece ser um novo caminho para a psicologia das massas contemporâneas. Contudo será necessário investigar a natureza dos processos identificatórios, bem como o papel da regressão, das ilusões, das instâncias ideais e da ideologia nessas formações sociais. Enfim, subdivididas ou oscilando entre diferentes subgrupos e contragrupos (Hopper, 2003), horizontalizadas em torno de uma ideologia/ideal/ilusão comum; ou massificadas e verticalizadas em torno de um líder, as massas se reagrupam, reinvestidas por meio de grupos de pertencimento. Conservadoras ou liberais, à direita ou à esquerda, em interlocução ou amalgamadas, em franca polarização e oposição, regadas a violência e ódio, multidões e massas seguem fazendo história, tecendo e retecendo os fios de Ariadne das relações de poder (Moscovici, 1981).

Referências

Adorno, T. (2005). The Freudian theory and the pattern of fascist propaganda. In A. Arato & E. Gebhardt, *The essential Frankfurt School Reader* (pp. 118-137). New York: Continuum International Publishing Company. (Trabalho originalmente publicado em 1951)

Adorno, T. (2020). *Aspectos do novo radicalismo de direita*. São Paulo: Editora Unesp. (Trabalho originalmente publicado em 1967)

Anzieu, D. (1993). *O grupo e o inconsciente: o imaginário grupal*. São Paulo: Casa do Psicólogo. (Trabalho originalmente publicado em 1975)

Bion, W. (1970). *Experiências com grupos*. Rio de Janeiro: Imago. (Trabalho originalmente publicado em 1961)

Bion, W. (2006). *Atenção e interpretação*. Rio de Janeiro: Imago. (Trabalho originalmente publicado em 1970)

Chasseguet-Smirgel, J. (2003). *El ideal du moi*. Paris: Claude Tchou. (Trabalho originalmente publicado em 1975)

Costa, J. (1989). *Psicanálise e contexto cultural: imaginário psicanalítico, grupos e psicoterapias.* Rio de Janeiro: Campus.

Crenshaw, K. (2015). *On intersectionality: essential writings.* New York: New Press.

Ehrenberg, A. (2000). *La fatigue d'être soi: depression et société.* Paris: Odile Jacob.

Elias, N. (1939). *O processo civilizador* (vols. 1 e 2). Rio de Janeiro: Zahar.

Figueiredo, L. C. (1999). Acerca do que Freud considerou alheio ao seu interesse naquele momento. *Psicologia na Universidade, (9/10)*, 35-47.

Freud, S. (1974a). Totem e tabu. In S. Freud, *Edição standard brasileira das obras psicológicas completas de Sigmund Freud* (vol. XII, pp. 17-197). Rio de Janeiro: Imago. (Trabalho originalmente publicado em 1913)

Freud, S. (1974b). Sobre o narcisismo: uma introdução. In S. Freud, *Edição standard brasileira das obras psicológicas completas de Sigmund Freud* (vol. XIV, pp. 89-121). Rio de Janeiro: Imago. (Trabalho originalmente publicado em 1914)

Freud, S. (1974c). Reflexões sobre a guerra e a morte. In S. Freud, *Edição standard brasileira das obras psicológicas completas de Sigmund Freud* (vol. XIV, pp. 311-343). Rio de Janeiro: Imago. (Trabalho originalmente publicado em 1915)

Freud, S. (1974d). Luto e melancolia. In S. Freud, *Edição standard brasileira das obras psicológicas completas de Sigmund Freud* (vol. XIV, pp. 275-295). Rio de Janeiro: Imago. (Trabalho originalmente publicado em 1917[1915])

Freud, S. (1976a). Além do princípio do prazer. In S. Freud, *Edição standard brasileira das obras psicológicas completas de Sigmund*

Freud (vol. XVIII, pp. 17-90). Rio de Janeiro: Imago. (Trabalho originalmente publicado em 1920)

Freud, S. (1976b). Psicologia de grupo e análise do ego. In S. Freud, *Edição standard brasileira das obras psicológicas completas de Sigmund Freud* (vol. XVIII, pp. 91-183) Rio de Janeiro: Imago. (Trabalho originalmente publicado em 1921)

Freud, S. (1976c). O ego e o id. In S. Freud, *Edição standard brasileira das obras psicológicas completas de Sigmund Freud* (vol. XIX, pp. 23-89). Rio de Janeiro: Imago. (Trabalho originalmente publicado em 1923)

Freud, S. (1976d). O mal-estar na civilização. In S. Freud, *Edição standard brasileira das obras psicológicas completas de Sigmund Freud* (vol. XXI, pp. 81-177). Rio de Janeiro: Imago. (Trabalho originalmente publicado em 1930)

Foucault, M. (1979). *Microfísica do poder*. Rio de Janeiro: Paz e Terra.

Foulkes, S. H. (1984). *Therapeutic group analysis*. London: Karnac. (Trabalho originalmente publicado em 1964)

Fukuyama, F. (2018). *Identity: the demand for dignity and the politics of resentment*. New York: Farrar, Straus, and Giroux.

Garcia, C. A. (2007). O conceito de ilusão em psicanálise: estado ideal ou espaço potencial. *Estudos de Psicologia, 12*(2), 169-175.

Gay, P. (1989). *Freud: uma vida para nosso tempo*. São Paulo: Companhia das Letras.

Han, B. C. (2015). *Sociedade do cansaço*. Rio de Janeiro: Editora Vozes.

Honneth, A. (1996). *Luta por reconhecimento: a Gramática Moral dos Conflitos Sociais*. Rio de Janeiro: Editora 34.

Hopper, E. (1991). Encapsulation as a defence against the fear of annihilation. *International Journal of Psychoanalysis, 72*(4), 607-624.

Hopper, E. (2003). *Traumatic experience in the unconscious life of groups: the fourth basic Assumption: Incohesion: Agregation/ Massification or (ba) I: A/M.* London: Jessica Kingsley.

Hopper, E. (2019). "Notes" on the theory of the fourth basic assumption in the unconscious life of groups and group-like social systems – Incohesion: Aggregation/Massification or (ba) I: A/M. *Group, 43*(1), 9-27.

Hopper, E., & Weinberg, H. (2011). *The social unconscious in persons, groups, and societies* (vol. 1: Mainly theory). London: Karnac.

Hopper, E., & Weinberg, H. (2016). *The social unconscious in persons, groups, and societies* (vol. 2: Mainly foundation matrices). London: Karnac.

Hopper, E., & Weinberg, H. (2017). *The social unconscious in persons, groups, and societies* (vol. 3: The foundation matrix extended and re-configured). London: Karnac.

Jay, M. (2008). *A imaginação dialética: a história da escola de Frankfurt e do Instituto de Pesquisas Sociais, 1923-1950.* Rio de Janeiro: Contraponto. (Trabalho originalmente publicado em 1973)

Kaës, R. (1997). *O grupo e o sujeito do grupo: elementos para uma teoria psicanalítica do grupo.* São Paulo: Casa do Psicólogo. (Trabalho originalmente publicado em 1975)

Kernberg, O. (2020). Malignant narcissism and large group regression. *Psychoanalytic Quarterly, 89*(1), 1-24.

Kreeger, L. (Ed.) (1975). *The Large group: dynamics and therapy.* London: Karnac.

Lawrence, W.; Bain, A & Gould, J. (2000) The fifth basic assumption. In G. Lawrence (Ed.) *Tongued with Fire: Groups in Experience.* (pp.28-55). London: Karnac Books,

Le Bon, G. (2008) *Psicologia das multidões.* São Paulo: Martins Fontes. (Trabalho originalmente publicado em 1895)

Martins, R. B. (1986). Contribuições de Freud à psicoterapia de grupo. In L. C. Osório (Ed.) *Grupoterapia Hoje*. (pp. 43-56). Porto Alegre: Artes Médicas.

Mbembe, A. (2018). *Necropolitica*. Rio de Janeiro: N-1.

McDougall, W. (2010). *The group mind: a sketch of the principles of collective psychology*. New York: Putnam's Sons. (Trabalho originalmente publicado em 1920)

Mezan, R. (1982). *Freud: a trama dos conceitos*. São Paulo: Perspectiva.

Moscovici, S. (1981). *La era de las multitudes: um tratado histórico de psicologia de las masas*. México: Fondo de Cultura Econômica.

Ortega y Gasset, J. (1987). *Rebelião das massas*. São Paulo: Martins Fontes. (Trabalho originalmente publicado em 1930)

Penna, C. (2014). *Inconsciente social*. São Paulo: Casa do Psicólogo.

Penna, C. (2022). *From crowd psychology to the dynamics of large groups: historical, theoretical and practical considerations*. London: Routledge.

Rouanet, S. P. (1986). *Teoria crítica e psicanálise*. Rio de Janeiro: Tempo Universitário.

Roudinesco, E. & Plon, M. (1997). *Dicionário de psicanálise*. Rio de Janeiro: Zahar.

Sighele, S. (1952). *A multidão criminosa: ensaios de psicologia coletiva*. São Paulo: Vozes. (Trabalho originalmente publicado em 1891)

Semprún, J. (2002). Un testigo del siglo 20. *International Psychoanalysis: Informativo de la API, 11*(1).

Sennett, R. (1998). *O declínio do homem público: as tiranias da intimidade*. São Paulo: Companhia das Letras.

Tarde, G. (2005). *As leis da imitação*. São Paulo: Martins Fontes. (Trabalho originalmente publicado em 1890)

Taylor, C. (1994). The politics of recognition. In C. Taylor (Ed.), *Multiculturalism: examining the politics of recognition* (pp. 25-75). New Jersey: Princeton University Press.

Trotter, W. (2016). *Instincts of the herd in peace and war*. London: Fisher Unwin. (Trabalho originalmente publicado em 1919)

Turquet, P. (1975). Threats to identity in large groups. In L. Kreeger (Ed.), *The large group: dynamics and therapy* (pp. 87-144). London: Karnac.

Volkan, V. (2013). *Enemies on the couch: a psychopolitical journey through war and peace*. Durham: Pitchstone.

Winnicott, D. W. (1979). *O ambiente e os processos de maturação*. Porto Alegre: Artes Médicas.

3. O movimento grupal: um entrelaçar de histórias

Sandra Aparecida Ramos de Mello

Introdução

Com seu texto centenário, *Psicologia das massas e análise do Eu*, Freud lançou os principais alicerces de sustentação para os trabalhos analíticos com grupos que avançaram desde então. Este trabalho pretende contribuir trazendo a experiência de grupo intitulada "Uma experiência espontânea", realizada como parte integrante do evento de comemoração e que deu origem a este livro.[1]

Utilizarei os conceitos de tarefa, pré-tarefa e porta-voz, centrais no referencial de grupos operativos de Pichon-Rivière, com algumas brevíssimas considerações sobre teoria de campo, introduzida pelo casal Willy e Madeleine Baranger, por meio do conhecido artigo "A situação analítica como um campo dinâmico".

1 O evento *Psicologia das Massas: um século de pensamento crítico*, realizado em junho de 2021, que originou o material a ser publicado neste livro, além de contar com três mesas-redondas, ofereceu (antecedendo as mesas), em dias diferentes, três possibilidades de participação em atividades grupais na categoria de pequenos grupos. Essa atividade foi por mim coordenada com Alexandre Santos Ferreira.

Pichon-Rivière e o casal Baranger pertencem à primeira e segunda geração de psicanalistas argentinos, respectivamente, que mantiveram um diálogo vivo com uma preocupação com o tema da intersubjetividade, o qual tem sido muito considerado e desenvolvido por uma parcela de psicanalistas no contemporâneo. Sem a pretensão de um aprofundamento, tecerei algumas reflexões inspiradas a partir do acontecer grupal como uma composição possível, abrindo espaço a novas reflexões.

Grupo operativo – Alguns conceitos

Pichon-Rivière (1907-1977) foi um dos psicanalistas pioneiros na América Latina e um dos fundadores da Associação Psicanalítica Argentina (APA), em 1942, grande estudioso de grupos, mais ou menos na mesma época em que na Europa também se dedicaram a trabalhos com grupos Wilfred Bion e S. H. Foulkes (Neri, 2013).

A obra de Pichon é complexa e multidisciplinar, exigindo um estudo aprofundado para a compreensão dos diversos conceitos por ele cunhados, com os quais inovou a psiquiatria de sua época, a clínica psicanalítica e criou o seu trabalho com grupos. O modo pelo qual escolhemos nos apropriar da obra de Pichon-Rivière é pela psicanálise, uma vez que para a formação de seu construto teórico ECRO[2] lançou mão de uma base sólida psicanalítica e também de outras áreas, desenvolvendo sempre a psicanálise e evitando posições paradigmáticas fechadas.

---

2 O ECRO, acrônimo de "Esquema conceitual, referencial e operativo", "baseia-se na pré-existência, em cada um de nós, de um esquema referencial (conjunto de experiências, conhecimentos e afetos com os quais o indivíduo pensa e age) que adquire unidade através do trabalho em grupo; ela promove, por sua vez, nesse grupo ou comunidade, um esquema referencial operativo sustentado pelo denominador comum dos esquemas prévios" (Pichon-Rivière, 2000, p. 123).

Também médico psiquiatra, introduziu o conceito de vínculo (Pichon-Rivière, 1998), a noção de grupo interno como aparato psíquico (Arbiser, 2004) e sistematizou a técnica de grupos operativos (Pichon-Rivière, 2000), a partir de experiências no Hospicio de Las Mercedes, em Buenos Aires, de 1936 a 1948, onde trabalhou concursado como médico por quinze anos (Velloso & Meireles, 2014).

O porta-voz

Trabalhando na recepção de pacientes para internação, Pichon-Rivière pôde acompanhá-los em estado de crise psicótica, junto da presença da família, ou na sua ausência, revelando formas de interação propiciadoras de segregação e posterior hospitalismo (Berstein, 1986).

Nesse contexto, surge um dos conceitos brilhantes de Pichon-Rivière, a noção de porta-voz, que com o auxílio da psicanálise considerou a psiquiatria num âmbito relacional, passando a ver de forma mais aprofundada a esquizofrenia. Observa, dessa maneira, que o adoecimento mental não pode ser pensado a partir de um indivíduo isolado, mas é resultado de uma patologia de seu grupo familiar. Esse modo de pensar eram ideias inovadoras para a psiquiatria de seu tempo.[3]

Na família o doente desempenha um papel. Ele é o porta-voz de um adoecimento familiar, justamente porque se torna o depositário de tudo que é negativo e temeroso a todos os membros da

3 "Foi neste momento que, em 1953, Enrique Pichon-Rivière fundou a Escola de Psiquiatria Social – ou Primera Escuela de Psiquiatría dinâmica, com sede na Sociedad Cientifica Argentina, na avenida Santa Fe –, antecipando-se em alguns anos aos movimentos da antipsiquiatria e da luta antimanicomial" (Carpintero & Vainer, p. 247, apud Velloso & Meireles, 2014, p. 236).

família. Assim, é eleito bode expiatório e, em consequência, aparece o fenômeno da segregação (Osório et al., 1986).

O tratamento psiquiátrico deveria abarcar, segundo Pichon--Rivière, toda a família,[4] sendo necessário analisar o material do grupo familiar que fora depositado no membro adoecido: angústia do tipo depressiva ou paranoide (Klein, 1946/1991a), sendo que a primeira seria indicativa de certa capacidade familiar de integração e a segunda de um grau de segregação mais significativo, culminando na internação em instituição.

Esse conceito de porta-voz é, em seguida, estendido para pensar os papéis adjudicados e assumidos pelos integrantes nos grupos. Um membro, sem ter a consciência, diz ou faz algo, referindo-se à sua história de vida, encontra-se mais próximo de uma questão grupal que estava latente e torna possível a emergência dessa questão (Osório et al., 1986).

Tudo o que acontece no grupo pode sinalizar um conteúdo implícito, que se manifesta mediante o que um ou vários integrantes atuando no papel de porta-vozes desnudam, denunciando, desse modo, o latente da situação. O segredo é revelado, mostrando, ao mesmo tempo, o conteúdo implícito da fantasia grupal (Pichon-Rivière, 2000). Referindo-se ao grupo operativo, destaca:

> *Abordamos com o conceito de porta-voz, o que pode ser considerado como um dos pilares de nossa teoria. Porta-voz de um grupo é o membro que em um momento denuncia o acontecer grupal, as fantasias que o movem, as ansiedades e necessidades da totalidade do grupo. Mas o porta-voz não fala só por si, mas por*

---

4 Pichon-Rivière descreve um tratamento familiar. Ver "Emprego de Trofanil na psicoterapia individual e grupal" (Pichon-Rivière, 2000, pp. 47-59).

> *todos; nele se conjugam o que chamamos verticalidade e horizontalidade grupal, entendendo-se por verticalidade aquilo que se refere à história pessoal do sujeito, e por horizontalidade o processo atual que acontece no aqui e agora na totalidade dos membros. O porta-voz pode desempenhar seu papel porque nele se dá uma articulação entre sua fantasia inconsciente – fantasia que segue um modelo primário – e o acontecer do grupo em que se insere. (Pichon-Rivière, 2000, p. 175)*

Pichon-Rivière amplia a concepção tradicional da clínica psicanalítica de que o sofrimento psíquico deve ser pensado somente a partir do intrapsíquico, tendo o sujeito como objeto de intervenção. Para ele, é a partir desse duplo olhar que emerge o material a ser interpretado no dispositivo grupal: o vertical, enunciado pelo porta-voz como sujeito particular, tomado tradicionalmente como objeto primordial de intervenção psicanalítica; e o horizontal, que se refere ao grupo pensado em sua totalidade.

Com intervenções, o coordenador de grupo possibilita mobilizações no modo como o grupo está estruturado (horizontalidade), o que destaca o caráter terapêutico que tem o grupo, uma vez que essa modificação é uma maneira de atingir uma melhora de seus membros (verticalidade).

Tarefa

Como se pode ver, a definição de grupo para Pichon-Rivière está estritamente ligada ao conceito de tarefa: "Definimos grupo como o conjunto restrito de pessoas, ligadas entre si por constantes de tempo e espaço, e articuladas por sua mútua representação interna, que se propõe, de forma explícita ou implícita uma tarefa que constitui sua finalidade" (Pichon-Rivière, 2000, p. 234).

Para ele, em todo grupo há um objetivo que todos os participantes caminham por alcançar em conjunto, e que pode ser estudar, trabalhar, se tratar etc. Tem sempre uma tarefa que estimula e mobiliza esse encontro, mas que, como veremos, não se restringe apenas a "fazer" algo.

Pensando essa questão de um grupo pichoniano, ter sempre uma tarefa ao referir-se a seus estudos de grupos no contexto institucional, Castanho (2018) coloca a seguinte compreensão: "É na vertente de uma modalidade da técnica ativa em psicanálise e como estímulo inicial para a associação livre que compreendemos o conceito pichoniano de tarefa" (p. 163).

Na década de 1920, Ferenczi propôs a técnica ativa em psicanálise, demonstrando que esta pode servir como um auxílio para associar livremente, sendo uma ferramenta a mais para o analista. Ferenczi, com sua sensibilidade, percebe que o próprio exercício de associação livre pode tornar-se um instrumento de resistência no processo (Kupermann, 2019).

O conceito de tarefa para Pichon-Rivière tem a ver com a relação que se estabelece entre duas pessoas ou um grupo. Acredita que são necessidades que movem o indivíduo a buscar satisfação, a qual alcançará se ligando a outros, o que exige um movimento ativo nessa direção (Pichon-Rivière, 1998).

Há, portanto, um movimento dialético entre necessidade e satisfação, que move a ação em relação ao outro, e que não aparece de forma aleatória, mas com um objetivo, que pode ser ou não explícito. É nesse movimento fundador do vínculo[5] que nasce o psiquismo.

---

5 A partir das relações de objeto em Freud (1914/1996a; 1915/1996b) e Melanie Klein (1946/1991a), Pichon-Rivière cria a teoria do vínculo, que considera uma

Assim, Pichon-Rivière sustenta que não é possível um vínculo e, consequentemente, um grupo sem tarefa, já que em toda relação está posto um senso de operacionalidade, que pode ser alcançado ou não. Os distúrbios da comunicação e aprendizagem que falham pela não operatividade do vínculo são remetidos às patologias deste.

A tarefa é delineada, então, como um princípio organizador da estrutura interacional, que é o grupo. Ela dá sentido à relação recíproca, é o que leva o grupo a constituir-se, manter-se vivo com um projeto em ação.

Para Pichon, o desenvolvimento do grupo em seus projetos e a saúde mental de seus membros estão intrinsicamente ligados ao grau de pertinência à tarefa, em seu aspecto manifesto ou latente: "No grupo operativo, o esclarecimento, a comunicação, a aprendizagem e a resolução de tarefas coincidem com a cura" (Pichon-Rivière, 2000, p. 134).

Pré-tarefa

Como dissemos, a técnica "operativa" no grupo é justamente privilegiar a tarefa, por ser ela o caminho a percorrer juntos para a obtenção de seus objetivos. No entanto, diante de um estímulo ou tarefa que dispara a interação associativa, surge um montante de angústia, ocorrendo um processo regressivo que traz à tona conteúdos latentes, a pré-tarefa: "Em pré-tarefa situam-se as técnicas defensivas, que estruturam o que se denomina resistência à mudança

---

unidade fundamental, mais complexa do que relação de objeto. O vínculo inclui o sujeito, o objeto e sua interação, em que a comunicação e a aprendizagem são consideradas, produzindo desenvolvimento saudável ou patologias. Explora, em vez de objeto bom ou mau, a internalização (projeção e introjeção) de vínculo bom ou mau como unidade dialética de interação (Pichon-Rivière, 1998).

e que são mobilizadas pelo incremento das ansiedades de perda e ataque" (Pichon-Rivière, 2000, p. 31).

É nesse momento de tensão que a saída transitória é adotar o "como se", ou a "impostura da tarefa". Ou seja, tudo é executado em aparência, dando a falsa impressão de realização concreta dos trabalhos necessários. Entra em cena "um jogo de dissociações do pensar, atuar e sentir" (Pichon-Rivière, 2000, p. 32).

Assim, estar em tarefa consiste na elaboração de angústias do tipo esquizoparanoides e depressivas (Klein, 1946/1991a), ou medos básicos relativos à perda do que já era conhecido e ataque ao novo a ser apreendido na realidade do grupo em interação. Pichon-Rivière considera a interação uma situação de aprendizagem, que exige uma apropriação do real ou uma adaptação ativa à realidade, que exige transformação, mas que também transforma a realidade, tendo concebido o processo analítico como uma espiral dialética[6] – outro aspecto da genialidade de Pichon-Rivière que mereceria maior aprofundamento.

Para Pichon-Rivière, "o coordenador cumpre no grupo um papel prescrito: o de ajudar os membros a pensar, abordando o obstáculo epistemológico configurado pelas ansiedades básicas". Assim, a situação transferencial e contratransferencial ocorre, principalmente, no âmbito da pré-tarefa (Pichon-Rivière, 2000, p. 170).

---

6 A questão da horizontalidade no grupo é compreendida por Pichon-Rivière a partir da teoria de campo da Gestalt (Lewin, 1965), que, em síntese, postula que o todo é mais do que a soma das partes. Adaptar-se ativamente à realidade num processo recíproco de transformações, as quais são alcançadas pela aprendizagem operativa, quer dizer inserir-se "num interjogo dialético com o mundo no qual a síntese que resolve uma situação dialética transforma-se no ponto inicial ou tese de uma antinomia, que deverá ser resolvida nesse contínuo processo em espiral" (Pichon-Rivière, 2000, pp. 172-173). Para um aprofundamento da dialética em Pichon-Rivière, ver Pereira (2013).

Abordam-se, enfim, por meio do grupo centrado na tarefa, os problemas da própria tarefa, do aprendizado e problemas pessoais que se relacionam com a tarefa.

Teoria de campo

Pichon-Rivière influenciou-se pelos princípios da teoria de campo psicológico de Kurt Lewin, trazendo-a para sua clínica e fundamentando a teoria de grupos operativos:

> *Podemos descrever a psicanálise como um processo, como um desenvolvimento, como uma situação viva estabelecida entre dois personagens: o analista e o paciente, entre os quais se estabelece uma relação em espiral, uma relação dialética em que aquilo que um sente, o outro traduz, para que o outro volte a senti-lo, e o primeiro sinta-o novamente e o retraduza sob a forma de interpretação, que se concretiza em função dos emergentes que aparecem no analista, que aproveita para investigar. (Pichon-Rivière, 1998, p. 84)*

Explorando a ideia de campo psicológico, concebe o analista ativo e comprometido no processo com o paciente:

> *Os resultados vão afetar os dois integrantes da situação, modificar sua história pessoal e sua posição no mundo . . . Durante o processo analítico, o fundamental é a situação de permanente interação, quer o analista fale, quer não . . . No aqui-agora a interação representa algo concreto . . . em que a resposta de um deles condiciona a resposta do outro. (Pichon-Rivière, 1998, p. 85)*

Ideias nascentes e compartilhadas originaram a ampliação e desenvolvimento da teoria de campo analítico formulada pelo casal Willy e Madeleine Baranger (1961-1962/2010). Seus estudos partiram das formulações freudianas sobre a técnica, complementadas pelas ideias de Melanie Klein sobre a transferência como situação total (Klein, 1952/1991b), o conceito de identificação projetiva (Klein, 1946/1991a) e fantasia inconsciente, escrito por Susan Isaacs;[7] além das ideias de H. Racker[8] e P. Heimann[9] (1940-1950), que tinham atribuído novo papel à contratransferência, de obstáculo a ser superado a instrumento técnico na análise; e, naturalmente, dos conceitos vindos da Gestalt e a fenomenologia da percepção de M. Merleau-Ponty[10] (Favalli, 2016).

Em síntese, para Baranger e Baranger (1961-1962/2010), a situação analítica como um campo dinâmico deve ser formulada "como situação em que duas pessoas estão indefectivelmente ligadas e complementares enquanto a situação durar e envolvidas num processo dinâmico. Nessa situação, nenhum membro desse par pode ser entendido sem o outro" (p. 187). O que ocorre é uma formação intersubjetiva, quando há cruzamento de transferências, identificações e contraidentificações projetivas (Eizirik, 2018).

Assim, o objeto de estudo não é o paciente nem a relação que estabelece com o analista, mas o próprio campo da situação analítica que produz os fenômenos, sendo os movimentos que ali ocorrem o

---

7 S. Isaacs, "A comunicação de Susan Isaacs sobre 'A natureza e função da fantasia'", em P. King e R. Steiner, (orgs.), *As controvérsias Freud-Klein, 1941-45* (Rio de Janeiro: Imago, 1998. sessão 2 cap. 2; trabalho originalmente publicado em 1943).

8 H. Racker, "A neurose de contratransferência", em *Estudos sobre técnica psicanalítica* (Porto Alegre: Artes Médicas, 1982, pp. 100-119; trabalho originalmente publicado em 1948).

9 P. Heimann, "Sobre a contratransferência", *Revista de psicanálise da Sociedade Psicanalítica de Porto Alegre*, 2(1), 171-177, maio 1995 (trabalho originalmente publicado em 1950).

10 M. Merleau-Ponty, *Fenomenologia da percepção* (São Paulo: Martins Fontes, 1994).

ponto de partida para formulações clínicas e teóricas. A regressão está posta para ambos, sendo inevitável certa regressão ao analista, mas espera-se que seja momentânea e parcial, mantendo a capacidade egoica de observação (Baranger & Baranger, 1961-1962/2010).

Para Baranger e Baranger, então, o campo analítico é concebido como uma criação, que não é a soma das partes, é algo mais. Assim, o campo é estruturado por uma fantasia inconsciente compartilhada, não sendo criada individualmente por nenhum deles, como não é também a soma de duas realidades psíquicas. É algo criado por essa unidade que formam no campo, diferente do que seriam por si mesmos (Baranger & Baranger, 1961-1962/2010).

Há, então, uma fantasia inconsciente compartilhada, básica, que os autores fundamentam a partir da amplitude que acreditam ter o interjogo de trocas das identificações projetivas e introjetivas de Klein (1946/1991a; 1955/1991c) na estruturação de qualquer par:

> *não podemos conceber a fantasia básica da sessão – ou ponto de urgência – a não ser como fantasia do par (como na psicoterapia analítica de grupo se fala de "fantasia de grupo", e com razão). A fantasia básica de uma sessão não é o mero entendimento da fantasia do analisando pelo analista, mas algo que se constrói em uma relação de par. (Baranger & Baranger, 1961-1962/2010, p. 196)*

A dinâmica analítica é compreendida em termos situacionais, sendo relevante a "mobilidade ou cristalização do campo" (Baranger & Baranger, 1961-1962/2010, p. 203), o que corresponde aos conceitos de integração e cisão, ou dois polos da dinâmica analítica. No que diz respeito à cristalização do campo, mencionam a existência de um refúgio inconsciente de fantasias poderosas de onipotência, que tendem a permanecer intocáveis ao paciente, o baluarte:

> *O campo da situação analítica é a oportunidade, mediante a repetição das situações originais que motivaram a cisão em um contexto novo, de romper esse processo defensivo e de reintegrar os setores cindidos da experiência ao conjunto da vida do analisando. Por isso a necessidade de romper os baluartes internos. (Baranger & Baranger, 1961-1962/2010, p. 205)*

Assim, a função da interpretação é mobilizar o campo, manifestando-se na fantasia inconsciente bipessoal por meio de um ponto de urgência interpretável, sendo o *insight* analítico considerado como um fenômeno do campo bipessoal. Interpretar exige um "segundo olhar", que deve decorrer da capacidade do analista de se observar, junto ao paciente, sendo participante da fantasia vigente no campo.

Como se pode observar, há grande afinidade de pensamentos entre esses autores, que não nos aprofundamos nessa ocasião, mas nos limitamos a trazer esses conceitos introdutórios de Pichon-Rivière e dos Baranger, para ilustrar uma situação de campo grupal que será relatada em seguida, e que como aconteceu foi fonte inspiradora para essas conexões.

Atividade Grupal: uma experiência espontânea

A atividade grupal teve duração de noventa minutos, tendo como enquadre dois psicanalistas, trabalhando em cocoordenação, na modalidade on-line. O grupo foi composto por nove participantes do evento (entre 22 e 50 anos), envolvidos com a psicanálise e interessados no dispositivo grupal.

Objetivávamos possibilitar um encontro que, inserido na programação do evento, pudesse criar esse espaço de compartilhamento, caracterizado por uma vivência espontânea. Sobre o espontâneo em psicanálise, fomos inspirados no método de associação livre, conforme Laplanche e Pontalis (2001): "Método que consiste em exprimir indiscriminadamente todos os pensamentos que ocorrem no espírito, quer a partir de um elemento dado (palavra, número, imagem de um sonho, qualquer representação), quer de forma espontânea" (p. 38).

Entendemos que nos grupos o elemento dado como estímulo para que se sigam as associações livres pode ser compreendido a partir do conceito de tarefa, como já explicitado.

A tarefa, então, foi que cada um se apresentasse, dando uma atenção especial ao que pudesse surgir com relação ao seu nome próprio e/ou a um objeto significativo de sua história que viesse à mente durante as interações. Criou-se, assim, um espaço de trocas, sendo a própria apresentação recíproca o disparador, sem um objetivo terapêutico imediato, podendo-se observar os fenômenos, perceber, sentir e trocar o que de espontâneo pudesse surgir.

A interação do grupo em torno do nome próprio foi possibilitando um movimento associativo imediato ao resgate da história pessoal de cada um, e a proposta de apresentação parecia misturar-se com uma experiência inusitada de conhecimento e desconhecimento de si, como reinvenção e esclarecimento naquele campo grupal específico.

A partir da herança de acordos, que para uns foi mais e para outros menos conflituosa, puderam revisitar e compartilhar em sua história familiar como se deu a escolha de seus nomes próprios, como uma primeira composição de si, proveniente da família e da ancestralidade – o que suscitou o nome ter ficado associado a sensações boas ou más.

Stella, por exemplo, dizia que a escolha de seu nome foi causa de grande polêmica na família, e ao decidirem foi um alívio. Fernando, por sua vez, diz que seu nome tem um significado bíblico, que fala de uma mãe escrava e um filho abandonado no deserto. Diz: "Putz, é muita coisa para um cara só". Arnaldo é Júnior e sente-se privilegiado por ser o segundo, após o pai.

Os objetos da proposta foram trazidos aos poucos e apareceram ligados a vínculos muito significativos.

Lucíola traz um livrinho muito importante que teve quando criança, associa ao fato de ter feito Letras. Vera traz sua coleção de canecas: a última ganhou da mãe, diz beber gostoso muita água e chá nela. Luana recorda sua boneca vaqueira do *Toy Story*, um brinquedo que diz ter ainda guardado, que é só dela e não vai dar a ninguém. Lívia lembrou-se de uma porquinha rosa predileta, que aos 7 anos o pai deu a uma priminha, foi horrível perdê-la. Arnaldo confessa ser esquisito, mas o seu objeto foi a sua mamadeira, de quando era criancinha, isso lhe deu nostalgia e emoção. Luiza diz colocar o lápis de cor como objeto, pois está nessa busca para dar mais cor ao cinza da vida e deixar as coisas mais fáceis. Stella, em troca, traz uma caneta. No campo, cresceu ouvindo que "a caneta é mais leve que a enxada". Teve dificuldade com a letra ao ser alfabetizada. Uma professora sentou ao seu lado e a auxiliou, segurando sua mão com o lápis, e depois o desafio de ir para a caneta, quando não dava mais para apagar. Não esquece a professora, ama suas canetas e usa-as até acabar a tinta.

Clarice diz que ouvindo os outros voltou à infância. É filha única e criou uma amiga imaginária, a Iná, que depois sumiu, mas ficou a lembrança boa. Diz compreender Luana, pois sua mãe dava os seus brinquedos também.

Fernando diz ser o do meio entre sete filhos: "Dizem que o do meio é excluído, pois não é nem primogênito, nem caçula". Lamenta, mas nada lhe vem como objeto. Tinha muitos irmãos, tudo era compartilhado, não eram de ganhar presentes. Diz: "O que me surge como objeto agora é uma pessoa, o meu irmão, éramos muito próximos". Chora. Todos ficam sensibilizados.

Após um silêncio, o coordenador Alexandre compartilha uma lembrança que lhe ocorre: conta que o seu avô pegou uma árvore que estava crescendo, ainda era verde, flexível, e deu um nó num galho que cresceu e fixou-se como um nó de madeira. Diz ter se impressionado com a criatividade e o investimento de tempo que o avô teve nisso, num processo que demora anos. Mas chamou-lhe a atenção por ser um nó que não tinha mais como desatar, desfazer.

Após novo silêncio, Luana dirige-se a Clarice, dizendo também ser filha única; a Fernando, que trouxe seu irmão como seu objeto, confessa que lhe veio um sentimento forte e se emociona. Diz: "Eu não entendo a relação de irmão, não sei como funciona, nunca vivi. Não entendi até hoje, é estranhíssimo pra mim. Ouvindo vocês, parece que senti uma emoção diferente agora, é um amor, uma complexidade tão grande, você vê a paixão que a pessoa transmite. Fico encantada, mas muito confusa, não sei como explicar".

Lívia dirige-se a Luana, emocionada: "A mim, comoveu a sua fala, eu tenho quatro irmãs, posso te contar, tudo é dividido, rola ciúmes, confusão, brigas, tabus, mas uma cumplicidade também. O meu pai diz que nenhum dedo da mão é igual, irmãos também não". Diz que o marido é filho único e faltou essa vivência de irmãos para ele, e assegura a Luana que a entende.

Vera diz: "Fernando, Lívia e Luana, gostei de ouvir tudo o que falaram de irmãos. A minha mãe comprava a mesma coisa que uma precisava pra outra, isso era ruim. Trocávamos roupas, às vezes dava briga. Era uma relação gostosa e odiosa também".

Luiza, envolvida, diz: "Fiquei emocionada, o quanto essas falas espontâneas fazem a gente viajar na nossa história profundamente, de um jeito novo. Eu revisitei a história com irmãos também, somos em quatro irmãos e dois já faleceram, eu era aquela que sempre ficava".

Fernando diz, também emocionado: "Somos em sete, a cumplicidade não é a mesma com todos. A mais velha foi dada em adoção, não me lembrava dela pequeno, mais tarde a reencontrei". Chora.

O coordenador Alexandre aponta como, partindo da família e do nome próprio, foram deslocando-se para os irmãos. De como se deu a formação desses laços que é a primeira tentativa que nos chama ao recíproco, experiência que exige uma relação mais integrada, desidealizada com o outro, para depois ampliar para outras relações fora da família.

Luiza diz: "Vivo um desafio profissional, e as relações políticas, sociais são pesadas lá fora, a gente esquece dessas questões tão importantes, é nesse miudinho que constitui a gente, que faz da gente o que a gente é. Vem um sentimento, uma angústia de não poder viver um tempo mais devagar e com qualidade nas relações como experimentamos aqui, que porcaria. Queria atravessar a tela e dar um abraço".

A coordenadora Sandra aponta que a emoção de Fernando e a fala da Luana foram mobilizadoras desses afetos de vivências com irmãos, que são vínculos fraternos: "E, de alguma forma, isso se apresentou aqui, nesse espaço, com características diversas daquele da família de origem. Uma vivência que nos provocou sentimentos de estar com outros... [pausa] *Irmãos*? Essa experiência do grupo toca e faz poder sentir, perceber e viver um pouco do individual que somos com outros. Então, penso que experimentaram, de certa forma, como pode ser uma passagem para o grupal. Fiquei muito tocada pelo que veio a partir dos nomes e também com os objetos que trouxeram e se entrelaçaram, naquele espaço. Veio-me, espontaneamente e com emoção, esta composição: um encontro com outros para não esquecer. Então, com orgulho, agora escrito a caneta, e com lápis coloridos se pode ilustrar um livrinho. Um livrinho que conta uma história de muitos, trazendo a nostalgia de quando se teve tanto amor, ao mamar uma mamadeira. Que fala da dor de um porquinho cor-de-rosa perdido, da amiga imaginária chamada Iná, que também se foi, mas que dentro ficou, de uma boneca vaqueira inesquecível do campo, difícil de desapegar, como marcas que ficaram nas mãos de uma enxada pesada que ficou para trás. Também de canecas diversas nas quais se bebeu da mãe com muito afeto. Uma história que fala de um objeto que é pessoa, ou que é uma pessoa-irmão como tudo que se tinha. E por fim um nó que representa um laço ancestral, que foi pensado antes de amadurecer como laço e que se fixa conectando com uma força, mas capaz de transformar gerações. Quanto mais se poderia falar".

Antes da finalização, Arnaldo intervém: "Eu fiquei pensando muito no laço do avô do Alexandre, a Sandra falou, tive certeza, parece um pouco com a gente aqui. Acho que enlaçamos alguns afetos nossos perdidos no tempo e tivemos um melhor conhecimento deles aqui".

Comentários

Iniciaram a apresentação, e o que foi surgindo a partir das trocas foi a convergência de um tema que pareceu derivar de fantasias comuns que se tem em relação ao grupo familiar. Elas aparecem ao nível pré-consciente, identificadas pelo diálogo, e foi sendo possível uma elaboração. Nessa dinâmica, a relação com os pais foi se deslocando para os irmãos, sendo a "fratria" revivida no grupo.

Podemos observar que os nomes próprios e os objetos que marcaram a vida de cada um funcionaram como dois orientadores muito importantes no grupo. À medida que foram se envolvendo em suas tarefas, foram encontrando sentidos antes imperceptíveis, já que somente imersos em tarefa foi possível construir algo de inusitado e único.

Luana, ao se identificar com a experiência de Clarice como filha única e ver a emoção de Fernando por ter um objeto irmão, se angustia, pois fala algo de uma falta em sua história.

A partir dessas associações, há uma mudança, aparecendo momentos de silêncio e emoções.

Fernando e Luana funcionam como porta-vozes (verticalidade e horizontalidade). Ele, ao falar de si, denuncia as intensidades de um experiência fraterna viva com irmãos; ela, ao falar do não vivido na experiência com irmãos, representa as faltas, ambivalências, não ditos e perdas reais de vivências fraternas compartilhadas pelo que se seguiu.

Sobre a participação ativa dos coordenadores, pode-se destacar como aspecto importante a lembrança trazida pelo coordenador Alexandre sobre o caráter irreversível que aponta, do nó do avô feito no galho ainda verde. Havia algo de ambíguo: elo ancestral amoroso, e ao mesmo tempo algo rígido, que não se altera. Como uma herança que nos é transmitida, como um nome não escolhido, mas com novas possibilidades de transformações.

E a coordenadora Sandra, movida por uma forte emoção, reúne de forma poética, em uma narrativa espontânea, os objetos de todos, que lhe figuram espalhados pelo campo, como uma possibilidade integrativa.

O que aparece é uma experiência grupal dentro de um movimento regressivo, possibilitando uma composição terapêutica.

Luiza, com sua fala final, faz uma ilustração interessante de sua representação do campo do grupo: "Mundo maluco lá fora . . . **é nesse miudinho que constitui a gente, que faz da gente o que a gente é**. Vem um sentimento, uma angústia de não poder **viver um tempo**

mais devagar e com qualidade nas relações como experimentamos aqui, que porcaria. Queria atravessar a tela e dar um abraço".[11]

Nesse "miudinho", quer destacar o lugar do infantil, "que constitui a gente". Confirma o movimento regressivo que revela o campo como lugar de resgate de qualidade almejada nos primeiros vínculos. Depois a angústia aparece: "que porcaria", pela perda desse momento do grupo que se acaba, com possibilidade de elaboração de luto de objetos perdidos, marcando novamente a função terapêutica que alcançaram. Objetos muito amados e perdidos, lutos feitos, não feitos ou malfeitos. Enfim, lutos trabalhados por meio do grupo. Precisavam de uma compreensão a partir desse campo.

Conclusão

A partir desta exposição, observam-se transformações no campo analítico do grupo, que evoluem de um cenário que reúne pessoas aleatoriamente e que aos poucos vão encontrando uma área de trocas extremamente rica, espontânea e verdadeira. Personagens, objetos e sensações são gerados e passam a compor uma trama narrativa na qual as primeiras experiências de laços são reavivadas e reconhecidas.

A evolução espontânea foi modificando o campo compartilhado, como se cada um, com suas histórias, lembranças sentidas ou faladas, comparecesse ligado a um contexto próprio, que foram sendo depositados nos diferentes pontos do campo, permeando a experiência vivida, percebida por todos, criando um novo território que se produziu, o qual, ao mesmo tempo, os produziu.

A emergência de porta-vozes e a tarefa, compreendidos dentro da técnica de grupos operativos, facilitaram a percepção das formações

11 Grifos meus.

terciárias no campo, ou seja, os porta-vozes funcionaram como pontos focais, e a oscilação de pertinência, ou não, à tarefa destacou o movimento regressivo, que, junto com o segundo olhar, facilitou as interpretações, dando forma a composições que pareceram dar notícias de fantasias inconscientes compartilhadas, como conceituam os Baranger, base para reflexões e experiências futuras do campo grupal.

Enfim, foi um grupo que se deu dentro de um campo que foi o do evento, que a princípio não tinha finalidade terapêutica imediata, mas de compartilhamento, com um começo, meio e fim. Os participantes, que em tão pouco tempo pareceram se nutrir reciprocamente, reafirmam a potencialidade deste veículo que pode ser o dispositivo grupal em psicanálise.

Referências

Arbiser, S. (2004). Il gruppo interno come modelo della mente. *Funzionegamma, (426).*

Ávila, L. A. (2016). *Grupos. Uma perspectiva psicanalítica.* São Paulo: Zagodoni.

Baranger, M., & Baranger, W. (2010). A situação analítica como um campo dinâmico. In *Controvérsias a respeito do enactment e outros trabalhos. Livro anual de psicanálise* (t. XXIV, pp. 187-214). São Paulo: Escuta. (Trabalho originalmente publicado em 1961-1962)

Bernardi, B. L. (2010). Introdução ao artigo de Madeleine e Willy Baranger: a situação analítica como um campo dinâmico. In *Controvérsias a respeito do enactment e outros trabalhos. Livro anual de psicanálise* (t. XXIV, pp. 165-176). São Paulo: Escuta.

Berstein, M. (1986). Contribuições de Pichon-Rivière à psicoterapia de grupo. In L. C. Osório (Org.), *Grupoterapia hoje*. Porto Alegre: Artes Médicas.

Castanho, P. (2018). *Uma introdução psicanalítica ao trabalho com grupos em instituições*. São Paulo: Linear A-barca. (Prefácio de R. Kaës)

Churcher, J. (2010). Notas sobre a tradução para o inglês do artigo A situação analítica como um campo dinâmico. In *Controvérsias a respeito do enactment e outros trabalhos. Livro anual de psicanálise* (t. XXIV, pp. 187-214). São Paulo: Escuta.

Eizirik, C. L. (2013). Da ação terapêutica da psicanálise. In A. Ferro & R. Basile (Orgs.), *Campo analítico: um conceito clínico* (R. C. Costa, Trad.). Porto Alegre: Artmed.

Eizirik, C. L. (2018, abr.). *Madeleine Baranger, uma mestra da psicanálise. Revista da Sociedade Psicanalítica de Porto Alegre, 25*(1), 13-22.

Ferro, A. & Basile, R. (Orgs.). (2013). *Campo analítico: um conceito clínico* (R. C. Costa, Trad.). Porto Alegre: Artmed.

Favalli, P. H. (2016, ago.). Revisitando o campo psicanalítico. *Revista de Psicanálise da Sociedade Psicanalítica de Porto Alegre, 23*, 209-230.

Freud, S. (1996a). Sobre o narcisismo. Uma Introdução. In S. Freud, *Edição Standard Brasileira das Obras Psicológicas Completas de Sigmund Freud* (Vol. XIV). Rio de Janeiro: Imago. (Trabalho originalmente publicado em 1914)

Freud, S. (1996b). Os instintos e suas vicissitudes. In S. Freud, *Edição Standard Brasileira das Obras Psicológicas Completas de Sigmund Freud* (Vol. XIV). Rio de Janeiro: Imago. (Trabalho originalmente publicado em 1915)

Freud, S. (1996c). Psicologia de grupo e a análise do ego. In S. Freud, *Edição Standard Brasileira das Obras Psicológicas Completas de Sigmund Freud* (Vol. XVIII). Rio de Janeiro: Imago. (Trabalho originalmente publicado em 1921)

Klein, M. (1991a). *Notas sobre alguns mecanismos esquizoides.* In M. Klein, *Obras completas de M. Klein* (Vol. 3: Inveja e Gratidão e outros trabalhos [1946-1963], pp. 17-43). Rio de Janeiro: Imago. (Trabalho originalmente publicado em 1946)

Klein, M. (1991b). As origens da transferência. In M. Klein, *Obras completas de M. Klein* (Vol. 3: Inveja e Gratidão e outros trabalhos [1946-1963], pp. 70-79). Rio de Janeiro: Imago. (Trabalho originalmente publicado em 1952)

Klein, M. (1991c). Sobre a identificação. In M. Klein, *Obras completas de M. Klein* (Vol. 3: Inveja e Gratidão e outros trabalhos [1946-1963], pp. 167-204). Rio de Janeiro: Imago. (Trabalho originalmente publicado em 1955)

Kupermann, D. (2019). *Por que Ferenczi?* Coordenação Daniel Kupermann. 1a ed. – São Paulo: Zagodoni, 2019. (Coleção Grandes Psicanalistas; 7)

Laplanche, J. & Pontalis, J. B. (2001). *Vocabulário da psicanálise* (4a ed.). São Paulo: Martins Fontes.

Lewin, K. (1965). *Teoria de campo em ciência social* (D. Cartwright, org.; C. M. Bori, Trad.). São Paulo: Livraria Pioneira.

Neri, C. (2013). *A noção ampliada de campo na psicanálise.* In A. Ferro & R. Basile (Orgs.), *Campo analítico: um conceito clínico* (R. C. Costa, Trad.). Porto Alegre: Artmed.

Osório, L. C. et al. (1986). *Grupoterapia hoje.* Porto Alegre: Artes Médicas.

Pereira, T. T. S. O. (2013). *Pichon-Rivière, a dialética e os grupos operativos: implicações para pesquisa e intervenção. Revista SPAGESP, 14*(1), 21-29.

Pichon-Rivière, E. (1998). *Teoria do vínculo* (E. T. Zamikhouwsky, Trad.; 6a ed.). Seleção e organização Fernando Taragano. São Paulo: Martins Fontes.

Pichon-Rivière, E. (2000). *O processo grupal* (M. A. F. Velloso, Trad.; 6a ed.). São Paulo: Martins Fontes.

Sopena, C. (2013). *O campo dinâmico da psicanálise: uma virada nas teorias do inconsciente.* In A. Ferro & R. Basile (Orgs.), *Campo analítico: um conceito clínico* (R. C. Costa, Trad.). Porto Alegre: Artmed.

Velloso, M. A. F. & Meireles, M. M. (2014). *A operatividade da psicanálise vivida por Henrique José Pichon-Rivière* (2a ed.). São Paulo: Velloso Digital.

4. No coração da massa, a violência dos ideais

Helenice Oliveira Rocha

— A guerra já chegou outra vez, mãe?
— A guerra nunca partiu, filho. As guerras são como as estações do ano: ficam suspensas, a amadurecer no ódio da gente miúda.

Mia Couto

Introdução

O contexto histórico em que Freud gestou e escreveu sua obra *Psicologia das massas e análise do eu* (1921/2011b) não pode deixar de ser mencionado em qualquer trabalho que busque compreender as teses ali demonstradas. Em 1921, o mundo vivia uma situação de pós-cataclismas que certamente influenciou a produção intelectual de Freud. A Primeira Guerra Mundial, a destruição e a morte presenciadas, a violência e a brusca ruptura de laços produziram em Freud um sentimento e uma dolorosa reflexão que ele publicou em 1915 com o título *Considerações atuais sobre a guerra e a morte* (1915/2010b). Se nesse período a perda de um grande amigo, de seu meio-irmão e de um sobrinho o abalaram muito, evidentemente não o abateram tanto quanto a morte de sua filha Sophie, em 1920, a quem ele era especialmente afeiçoado. Curiosamente, a causa dessa morte, por uma pneumonia decorrente da epidemia da gripe espanhola, nunca foi por ele explicitamente mencionada.

Os anos que antecederam 1921 foram marcados por grandes ebulições nas massas, sendo a guerra a maior delas. Conforme lemos em sua biografia, o fim da guerra e suas repercussões políticas e econômicas deixaram Freud e os seus em situação de grande dificuldade financeira (Jones, 1953/1989). Possivelmente os golpes narcísicos sofridos por ele em relação à morte de pessoas próximas, a experiência com a violência da guerra e seus milhões de mortos, somados à catástrofe da pandemia na Europa, tenham-no encaminhado para sua tese publicada em 1920 sobre a pulsão de morte, na tentativa de compreender a violência de um grupo de pulsões ao qual, não à toa, ele se referiu como "os batalhões maiores" (Freud, 1937/2018a, p. 307).

Desde *Totem e tabu* (1913/2012), passando pelo trabalho sobre as massas e continuando com *O futuro de uma ilusão* (1927/2014), *O mal-estar na civilização* (1930/2010f) e *Moisés e o monoteísmo* (1939/2018b), Freud sustentou a tese de que o psiquismo é o palco vivo da cultura. Assim, seu excepcional artigo *Introdução ao narcisismo* (1914/2010d) é concluído com a advertência de que a problemática dos ideais ali exposta deveria abrir um novo panorama para a compreensão da psicologia das massas. De fato, o livro sobre as massas dissipou, de uma vez por todas, a pretensão de alguns psicanalistas em manter a psicanálise longe da análise do social. Já no primeiro parágrafo, Freud (1921/2011b) volta ao ponto onde havia terminado o texto sobre o narcisismo: "a psicologia individual é também, desde o início, psicologia social, num sentido ampliado, mas inteiramente justificado" (p. 14).

Narcisismo, ideal e identificação: ao fundo, o desamparo

Embora não a mencione diretamente ao longo do texto sobre o narcisismo, a vivência de desamparo (*Hilflosigkeit*) deve ser vista como o pano de fundo na experiência da constituição do ideal. De que outro modo poderíamos pensar os investimentos dispensados à criança, a não ser sobre esse estado inicial de insuficiência? É bem verdade que o narcisismo dos pais, assumindo a forma de um amor tão comovente quanto infantil, também está a serviço da tentativa de recuperação de suas próprias vivências de onipotência (Freud, 1914/2010d, p. 37). Por outro lado, são as urgências vitais da criança, vividas num cenário de excesso – de desmesura pulsional, sensorial e objetal – e de ausência – de um continente e de um conteúdo para processar essas experiências –, que fazem o pequeno sujeito dirigir um apelo ao outro. É a partir do desamparo, portanto, que a criança vai agir na tentativa de mitigar o sofrimento oriundo da constatação de sua pré-maturação e insuficiência.

O trabalho do objeto será fundamental para a transformação de um espaço original de precariedade, assentado num corpo despedaçado, em um outro, agora mais delimitado, integrado e com algum estofo, tarefa que só se realizará caso o adulto encarregado do seu cuidado possa fornecer à criança um reflexo, uma imagem de si onipotente e perfeita, matriz do eu ideal. Será, portanto, a experiência de identificação com a imagem refletida pelos pais que sustentará a vivência de plenitude e de bem-aventurança, formando o núcleo do eu. Encontro traumático, é verdade, mas o único capaz de gerar satisfação e de colocar o sujeito para fora, no mundo. Tendo o desamparo como pano de fundo, o eu ideal se constitui como possibilidade de mitigar a dor e como modelo de satisfação plena. Modelo esse que será projetado como ideal a ser perseguido no campo da cultura, ao qual o sujeito é lançado a partir do contato com o outro. Caberá ao objeto primário, com sua sexualidade e sua experiência edípica singulares, ser o artífice do eu em construção. O resultado será, portanto, a constituição do eu como fenômeno resultante do processo de libidinização dos pais sobre a criança, um eu que, sendo sede dos investimentos, somente mais tarde vai emiti-los aos objetos, fazendo com que a economia psíquica daqueles passe a regular a dinâmica entre a libido narcisista e a libido objetal.

Aqui nos interessa explicitar a proposta freudiana da fundação do eu como experiência ideal, como eu ideal, submetido ao estado e ao regime do narcisismo, tornando possível a experiência da megalomania e da onipotência. Esse estado primitivo, descrito por Freud como narcisismo primário, é, portanto, o resultado do investimento maciço da libido no eu. Podemos ver também a marca do desamparo como condição originária, na experiência que Freud nomeou como narcisismo secundário, fruto do recuo dos investimentos nos objetos para o eu. Os objetos, sempre falíveis, estarão sempre ameaçados por esse desinvestimento que visa, em última instância, a recuperação da condição original, a do eu ideal, reservatório único da libido e matriz de toda satisfação.

O eu ideal, imortal e anterior ao eu da realidade, passa a funcionar como uma força tremenda de captura sobre o sujeito, que buscará, daí por diante, essa experiência como protótipo de felicidade. "Ser novamente o próprio ideal . . . eis o que as pessoas desejam obter, como sua felicidade" (Freud, 1914/2010d, p. 48). Será, portanto, à sombra do eu ideal que o ideal do eu se constituirá como uma miragem da onipotência perdida, como um projeto, que se abre à frente e coloca o sujeito em marcha rumo à tentativa de diminuir a distância entre a realidade da falta e o estado narcísico de outrora. Essa fresta, espaço de tensão, aparecerá no texto de Freud sobre as massas como aquilo que impulsiona os sujeitos para a união em torno do líder, encarnação do ideal.

Se a experiência do eu ideal diante dos ditames da realidade vai obrigá-lo a investir nos objetos, essa operação há de empobrecer o eu. Assim, a vivência narcísica originária, exercendo sua força de atração de forma massacrante, há de forçar o eu, em nome da economia psíquica, à criação do campo dos ideais, que servirá de guia e apoio ao projeto narcísico do sujeito. O ideal do eu se constitui, portanto, embora não seja o único, como herdeiro do eu ideal e do narcisismo perdido.

O desenvolvimento do eu "consiste num distanciamento do narcisismo primário e gera um intenso esforço para reconquistá-lo. Tal distanciamento ocorre através do deslocamento da libido para um ideal do Eu imposto de fora, e a satisfação, através do cumprimento desse ideal" (Freud, 1914/2010d, p. 48). O projeto que o ideal encarna, apoiado nas coordenadas culturais e sociais, se tem como disparador o encontro com o objeto nos primórdios da vida, se consolida a partir da perda deste. A tese freudiana a respeito da construção do ideal imposto de fora e colocando o sujeito como unidade, no mundo, abrirá espaço para a teorização de uma identificação primária como motor desse movimento, teoria que só ganhará corpo por ocasião da segunda tópica, mas que, no texto sobre as massas, já aparece figurando como constituindo o primeiro laço emocional com outra pessoa (Freud, 1921/2011b, p. 60).

Se o processo de identificação, fundamental para a compreensão dos fenômenos de massa, não foi objeto de grande exploração no trabalho sobre o narcisismo como o havia sido em *Totem e tabu* (1913/2012) – como assimilação oral do objeto –, ele será retomado e consolidado em *Luto e melancolia* (1917/2010e) como resultado da perda do objeto e de sua instalação no centro do eu, por meio de um movimento centrípeto que livra o eu de ter de renunciar à relação amorosa. A operação melancólica, que culmina com a experiência em que o eu é coberto pelo objeto, atesta a força da identificação narcísica que garante ao sujeito a regressão ao eu ideal. Operando na linguagem mais primitiva das pulsões, a oral, via canibalismo, o melancólico vai tomar o objeto e o incorporar, introjetar e, finalmente, identificar-se com ele. O eu do melancólico, identificado com o objeto, graças à agressividade que acompanha o processo de incorporação, consegue obturar a falta e restituir-se narcisicamente. De volta ao eu ideal.

Do pai ao líder, da horda à massa

Partindo do mito da horda primeva de Darwin, no livro *Totem e tabu* (1913/2012), Freud vai explorar o incesto como centro organizador da cultura, mostrando que, a partir de sua interdição, a força repressora, encarnada por uma instância superior, passou a ser responsável pela inibição da descarga pulsional desmesurada. Para a criação dessa instância, porém, foi necessário que o chefe da horda, amado e odiado, fosse morto e se transformasse em mito, e, assim, sendo elevado à dimensão de totem, o pai morto passou a ser mais forte do que enquanto vivo. Foi a união dos irmãos, identificados entre si pelos afetos de ódio e amor dirigidos ao tirano, a responsável pela força necessária ao ato fundador da cultura, e o parricídio, consumado pelos filhos, os transformou em irmãos. Pelo ódio o mataram e pelo amor o devoraram. Nas palavras de Freud (1913/2012), "sem dúvida, o violento pai primevo era o modelo temido e invejado de cada um dos irmãos. No ato de devorá-lo eles realizavam a identificação com ele, e cada um apropriava-se de parte de sua força" (p. 217).

A ambivalência em relação ao pai primevo foi o motor da devoração, da incorporação e da consequente identificação com ele como ideal, e os irmãos, identificados entre si pela admiração e ódio ao tirano, formaram uma comunidade que passou a se sustentar pelos laços libidinais. O contrato selado a partir de então entre eles – que impedia o incesto e o parricídio – fez desses dois crimes os desejos centrais do complexo de Édipo, de forma que a civilização só se tornou possível graças à renúncia a eles. Entretanto, a culpa responsável pela mitificação do pai abarcava o desejo de reconciliação com ele e, com isso, o desejo de proteção.

> *O sistema totêmico foi, digamos, um contrato com o pai, em que este concedia tudo que a fantasia da criança podia dele esperar, proteção, cuidado, indulgência, em troca do compromisso de honrar sua vida, ou seja, não repetir contra ele o ato que havia destruído o pai real. (Freud, 1913/2012, pp. 220-221)*

Aqui vemos os fenômenos do ideal, da identificação e do desamparo como disparadores da morte do pai e da união entre os irmãos. No entanto, os laços libidinais que os uniram não seriam suficientes para impedir a rivalidade entre eles, que passarão a disputar, a partir de então, o lugar do pai.

No intervalo ente *Totem e tabu* (1913/2012) e o texto sobre as massas, em 1920, Freud vai apresentar a tese que desestabilizaria os jogos de prazer e desprazer até então colocados no centro do psiquismo. Ao apontar para um além do princípio do prazer, ele inscreveu, no centro desse aparelho, a pulsão de morte, cuja força de atração e ascendência sobre o sujeito fariam seu autor reconhecer que junto a Eros pulsava Tânatos (Freud, 1920/2010a). A partir de então, não serão mais as pulsões sexuais, mas as pulsões de vida, que vão se opor às pulsões de morte. No entanto, essa força silenciosa, embora demoníaca, não participa ativa e profundamente das teses esposadas por Freud no texto sobre as massas.

Em seu texto de 1921, ele retomará o funcionamento do grupo estabelecendo uma relação entre o sistema totêmico e a psicologia das massas, comparando-as com a horda primeva: "na medida em que os homens são habitualmente governados pela formação de massa, reconhecemos nesta a continuação da horda primeva" (Freud, 1921/2011b, p. 85).

Tendo Le Bon como interlocutor no início do livro, Freud assinala que à ideia de alma coletiva faltavam as teorias da libido e do papel desempenhado pelo líder, e é a partir delas que seu autor vai explorar os fenômenos da sugestão, da fascinação amorosa e da hipnose, experiências sustentadas pelos laços afetivos que põem em marcha a identificação com o ideal encarnado pelo líder: "A psicanálise conhece a identificação como a mais antiga manifestação de uma ligação afetiva a uma outra pessoa" (Freud, 1921/2011b, p. 60). Sobre o laço emocional entre os sujeitos da massa e sua submissão ao líder, ele afirma: "Já suspeitamos que a ligação recíproca dos indivíduos da massa é de natureza dessa identificação através de algo afetivo importante em comum, e podemos conjecturar que esse algo em comum esteja no tipo de ligação com o líder" (1921/2011b, p. 65).

A postura de humildade, ou mesmo de humilhação, adotada pelas massas, as coloca numa posição passivo-masoquista que em nada difere da posição infantil de submissão, atestando a emergência do desamparo. A identificação com o líder, mais especificamente a identificação com o discurso do líder, disparador da união dos sujeitos e da formação das massas, deve ser colocada no nível do ideal do eu. Trata-se de uma reativação da identificação primária, aquela que Freud designará no texto *O ego e o id* (1923/2011a) como a identificação com o pai da pré-história pessoal, pois se o discurso do líder contém a promessa de uma restauração narcísica, esta remete o sujeito ao eu ideal. Na esteira da identificação com o líder, a identificação com os irmãos na massa vai se apoiar na mesma lógica narcísica. Essa identificação horizontal, no nível do eu ideal, é sustentada por características comuns, sendo a mais importante o desamparo e seu consequente amor pelo líder. O apelo de proteção dirigido a ele e sustentado pela aliança entre os irmãos, que renunciam a seus valores pessoais para vivenciarem o comum, fortalece a massa, que vai funcionar como um campo seguro, no qual os sujeitos passarão a experimentar o triunfo e a gozar da segurança que emana da figura do líder.

Ao postular a identificação e os laços libidinais – entre os irmãos e destes com o líder – como responsáveis pela formação das massas e sua manutenção, Freud atesta a força de ligação de Eros no plano social, apontando para a limitação ao narcisismo promovida pelas pulsões de vida. Se a ligação libidinal é apontada ao longo de todo o texto como a responsável pela coesão das massas e pela sua inclinação em direção ao líder, a força da pulsão de morte, operando na aversão e hostilidade ao estranho, não recebe o mesmo tratamento. Entretanto, ao fazer uso da alegoria de Schopenhauer sobre os porcos-espinhos, Freud abre a possibilidade de vislumbrarmos a hostilidade gerada dentro das massas em relação ao outro, ao estrangeiro, este próximo e ao mesmo tempo distante, *Das Unheimliche*. Aqui, para além da libido, o ódio também se configura como bom cimento para unir as massas. Nas palavras de Freud, "etnias bastante aparentadas se repelem, o alemão do sul não tolera o alemão do norte, o inglês diz cobras e lagartos do escocês, o espanhol despreza o português" (Freud, 1921/2011b, p. 57).

Nesse ponto do texto, vemos aparecer nas massas, de forma mais explícita, o fenômeno do narcisismo das pequenas diferenças, que permite a continuidade da união entre os irmãos graças à projeção da agressividade para fora. O companheirismo e a afeição ao próximo podem ser mantidos dentro da massa, desde que haja um grupo para o qual a hostilidade seja dirigida, e este grupo será sempre aquele que encarna a diferença, pois, às massas, interessa a abolição das diferenças, caso contrário, não se mantêm. Chega a ser surpreendente que nesse texto Freud não tenha mencionado a força da pulsão de morte operando nas massas. Ao se referir à hostilidade como afeto presente nos grupos, o autor menciona uma disposição para o ódio e a agressividade, mas que, segundo ele, tem "procedência desconhecida" (Freud, 1921/2011b, p. 58). Nesse trecho, apenas uma nota de rodapé vai fazer referência ao seu trabalho publicado no ano anterior sobre a pulsão de morte.

A potência da pulsão de morte sobre o social, no entanto, será apontada por Freud logo no início de seu ensaio *O mal-estar na civilização* (1930/2010f) ao explicitar a ideia de que a civilização é contra o amor. A exigência civilizatória, fonte de angústia permanente, está na origem da constituição do sujeito e de seu mal-estar. O sentimento de culpa como expressão da pulsão de morte dirigida ao eu faz com que a instância superegoica passe a ser responsável pela interdição – apenas em parte – da agressividade original, contribuindo assim para a manutenção da civilização que, no entanto, estará sempre ameaçada de desestabilização, pois as forças de Tânatos, ainda que impedidas de expressão dentro da comunidade, estarão prontas a se manifestarem contra outros grupos, alvos do ódio e, portanto, passíveis de destruição. Assim se expressa Freud (1930/2010f): "A existência desse pendor à agressão, que podemos sentir em nós mesmos e justificadamente pressupor nos demais, é o fator que perturba nossa relação com o próximo e obriga a civilização a seus grandes dispêndios" (p. 77). Sustentada e ao mesmo tempo ameaçada pelo dualismo pulsional, a cultura estará sempre às voltas com os destinos das pulsões e os dispositivos que ela oferece para a satisfação destas.

Do pai da horda ao líder, se os laços libidinais garantem a coesão dos irmãos e a manutenção do tecido social, os laços mortíferos estarão aí igualmente presentes, atestando a insistência do conflito pulsional. O desejo de onipotência e da consequente restauração narcísica infantil, seja pela anulação das diferenças, seja pela destruição do outro, apela, inevitavelmente, não mais ao princípio do prazer, mas àquilo que está além dele, garantidor de uma satisfação plena cuja matriz é o eu ideal.

A pulsão de morte e seus efeitos nas massas

A partir da reformulação feita em 1920 sobre a teoria das pulsões, Freud vai colocar no "caldeirão", lado a lado com Eros e, como seu grande antagonista, a pulsão de morte. O novo par, habitante do terreno intrapsíquico e da civilização, e cujo conflito de base, irredutível, vai pôr em xeque, entre outras coisas, o ideal de felicidade humana, a harmonia entre os sujeitos e o próprio sucesso da análise, inaugura a segunda tópica e obriga seu autor – dentro do que lhe foi possível – a rever algumas de suas teorias fundamentais. Ao propor a tese da existência das pulsões de vida em oposição às pulsões de morte, Freud atribui às primeiras a tarefa de ligação, de união, de síntese, de tudo aquilo que busca o equilíbrio do sujeito. Ao segundo grupo, às forças demoníacas, ele atribui o trabalho de desligamento, de disjunção, de desarticulação, de análise.

André Green (1993/2010) propõe irmos além desses pressupostos freudianos acrescentando à pulsão de vida uma função objetalizante e à pulsão de morte uma função desobjetalizante. Para a pulsão de vida, a função objetalizante garantiria mais do que a ligação dessa pulsão ao objeto, abarcaria também a transformação de estruturas em objeto "no limite, é o próprio investimento que é objetalizado" (p. 99). Por outro lado, para a pulsão de morte, além da tarefa de desligamento, a função primordial seria a da desobjetalização:

> *Inversamente, o objetivo da pulsão de morte é realizar, tanto quanto possível, uma* função desobjetalizante *pelo desligamento . . . não é somente a relação com o objeto que é atacada, mas também todos os substitutos deste – o Eu, por exemplo e o* fato mesmo do investimento na medida em que ele sofreu o processo de objetalização . . . *a manifestação própria à destrutividade da pulsão de morte é o* desinvestimento. *(p. 100)*

Quando essas forças de objetalização e de investimento, por um lado, e de desobjetalização e de desinvestimento, por outro, afetam os próprios alicerces do psiquismo, estamos do lado do narcisismo de vida e do narcisismo negativo ou de morte, respectivamente. Foram essas as denominações usadas por Green para caracterizar o resultado da ação das pulsões incidindo no nível do eu. Se Freud pôde nos mostrar, em seu texto de 1914, o narcisismo de vida, fruto do investimento libidinal no eu, com Green vemos que a pulsão de morte, em seu movimento de retração e de negatividade, tendo como objeto o eu, tende à aspiração não ao Um do narcisismo positivo, mas ao Zero do narcisismo de morte (Green, 1982/1988, p. 26).

As fecundas contribuições de Green nos ajudam a pensar a ação da pulsão de morte em sua função desobjetalizante incidindo nas massas, resultando em situações em que o outro, o estrangeiro, o diferente, se apresenta como objeto a quem é preciso eliminar, concreta ou simbolicamente. Tais operações de desinvestimento, às vezes radical, resultam em comportamentos que poderíamos chamar de não civilizados, ou bárbaros, no limite do humano. Se, como Freud mostrou, as massas podem se tornar irracionais e insanas, à luz da teoria da pulsão de morte, podemos acrescentar que é a função desobjetalizante, incidindo sobre o próprio investimento, que autoriza a eliminação do objeto, seja por meio de ações violentas, seja pelo desprezo. Em muitos casos, a agressividade dirigida ao outro se torna secundária, pois ela é apenas o resultado de uma operação inicial mais radical e mais violenta, que é o desinvestimento, culminando na indiferença frente ao outro.

Desde essa perspectiva teórica, os exemplos não deixam dúvida em relação ao que subjaz às demonstrações de ódio. Por um lado, a percepção da diferença, aquilo que me afasta do Um, e, por outro lado, a constatação da semelhança, fonte de estranheza e fascínio. Se a coesão da massa está submetida à homogeneidade, a experiência do estrangeiro há de fazer surgirem movimentos de expulsão graças aos processos tão silenciosos quanto potentes de desinvestimento e de desligamento, para somente em seguida fazerem surgir as manifestações ruidosas da agressividade e da destrutividade.

Se o mecanismo de expulsão do desagradável, do que obstaculiza o prazer, está presente nas massas, podemos afirmar que ele está na própria fundação do eu. Freud já havia alertado que o objeto é conhecido no ódio e na negação. Se o ódio está no princípio da própria constituição do objeto, é por meio da negação e da expulsão de uma parte de si que o sujeito cria o eu e o não eu. O que é sentido como agradável é incorporado e o desagradável é expelido, de forma que no início, o mundo externo, o objeto e o ódio coincidem. O eu, constituído nessas bases, Freud (1915/2010c) o denominou "eu do prazer purificado" (p. 75). O purificado passará a ser, então, idealizado, seja no nível do eu ou no da massa, na tentativa de mitigar o desamparo original que faz sua reaparição sempre que o outro, o estrangeiro, que também é um semelhante, representa uma ameaça.

Para compreender o ódio na massa, funcionando a serviço dos mais nobres ideais coletivos, numa espécie de idealização do ódio, citamos Green (1990/2017a):

> *o ódio se encontra totalmente desculpabilizado, justificado por ideais do Eu que não se contentam em promover o bem ao qual eles se entregam com toda fé, mas se preocupam principalmente em purgar o mal que envenena o mundo pela pestilência dos indivíduos que o encarnam. (p. 265)*

No trabalho sobre as massas, Freud insiste na força do ideal como mantenedor da coesão entre os membros e deixa uma brecha para pensarmos sobre a violência e a destrutividade que a massa pode encarnar em nome dos ideais quando estes estão impregnados pela pulsão de morte. A força de desligamento e sua consequente função de desobjetalização, pelo desinvestimento, proporcionam à massa a condição de eleger seus inimigos e de neles localizar o mal, mediante projeção do mau que habita em cada membro da massa e que passa a fazer de cada inimigo um estranho e, paradoxalmente, um semelhante, já que ele carrega dentro de si o que antes estivera dentro de cada membro da massa. Assim, cada inimigo, agente do mal, passa a ser, em última instância, aquele que, graças ao desinvestimento, será destituído de sua humanidade, de sua qualidade e singularidade e, portanto, será alvo da indiferença mais brutal. O projeto de eliminação do diferente – enquanto ideal enunciado pelo discurso do líder –, que as massas furiosas não cessam de perseguir, encarna a possibilidade de restauração narcísica, miragem da purificação.

Nossa época está recheada de fenômenos que atestam a força do ideal colocado a serviço dessa purificação. O nazismo, o fascismo e tantas outras brutalidades cometidas em nome dela são exemplos dessas paixões. Sobre amar o mal, nos diz Green (1990/2017b):

> *Amar o mal é amar detectá-lo, designá-lo, localizá-lo para encontrar algo a ser exterminado, para pensar que uma vez que o mal seja vencido e aniquilado, a felicidade e o Bem Soberano irão reinar absolutos. Assim, a culpabilidade desaparece, pois as tarefas mais destruidoras são ações purificadoras. Amar o mal sem remorsos funda-se na certeza de garantir o triunfo definitivo do bem. (p. 350)*

Sem o desprezo e a indiferença – afetos que tão bem representam a pulsão de morte e sua força de desligamento com a consequente desobjetalização – não seriam possíveis as loucuras das massas. A possessão do ideal sobre elas, que buscam minimizar a experiência torturante do desamparo junto ao líder, revela, inequivocamente, seu caráter irresistível. Os processos sublimatórios, nos quais Freud depositou alguma esperança para a vida em civilização, também não escapam, nas massas, da ascendência da pulsão de morte. Assim, temos exemplos dramáticos de como esse destino pulsional, talvez o mais elevado, não resiste à ascendência de Tânatos, que faz sua aparição nos fenômenos mais brutais, pois a sublimação, sustentada pelo caráter de depuração e de purificação, só é possível graças ao desligamento inerente à pulsão de morte (Green, 1990/2017a, p. 236).

Usando a máscara do fundamentalismo religioso ou político, do racismo à homofobia, na brutalidade dos massacres às populações civis, das pequenas às grandes guerras, o que vemos operar nas massas é a tensão permanente das forças pulsionais, que visam em última instância à experiência do estrangeiro, pois será sempre ao outro, paradoxalmente familiar e estranho, que a força de desinvestimento e seus representantes vão se dirigir. A xenofobia talvez possa condensar o que há de mais fundamental em todos esses processos de ódio que passam a encarnar o ideal. Sobre amar o ódio, citamos Pontalis (1988/2003):

> *O objeto de amor é tão incerto quanto o próprio amor... O ódio, ao contrário, é imperioso, desconhece a dúvida e a incerteza, conhece seu alvo; acredita-se bem fundado ou quer sê-lo a qualquer preço; não entrega os pontos... O amor ao ódio, o amor ao* próprio ódio, *isso existe. Ainda que o tivéssemos esquecido, nosso século se empenha em no-lo comprovar. (p. 76, grifo no original)*

No texto sobre o narcisismo, Freud nos advertiu de que precisaríamos amar para não adoecermos. Contra o não investimento e o desligamento, o investimento e a ligação, Eros e seu maior representante, a libido, deveriam prevalecer. Nem romântico e nem otimista, às vésperas da Primeira Guerra, ele talvez apenas intuísse que havia algo, situado além do princípio do prazer, que era contra o amor. Alguns anos depois, ele localizaria, pulsando no coração do homem e das massas, um princípio de antivida que pode convocar o eu ao apagamento do outro e de si mesmo, buscando transformar o ruído em silêncio e deserto. No entanto, se o homem estará sempre submetido aos destinos de suas pulsões, convém lembrar que as de morte não pulsam sozinhas. Não há somente o Um e o Zero; Eros nos convoca, permanentemente, à transformação dos desertos em espaços de jogo e de criação.

Referências

Freud, S. (2010a). Além do princípio do prazer. In S. Freud, *Obras completas* (P. C. Souza, Trad.; Vol. 14, pp. 161-239). São Paulo: Companhia das Letras. (Trabalho originalmente publicado em 1920)

Freud, S. (2010b). Considerações atuais sobre a guerra e a morte. In S. Freud, *Obras completas* (P. C. Souza, Trad.; Vol. 12, pp. 209-246). São Paulo: Companhia das Letras. (Trabalho originalmente publicado em 1915)

Freud, S. (2010c). Os instintos e seus destinos. In S. Freud, *Obras completas* (P. C. Souza, Trad.; Vol. 12, pp. 51-81). São Paulo: Companhia das Letras. (Trabalho originalmente publicado em 1915)

Freud, S. (2010d). Introdução ao narcisismo. In S. Freud, *Obras completas* (P. C. Souza, Trad.; Vol. 12, pp. 37-48). São Paulo: Companhia das Letras. (Trabalho originalmente publicado em 1914)

Freud, S. (2010e). Luto e melancolia. In S. Freud, *Obras completas* (P. C. Souza, Trad., Vol. 12, pp. 170-194). São Paulo: Companhia das Letras. (Trabalho originalmente publicado em 1917)

Freud, S. (2010f). O mal-estar na civilização. In S. Freud, *Obras completas* (P. C. Souza, Trad.; Vol. 18, pp. 13-122). São Paulo: Companhia das Letras. (Trabalho originalmente publicado em 1930)

Freud, S. (2011a). O eu e o id. In S. Freud, *Obras completas* (P. C. Souza, Trad.; Vol. 16, pp. 13-74). São Paulo: Companhia das Letras. (Trabalho originalmente publicado em 1923)

Freud, S. (2011b). Psicologia das massas e análise do eu. In S. Freud, *Obras completas* (P. C. Souza, Trad.; Vol. 15, pp. 60-85). São Paulo: Companhia das Letras. (Trabalho originalmente publicado em 1921)

Freud, S. (2012). Totem e tabu. In S. Freud, *Obras completas* (P. C. Souza, Trad.; Vol. 11, pp. 217-221). São Paulo: Companhia das Letras. (Trabalho originalmente publicado em 1913)

Freud, S. (2014). O futuro de uma ilusão. In S. Freud, *Obras completas* (P. C. Souza, Trad.; Vol. 17, pp. 231-301). São Paulo: Companhia das Letras. (Trabalho originalmente publicado em 1927)

Freud, S. (2018a). Análise terminável e interminável. In S. Freud, *Obras completas* (P. C. Souza, Trad.; Vol. 19, pp. 274-326). São Paulo: Companhia das Letras. (Trabalho originalmente publicado em 1937)

Freud, S. (2018b). Moisés e o monoteísmo: três ensaios. In S. Freud, *Obras completas* (P. C. Souza, Trad.; Vol. 19, pp. 13-188). São Paulo: Companhia das Letras. (Trabalho originalmente publicado em 1939)

Green, A. (1988). Prefácio. In A. Green, *Narcisismo de vida, narcisismo de morte* (C. Berliner, Trad.; pp. 9-29). São Paulo: Escuta. (Trabalho originalmente publicado em 1982)

Green, A. (2010). Pulsão de morte, narcisismo negativo, função desobjetalizante. In A. Green, *O trabalho do negativo* (F. Murad,

Trad.; pp. 95-102). Porto Alegre: Artmed. (Trabalho originalmente publicado em 1993)

Green, A. (2017a). O ideal: medida e desmesura. In A. Green, *A loucura privada: psicanálise de casos-limite* (M. Gambini, Trad.; pp. 235-267). São Paulo: Escuta. (Trabalho originalmente publicado em 1990)

Green, A. (2017b). Por que o mal? In A. Green, *A loucura privada: psicanálise de casos-limite* (M. Gambini, Trad.; pp. 335-362). São Paulo: Escuta. (Trabalho originalmente publicado em 1990)

Jones, E. (1989). *Vida e obra de Sigmund Freud* (M. A. M. Mattos, Trad.). Rio de Janeiro: Jorge Zahar. (Trabalho originalmente publicado em 1953)

Pontalis, J.-B. (2003). Essa transferência chamada negativa. In. J.-B. Pontalis, *Perder de vista: da fantasia de recuperação do objeto perdido* (V. Ribeiro, Trad.; pp. 74-77). Rio de Janeiro: Jorge Zahar. (Trabalho originalmente publicado em 1988)

5. A massa e a psicologia de Eichmann

Wilson Klain

> *Na vida psíquica do ser individual, o Outro é via de regra considerado enquanto modelo, objeto, auxiliador e adversário, e portanto a psicologia individual é também, desde o início, psicologia social, num sentido ampliado, mas inteiramente justificado.*
>
> Freud, 1921/2011

Os quatro anos de sangramento da Europa durante a Primeira Guerra Mundial não pararam a pesquisa de Freud. Tampouco as perdas de pessoas próximas e sua saúde frágil, mas o desgaste foi evidente. Em 1916, sexagenário, Freud manifestava-se afirmando ter chegado à sua "idade senil". No ano seguinte, revelava a Abraham: "fiquei bastante velho, um pouco frágil e cansado" (cf. Gay, 1989, p. 340). O transcorrer desse conflito trouxe sofrimento e morte para muitos ao redor de Freud. As ameaças de perda dos filhos que foram alistados para a guerra,[1] destacando a ausência de notícias de Martin,

1 Martin, que havia sido recusado num primeiro momento, se apresentou voluntariamente para servir no fronte. Em 1916, foi a vez de outro filho, Oliver.

que ficou prisioneiro na Itália (Gay, 1989, p. 350), fizeram com que o tema da morte não se limitasse apenas à sua própria perda, mas à perda daqueles por quem tinha grande afeto.

As bombas e a selvageria humana promoveram o convívio com a morte durante todo o período de guerra, e suas sequelas acompanharam, como assombrações, os anos seguintes. De que forma fosse, por assassinatos ou por fome, o tema da morte e das perdas ocupava os dias. A civilização que prometia proteger o homem foi atacada e escorria junto com o sangue pelas trincheiras, ou desnutria-se junto com os corpos nas casas e nas cidades. Isso se fez cotidiano para além dos quatro anos. Finda a batalha, que deixou um saldo de 19 milhões de mortos, Freud e sua família precisaram conviver com a "miséria geral em seu próprio lar", segundo Peter Gay (1989).

No entanto, mais um episódio se somaria a esse acúmulo de perdas. Sophie, sua "querida Sophie em flor" (Gay, 1989, p. 360), morre em 25 de janeiro de 1920, consequência da pandemia de gripe espanhola. O pai enlutado escreve ao pastor Pfister dois dias após a morte:

> *Hoje à tarde, recebemos a notícia de que a pneumonia do vírus influenza nos tirou nossa doce Sophie em Hamburgo. Ele a tirou de nós, apesar de ter uma saúde radiante e uma vida ativa e plena como boa mãe e esposa amorosa, tudo em questão de quatro ou cinco dias, como se nunca tivesse existido. (Freud, apud Schur, 1986, p. 406)*

Entretanto, as imposições da guerra não impediram que Freud se dedicasse ao trabalho. Embora as análises fossem raras, sua produção

---

Ernest, o filho mais novo, se voluntariou em outubro. O genro, marido de Sophie, combateu até ser ferido e reformado por invalidez, em 1916.

intelectual não o era. Mantinha-se na proposição da escrever a sua "Metapsicologia", prometida desde 1898 a Fliess. E a escreveu.

Ainda que buscasse se manter concentrado no trabalho, a realidade da guerra se impunha. É o que se pode verificar no meio da Conferência IX (1915-1916): "deixem de olhar o indivíduo e vejam a grande guerra que ainda devasta a Europa. Pensem no excesso de brutalidade, crueldade e falsidade que agora se permite espalhar pelo mundo civilizado". E continua agora perguntando sobre a responsabilidade por toda a maldade: alguém ousaria afirmar que "a constituição mental da humanidade não contém certo grau de mal?" (Freud, 1915-1916, p. 177).

Nessa Conferência sobre a censura dos sonhos, seu propósito foi discorrer sobre os mecanismos de distorção dos conteúdos oníricos, as censuras, e sabemos que, apesar dessas distorções, o que o sonho faz acontecer é: "Sempre que um sonho se nos tornou inteiramente inteligível, veio a se revelar como realização de um desejo em forma alucinatória" (Idem, p. 165).

O que a guerra revela é também a manifestação dos desejos cruéis e hostis que habitam a mente humana. Os sonhos mais cruéis e hostis tomaram a realidade da Europa.

Apesar das perdas, Freud trabalhava, até mesmo como forma de atenuar sua dor. É nesse clima que o conjunto de três trabalhos ocupou os três anos seguintes: *Além do princípio de prazer* (1920), *Psicologia das massas e análise do ego* (1921) e *O ego e o id* (1923). Mas é imperioso para esse conjunto de trabalhos o divisor de águas que foi o estudo sobre o *Narcisismo*, de 1914, com seu complemento *Luto e melancolia*, de 1917. Quando se fala a respeito de uma psicanálise construída no entreguerras, não se está falando em pouca coisa, e, sim, no calor da fornalha em que Freud e seus interlocutores do período pensaram os dispositivos que até hoje estudamos. Trata-se, a meu ver, da construção de um conhecimento acerca do conflito fundamental entre civilização e barbárie, entre pulsão de vida e pulsão de morte e entre outras polaridades que confirmam o funcionamento mental.

No entanto, praticamente ao mesmo tempo que Freud trazia seu "livreto" (Gay, 1989, p. 370), *Psicologia das massas...*, muito próximo a ele estava em formação o "bando de entusiastas" que desembocaria no partido nazista. Em 14 de setembro de 1921, um grupo de jovens nazistas foi com Hitler a um encontro da Liga Bávara e marchou para cima do palanque com a intenção de calar o orador, Otto Ballerstedt.[2] Alguém apagou todas as luzes, e, quando as acenderam, brados de "Hitler" impediram Ballerstedt de prosseguir.

Onze anos depois desse evento, em 1º de abril de 1932, Adolf Eichmann se tornaria oficialmente membro do Partido Nazista. Ele já compartilhava das proposições ideológicas do partido, orientado desde 1920 por seu amigo Ernst Kaltenbrunner, um jovem amigo da família e ativo em grupos de estudantes de direita e milícias na década de 1920 (Klain, 2020, p. 74). Neste trabalho buscarei apresentar um homem que foi revelado ao mundo em 1960, quando de sua captura na Argentina e julgamento em Israel. Um homem que, apesar de sua importância – interpretada por Hannah Arendt (1999), em seu *Eichmann em Jerusalém: um relato sobre a banalidade do mal* –, guarda a controvérsia de ser "pequena engrenagem" na máquina da "Solução Final" (Arendt, 1999, p. 173) ou um psicopata, ainda que sem qualquer rigor diagnóstico. Ao final dessa exposição, espero que tenhamos nos aproximado de uma possibilidade entre uma posição e outra, ou seja, de que as identificações de Eichmann encontraram na estrutura burocrática do partido uma possibilidade de realização pessoal.

Vamos a Eichmann.

---

2 Rival político de Adolf Hitler que levou este à prisão durante um mês nos primeiros dias de sua carreira política, em 1922 (Evans, 2010).

Um filhote da serpente?

Em 1960, Otto Adolf Eichmann (1906-1962), considerado o arquiteto e administrador da estrutura de transporte, deportação, expulsão e extermínio de milhões de pessoas durante o nazismo, em particular de judeus, que resultou na Solução Final, foi capturado pelo grupo israelense Mossad e levado da Argentina, onde vivia desde os anos 1950, para Israel. O caráter extremamente fechado do regime nazista, os segredos e mentiras em torno da perseguição e da Solução Final da Questão Judaica, mantiveram por muito tempo esse personagem longe do conhecimento dos aliados e do restante do mundo. Contudo, em 1945, em Nuremberg (Pereira, 2014; Gellately & Goldensohn, 2006), no julgamento dos nazistas capturados, o nome de Eichmann começou a aparecer para o mundo com expressiva frequência. As revelações de Nuremberg indicam a importância que Eichmann teve na Solução Final.

O trabalho de Arendt, após sua publicação, gerou muitas controvérsias, seja quando se refere ao próprio julgamento, visto que ela tece observações importantes sobre os interesses políticos que o envolveram, seja sobre o próprio Adolf Eichmann, que é apresentado muitas vezes com um "palhaço" (Arendt, 1999, p. 36). A autora argumenta que ele não tinha "ódio insano de judeus", e não sofria de qualquer tipo de "antissemitismo fanático". Baseada nos depoimentos, ela relata que "ele nunca tinha abrigado quaisquer maus sentimentos contra suas vítimas" (Arendt, 1999, p. 36). Além disso, a filósofa registra a participação dos conselhos judeus na deportação e extermínio pretendido com a Solução Final (Arendt, 1999, pp. 58, 73, 74, 76, 78, 131). Em suas considerações, ela expressa que "o problema com Eichmann era precisamente que muitos eram como ele, e que muitos não eram nem pervertidos nem sádicos, que eram, e ainda são, terríveis e terrivelmente normais" (Arendt, 1999, p. 166). Em um pós escrito, Arendt acrescentou que Eichmann simplesmente "nunca percebeu o que estava fazendo" e que suas ações criminosas foram devido a "pura irreflexão" (Arendt, 1999, p. 172).

Entretanto, David Cesarani, historiador britânico, escreveu em 2006 *Tornando-se Eichmann* (Cesarani, 2006), no qual propõe um contra-argumento ao trabalho da filósofa, enfatizando por meio de outros dados que a interpretação influente de Arendt sobre Eichmann era errada, e que a frase "banalidade do mal" foi enganosa (Cesarani, 2006, p. 4). Cesarani apresenta em seu trabalho elementos que oferecem a ideia de que o nazista não era apenas um burocrata sem uma ideologia, mas um antissemita convicto que buscou o poder e a glória no exercício da sua jornada de administrador dos assuntos judaicos do Terceiro Reich. Além da biografia de Cesarani, a filósofa alemã Bettina Stangneth publicou em 2011 uma nova pesquisa trazendo elementos obtidos em documentos abertos mais recentemente (Stangneth, 2015). Trata-se de parte das entrevistas gravadas por Eichmann na Argentina.

Para nós, Eichmann vai se tornando Eichmann à medida que as fontes o vão revelando. Com as informações extraídas dessas três fontes, procurarei argumentar a respeito do processo que levou o jovem Otto Adolf a se tornar o tenente coronel Eichmann. Sabemos que o conceito de identificação – especialmente trabalhado por Freud em *Psicologia das massas e análise do ego* – ampara-se no pensamento de Ferenczi acerca da introjeção. Esse conceito destacado pelo psicanalista húngaro coloca a fonte de satisfação de toda identificação no próprio mundo interno do sujeito, nos objetos introjetados a partir das experiências vividas, fazendo do objeto de identificação apenas um representante, um apoio da demanda interna do sujeito.

Começo pela presença do pai de Eichmann, Herr Adolf Karl Eichmann, à sombra de quem se pode dizer que o filho sempre esteve. O jovem recebeu uma educação rigorosa do pai. Eichmann se refere a ele como um homem exigente, com quem manteve uma relação de submissão aos seus mandos. "Considerei o meu pai como a autoridade absoluta" (Eichmann, apud Cesarani, 2006, p. 19). Esse fator parece coadunar-se a preceitos religiosos de conduta – o pai era presbítero na Igreja Evangélica –, mas não aos da cultura que começava a se formar na Europa a partir do século XX.

É possível verificar o domínio do patriarca sobre a vida de Eichmann. Desde cedo, os mandos sobre qual formação deveria ter são indicativos do que se esperava dele. As escolas pelas quais passou e os trabalhos aos quais se apresentou foram sempre dirigidos e indicados por Herr Eichmann. A escolha da família para seus estudos de nível secundário, por sua vez, o fez ter aula com o dr. Leopold Poetsch, um conhecido nacionalista alemão, um germanista que declarava que judeus e eslavos pertenciam a "raças inferiores". Desde jovem Eichmann recebeu orientações escolares que o alimentaram com pensamentos de forte oposição aos judeus. Não há informações sobre qualquer "senão" do jovem sobre tais ordens.

A trajetória escolar de Eichmann sempre esteve no limiar do fracasso. O seu desempenho foi limitado inclusive na escola profissional, também indicada pelo seu pai. O mesmo vai ocorrer na trajetória profissional: o pai vai lhe indicando os locais de trabalho, e ele vai fracassando. Parece evidente que o seu desempenho, fosse na escola, fosse no trabalho, não trouxe satisfação à família. Há um silêncio de Eichmann sobre os fracassos escolares e profissionais até aqui; parece uma parte de Eichmann que é silente. A suspeita que se pode ter é de que ele ainda não havia aparecido. Eichmann não está aí. O que se registrou nas biografias foi apenas o insucesso. Como se quisessem mostrar um jovem inapto à escola e ao trabalho. Como se esse fosse o Eichmann, mas ele ainda não havia aparecido.

É o pai que aparece. Quem deseja é o pai. E diante desse desejo do pai, a vergonha silenciosa pelo insucesso. Esconder essa vergonha é um indicativo da sua existência, e Eichmann o fez num "Relato autobiográfico" em 1939 (Cf. Arendt, 1999, p. 22), quando já estava engajado no Partido Nazista. Nesse manuscrito afirma que deixou seu emprego como vendedor na companhia Elektrobau "de livre e espontânea vontade" (Eichmann, apud Arendt, 1999, p. 22), e que seu ingresso na Companhia de Óleo a Vácuo de Viena lhe foi oferecido. Contudo, não é exatamente essa a história que nos conta Arendt. Eichmann estava escondendo seu fracasso. O trabalho como vendedor ia de mal a pior, e seu pai, com a ajuda da sua esposa, conseguiu uma indicação na companhia de óleo. Tudo isso aconteceu quando o jovem contava 21 anos de idade. Esse momento de vida de Eichmann parece sugerir no mínimo uma inadequação aos planos do pai. Um fracasso ao que era esperado dele como primogênito da família. Mais do que isso, a insatisfação das expectativas que repousavam sobre ele desde o início de sua vida escolar ia apontando para um destino obscuro.

É sugestivo pensar que a relação filho-pai se dava de modo passivo, colocando o jovem Eichmann como objeto de satisfação do pai. A preocupação não se limitou ao campo da subsistência, mas estendeu-se ao terreno das expectativas. Embora seja apenas uma suposição, a vivência interna do jovem deve ter se dado sob a luta contra o fracasso. O seu fracasso e o da própria Alemanha se confundem na vida de Eichmann. A última investida de Herr Eichmann na vida profissional do filho deu-se quando o jovem contava 21 anos, apenas dez anos após seu país ser derrotado de forma humilhante na Primeira Guerra. Mais um fracasso nessa tentativa.

A luta que parecia ser travada no interior de Eichmann precisava de uma solução. O incômodo de não conseguir atender ao pai parecia promover movimentos: uma gama de sentimentos introjetados em sua formação buscava um sentido.

Stangneth encontrou nos documentos alcançados após a morte de Eichmann que o pai de Eichmann acompanhou o filho na década de 1930 ao Partido Nazista. Contrariando informações anteriores de que Herr Eichmann não teria vinculações partidárias, a pesquisadora revela que este havia entrado para o NSDAP nesse mesmo período (Klain, 2020, p. 71).

Assim, buscarei mostrar que o nazista Eichmann vai se revelando não apenas pela convicção ao propósito nazista, mas sobretudo pela identificação com aquilo que a ascensão no partido poderia lhe oferecer como pessoa. A adesão inicial dá-se pela imagem que o próprio partido e suas manifestações fazem. É como num trabalho projetivo. O que está introjetado encontra na superfície do objeto os elementos que permitirão a profundidade do trabalho de identificação. Tal como uma criança que deseja ser aquele que admira.

Será em um episódio em que rompe um relacionamento amoroso pela identificação com o nazismo que Eichmann deixará evidente sua projeção. Pela janela de um apartamento ele e sua namorada observam um grupo de "camisas-marrom" marchando pelas ruas. A moça manifesta-se chamando-os de idiotas. Diante de tal desprezo e como se eles fossem ele, o jovem aspirante ofende-se e rompe o namoro.

O rompimento do relacionamento poderia ser configurado pelo fato de a moça haver manifestado discordância do movimento nazista, uma divergência ideológica, talvez. Mas não. É possível afirmar que ali estava a ofensa a ele, o desprezo a ele mesmo. A admiração com que os observava era, possivelmente, aquela pela qual queria ser admirado. Evidente investimento narcísico sobre a cena.

O reconhecimento não se dará somente pela face superficial – afinal não basta parecer, é preciso ser.

Em sua vida pregressa, sob as ordens do pai, Eichmann não havia conseguido decolar. O partido era uma oportunidade de dar um rumo para sua vida, para os sentimentos de insatisfação que o habitavam. Perdido, ele buscava uma direção. Ali obedeceria às ordens, mas ordens que não seriam dadas pelo pai, e, sim, mais uma vez, por um lugar indicado pelo pai. A necessidade de seguir ordens fazia-o manter a relação com seu pai em nível mental. Inúmeras vezes Eichmann será reconhecido por sua capacidade de organização e planejamento. Não é à toa que alcançará a responsabilidade por toda a logística de deportação dos judeus.

A figura paterna, nas mais variadas formas, o acompanhará por toda a sua carreira insana. O que o aspirante a oficial nazista estava conseguindo nesse momento era exatamente a exteriorização do cenário mental de seu conflito. Uma proteção para aquilo que por pouco mais de 25 anos lutara dentro dele: a tutela do seu pai e a impossibilidade de existir, por si mesmo. A oportunidade permitiria realizar-se longe dos olhos do pai. Mas sem se dar conta de que o pai, objeto de sua identificação, o habitava. Em algumas ocasiões ao longo de sua vida, Eichmann inclusive elegerá uma figura com a qual estabelecerá uma relação quase paternal.

A carreira de Eichmann no partido nazista começou em um escritório cujo trabalho envolvia coisas menores. Isso não trazia satisfação. Para sua ambição, era pouco. Certo dia, o escritório é visitado pelo oficial da SS Edler von Mildenstein,[3] indicado por Heydrich para desenvolver os trabalhos sobre a Questão Judaica. Mildenstein vê Eichmann rotineiramente. Mostra interesse pelo burocrata e pergunta se ele não gostaria de um novo emprego. Algo diferente se estabelece. Ele não recebeu uma ordem, mas um convite. Foi desejado pelo superior.

O convite pressupõe levar em consideração o que ele próprio queria. Vale ressaltar que, nas biografias pesquisadas, a cena não tem par em qualquer momento no campo da relação entre Eichmann e seu pai. Herr Eichmann não lhe perguntava, mas, de modo absoluto, ordenava as mudanças de escola e trabalho seguindo seu próprio

---

3 Edler von Mildenstein foi um dos principais apoiadores no Partido Nazista de alguns dos objetivos do sionismo durante os anos 1930.

desejo. A cena com Mildenstein parece dar alguma validade aos desejos do jovem.

Eichmann descreve Mildenstein como um "homem aberto, jovem e amigável" e acrescenta: "fiquei feliz em trocar o monótono trabalho no museu por outro, e eu disse que aceitava" (Eichmann, apud Cesarani, 2006, p. 43). O contato com o oficial proporcionou ao jovem nazista o reconhecimento de suas ideias sobre o nacionalismo alemão e o orgulho racial, até então silenciosas. O trabalho implicava ter objetivos e ambição. Esses eram ingredientes que não faltavam a Eichmann nesse momento.

Porém, nasce aqui uma questão: onde estavam as concepções nacionalistas de Eichmann até agora? Aquelas que ele negou peremptoriamente durante seu julgamento em Israel. Possivelmente à sombra de um pai absoluto. O suficiente para não permitir que os indícios da sua existência fossem percebidos.

Lembremos que para Ferenczi a introjeção é o meio pelo qual o sujeito coloca para o interior de si as representações dos objetos externos e com os quais se identifica. E Eichmann se alimentou de tudo isso durante seu tempo de formação juvenil. A cultura que o circundava dava conta dessa alimentação. Faltava apenas a oportunidade de transformar esse alimento em ações.

As ações dar-se-ão por meio das identificações que estão por vir.

A oportunidade chegara. O jovem perdido começa a encontrar fora de si a chance de expandir aquilo que permanecia adormecido. Isso acontecerá a partir da relação com Mildenstein, que o orientará em inúmeros trabalhos. Entre eles estava a leitura de *Der Judenstaat*, de Theodor Herzl, o famoso clássico sionista que, segundo Arendt (1999, p. 28), converteu Eichmann ao sionismo, imediata e definitivamente.

No entanto, o espírito *Volkish*, a boa educação, o racionalismo e a ambição do pupilo, todos afinados aos interesses do Reich, atendiam aos "olhos" de Mildenstein. Ali poderiam brotar as sementes plantadas havia tempos em Eichmann. O caminho parecia pavimentado para o alcance da notoriedade que buscava.

Escalando para a existência

Em 1939, com o início da Segunda Guerra Mundial, Eichmann já era o *capitão* Eichmann. Comandava o Escritório Central de Emigração Judaica no Rothschild Palais. Habitualmente, exibia-se com seu uniforme, quase como um objeto de fetiche, entre os judeus que vinham lhe pedir alguma coisa. Caminhava pelos "corredores cheios empurrando para o lado os infelizes humanos que esperavam" (Lösener, apud Cesarani, 2006, p. 68). O uniforme, a patente e o Palais formavam o quadro da aparente satisfação de Eichmann. A promessa de um império de mil anos do Reich proporcionava isso.

Entretanto, 21 anos depois, já na cabine de vidro, em Jerusalém, quando da primeira aparição ao público que lotava o tribunal, Eichmann surgiu sem o seu uniforme reluzente.

Os crimes atribuídos a Eichmann eram de tal magnitude que se esperava, quando a porta se abrisse para a cabine de vidro, ver algum monstro entrar. Em vez disso, todos foram confrontados com o homem comum. Diz-nos Cesarani que Simon Wiesenthal[4] previra justamente esse efeito. Para combater o engano, ele recomendou que Eichmann fosse forçado a ficar de pé em um uniforme da SS. Isso, obviamente, não aconteceu.

O Eichmann que entrou no tribunal era o exemplo do fiel que se submete às leis da sua crença, mas que comete seus pecados;

---

4 Simon Wiesenthal foi um sobrevivente do Holocausto que, no pós-guerra, foi incansável na perseguição e captura de nazistas. Ele foi responsável pela prisão de mais de 1.100 criminosos nazistas e, sobretudo, pela localização de Eichmann na Argentina.

reza, vai aos cultos públicos e continua pecando. Embora despido de seu uniforme, Eichmann sustentou em todos os momentos a identificação com o Führer. Submisso à sua "religião", agiu como afirma Chasseguet-Smirgel, citada por Flávio Ferraz (2010): "se a neurose obsessiva é uma 'religião privada' (como afirmou Freud), a perversão é, então, o equivalente de uma 'religião do Diabo'" (p. 105).

A ambivalência é típica da relação com a religião – e aqui na vida de Eichmann, acompanhou o nazista. Ele sempre obedeceu às ordens no esforço de manter o pai fora projetado, ao mesmo tempo que se beneficiaria da identificação com a figura paterna quando ele mesmo dava as ordens.

O Reich, um mundo particular

Eichmann cumpria a lei, isso é indiscutível – mas as leis do Reich, isto é, leis que mantinham a organização, interna e externa, em um funcionamento regredido às condições anais. O caráter regressivo revela-se na própria rigidez do nazismo. É o controle externalizado do que atormenta dentro. Dominar o mundo equivale a dominar as tensões. Trata-se da ordem pré-edípica. Da ordem da perversão.

A perversão, considerada o negativo das neuroses, expressa a intolerância às interdições impostas pela trama edípica porque o recalcamento não se realizou de forma satisfatória. O ambiente do Terceiro Reich, sustentado pela figura do Führer, o pai absoluto, confunde-se com a própria lei. A vontade de Hitler era lei, figurando a horda primitiva criada pelo Terceiro Reich, em que o soberano é a fonte de toda a idealização. Ora, é exatamente essa a cena familiar de Eichmann. Do velho patriarca ao Führer!

Mas há uma diferença: Hitler é ao mesmo tempo o pai e o filho. É o pai porque está no poder e é o filho porque se identifica com o miserável, o humilhado, na luta pela soberania. O Reich é um projeto. Um projeto que pretendia pôr fim àquilo que ameaçava a soberania. O sonho pré-edípico.

Como projeto, ofereceu-se àqueles cujos elementos culturais introjetados que encontram na ambição a identificação com o absoluto. É aqui que Eichmann se engaja. Um projeto para dar existência aos traços culturais introjetados, um projeto para o "sucesso". A organização mental concebia que sua "lei" era superior à dos demais. Que seu mundo particular – a supremacia ariana que o alimentou na infância, e depois no Reich – o fazia elevado. Sua organização mental não permitia que ele sequer pudesse reconhecer outra coisa senão suas próprias convicções.

De outro modo, as convicções pré-genitais – do absoluto – deveriam fazer desaparecer as condições da genitalidade, marcada pela diversidade. A sua organização mental idealizada o iludia, mas não estava sozinho nesse empenho; a meta é o triunfo. Não há uma perspectiva de desenvolvimento, o ego está congelado na posição idealizada.

Ainda que esse exibicionismo, que expressava sua ambição pessoal, tenha se dado inicialmente com os iguais, os nazistas, veremos a seguir algumas situações nas quais esse mesmo impulso se dará sobre aqueles identificados à projeção do miserável.

Eichmann exibindo-se e eximindo-se

Em 1938, já no Escritório Central de Emigração Judaica, Eichmann fez um comunicado: "a partir de agora nenhum outro escritório poderá distribuir qualquer tipo de permissão aos judeus . . . A Comunidade Religiosa Judaica em Praga . . . garante a Herr Eichmann que 250 judeus por dia irão ao Escritório Central para pedir permissão para emigrar" (Stangneth, 2015, p. 19).

Essa condição gerou desespero entre os judeus. Eichmann, então, afirmou: "Tenho certeza de que todo judeu encontrará algum modo de emigrar quando for preso duas ou três vezes" (Eichmann, apud Stangneth, 2015, p. 17). Eichmann, soberano em seu quadrilátero.

Em outra ocasião, Eichmann mostrava orgulhosamente aos visitantes do Escritório Central as suas ações, juntamente com o número de judeus agredidos, humilhados e empobrecidos, forçados a ir para o exterior para trabalhar como empregados domésticos e buscar refúgio em outros cantos do mundo. A experiência jubilosa resultante do exibicionismo de Eichmann confirma a ideia da satisfação vivida na condição da plena fusão com o objeto idealizado. Eu sou o ideal, o ego-ideal proposto por Freud.

Entretanto, sabemos que a frustração dessa vivência deverá ocorrer para que o ego ideal seja substituído pelo reconhecimento do objeto, na condição de um outro. Assim, o ideal do ego poderá receber o investimento que outrora estava atribuído ao ego ideal. Essa saída reflete uma espécie de passagem do "talvez eu seja" para o "vir a ser". A passagem do pretenso absoluto ao dinâmico.

Claro que essa não era somente a experiência de Eichmann; o mesmo ocorria com o Reich. O "talvez eu seja" não estava seguro. As ameaças precisavam ser eliminadas. Para isso o alto escalão do Reich estava tramando coisas maiores.

Evidente que os seus relatos em Jerusalém buscavam a absolvição, embora ele não tivesse esperanças de convencer o tribunal - pelo contrário, havia dentro dele a certeza de que as leis que norteavam o julgamento não se baseavam naquelas que ele entendia como as corretas. Tal convicção ele expressou à esposa em 1952. Eichmann disse a Vera que queria ser julgado na Alemanha, e repetiu essa intenção para sua família ao longo dos anos que se seguiram. "Ele considerou entregar-se a um tribunal internacional na Europa", lembrou seu filho mais tarde. "Estava bem claro que não sairia sem punição, mas não achava que receberia uma sentença dura. Pensou que poderia até mesmo ganhar a liberdade em quatro e seis anos" (Stangneth, 2015, p. 213).

Essa convicção expressa sua confiança na Alemanha, mas numa Alemanha que estava apenas em sua cabeça, visto, por exemplo, que após a guerra ela fora dividida em Ocidental e Oriental, com governos distintos. A isso acrescenta Arendt (1999): "Em resumo, o reino da legalidade não oferecia nenhuma alternativa para o rapto" (p. 159).

Dois mundos: o genocídio e a glória

As atrocidades praticadas nos campos de extermínio são a expressão de um dos lados da mente de Eichmann, e o alto cargo na hierarquia nazista, o outro. Em seu mundo particular, um lado não viveria sem o outro. Nesse mundo, a ameaça estava nas mãos dos judeus. Ainda que aprisionados, o extermínio era a solução definitiva.

Os judeus, eleitos pela miséria projetada, precisavam desaparecer para que a intimidação da própria miséria não se fizesse presente. Num episódio em Minsk, que Eichmann buscou justificar em Jerusalém, ele expõe as duas faces desse mundo particular. Disseram a ele que 5 mil judeus "receberiam o deles". Eichmann foi ver de perto. Ele conta que "ficou parado no frio, vestindo um casaco de couro, enquanto os judeus eram forçados a tirar a roupa e caminhar até o poço da morte". Ao tribunal, diz que ficou "impressionado" com a cena dos judeus andando em um ritmo constante e saltando para o fosso "sem oferecer qualquer resistência", até que "os atiradores dispararam em todos que estavam no buraco".

Cesarani (2006) enfatiza que a intenção de Eichmann em Israel era "negar o seu nazismo e a sua ideologia antissemita" (p. 106).

Imediatamente tendo a concordar. Todavia, a meu ver, essa cena comporta outra possibilidade: Eichmann pode ter associado essa cena à sua própria passividade histórica. O menino silente sob as ordens do pai, caminhando em ritmo constante numa vida sem sentido. Vejamos a passagem:

> *Por que essa cena demorou tanto na minha memória? Talvez porque eu tivesse filhos. Havia crianças naquele buraco. Eu vi uma mulher segurar uma criança de um ano ou dois no ar, implorando. Naquele momento, eu quis dizer: 'Não atirem. Entregue a criança'. Então a criança foi atingida. Eu estava tão perto que depois encontrei pedaços de cérebro respingados no meu longo casaco de couro. (Eichmann, apud Cesarani, 2006, p. 106)*

Quem era aquela criança que lhe causou essa fixação? Ele mesmo? Ou talvez um dos seus irmãos, que já bem cedo roubaram-lhe a esperança de ser ele mesmo o filho único?[5]

Refaço a pergunta: terá sido o seu sadismo manifestado quando em qualquer momento da educação desses irmãos o pai severo os humilhou com a severidade que era habitual? Freud (1919/1986c), em seu raciocínio exposto em *Uma criança é espancada*, desenvolve, em três etapas, a ideia do sadismo transformado em masoquismo.

Culpado pela expressão de satisfação ao "ver" a cena, ele transforma seu sadismo em masoquismo a fim de ser ele mesmo objeto da punição que lhe causara satisfação. Pois bem, Eichmann diz em sua

---

5 É curioso haver poucas referências à figura materna e aos irmãos de Eichmann nas biografias disponíveis. Eles não são citados ao longo dos trabalhos, exceção feita aos seus nomes. Já no período de Israel, exatamente dois dias antes da execução, o presidente israelense, Yitzhak Ben Zvi, recebeu uma carta assinada pelos irmãos de Eichmann pedindo clemência.

exposição que quis dizer "entregue a criança". Não o fez. Satisfação? Sim. Mas as marcas dos pedaços de cérebro em sua elegante roupa tingiram seu "triunfo". Uma possibilidade. O recuo pela inversão do sadismo em masoquismo é mais uma manifestação do seu aprisionamento num mundo particular, pré-genital.

A possível ambivalência de sentimentos de Eichmann com a criança assassinada expõe uma possibilidade de compreensão dessa relação tão cruel. Freud enfatiza essa crueldade infantil em *Uma criança é espancada*.

A cena colocou Eichmann perto demais do horror.

Tornando-se um psicopata

Em *Personagens psicopáticos no palco*, Freud (1942/1986d) argumenta que a finalidade do drama exposto nas páginas de uma obra literária ou levado à cena num palco visa despertar o "terror e a comiseração" àqueles que se sentem atraídos pelas suas tramas.

Pois bem, uma possibilidade apontada por mim no início desta exposição, que aqui vai chegando às suas considerações finais, indica Eichmann como alguém que se tornou um psicopata. Por essa indicação, eu poderia ter oferecido descrições clínicas que o caracterizassem como um psicopata ou as razões fundamentadas na sua infância para tal desfecho. Mas o que apresentei foi o destaque para algumas condições socioculturais que revelaram e, por que não dizer, ofereceram os elementos identificatórios para a expressão dos impulsos perversos do homem nazista.

Assim, por meio da consideração das referências biográficas, procurei apresentar um homem que, no encontro de suas características psicológicas com o cenário do Terceiro Reich, tornou-se o viabilizador dos assassinatos em massa.

Freud, no trabalho mencionado há pouco, indica na tragédia de Hamlet uma situação semelhante: "O primeiro desses dramas modernos é Hamlet. Seu tema é a maneira como um homem até então normal torna-se neurótico devido à natureza particular da tarefa com que se defronta, ou seja, um homem em quem uma moção até ali recalcada com êxito esforça-se por se impor" (Freud, 1942/1986d, p. 161).

Assíduo leitor de Shakespeare, Freud não se dedica nesse trabalho ao exame profundo da tragédia de Hamlet, mas oferece, ao propósito do ensaio, três características que identificou na estratégia do escritor para levar o leitor ao seu objetivo.

A primeira delas refere-se à apresentação do herói. Diz Freud: "o herói não é um psicopata, transformando-se em tal apenas no decorrer da ação" (Freud, 1942/1986d, p. 161). O mesmo vimos nos registros biográficos de Eichmann. Ele foi uma criança normal. Não apresentou sinais de qualquer perturbação. No entanto, ao longo de sua vida, os contextos nos quais esteve inserido proporcionaram aquilo que Freud evidencia na segunda característica da obra literária: a mobilização do recalcado.

Uma parcela do recalcado é aquilo que permite a todos, pelo menos à maioria de nós, nos desenvolvermos. A possibilidade da civilização está nesse recalque. No entanto, a teoria psicanalítica nos instruiu sobre a força insistente desse material contido. O recalque, de valor fundamental, sofre com a ação do recalcado sobre a consciência. A linha tênue que se faz entre a mobilização do recalcado, com fins ao desenvolvimento, e a sua expressão de forma bruta com fins à satisfação narcísica revela-se na forma de um território de conflitos intermediado pela castração. O espectador de Hamlet identifica-se com o herói ao mesmo tempo que mergulha nesse território de conflitos.

Freud destaca as várias situações que "aguçam" esse material recalcado. Entre elas está a trama apresentada pelo escritor. O leitor, ou o espectador da apresentação teatral, está diante da contestação desse recalque quando ele é apresentado na trajetória de um personagem "normal", como qualquer um que assiste ao espetáculo. Freud conclui seu raciocínio dizendo que "essas duas características facilitam que nos reconheçamos no herói; somos susceptíveis ao mesmo conflito que ele, pois 'quem não perde a razão em certas circunstâncias não tem nenhuma razão a perder'" (Freud, 1942/1986d, p. 161).

Ainda que errante em seus propósitos profissionais, o jovem Eichmann tinha uma razão a perder, e a perdeu quando encontrou a notoriedade que idealizou desde sua infância. A linha tênue foi atravessada sem o propósito do desenvolvimento civilizatório.

No período de 1937 a 1941, Eichmann recebeu as promoções que lhe deram a visibilidade que os anos anteriores apenas prometiam como "solução" à sua existência obscura. As promoções e a missão recebidas proporcionaram a identificação com o herói que habitava Eichmann, da mesma forma como Freud pensou aquilo que é oferecido ao espectador, ou seja, a identificação com a figura do herói e que dá vazão aos seus fantasmas perversos.

O herói introjetado em Eichmann refere-se à sua tragédia pessoal: não conseguir atender às expectativas do pai como o bem-sucedido filho primogênito; as promoções dentro do Reich não visavam ao Reich, mas à sua ambição particular. E aqui mora a perversão do nazista.

As intenções pré-edípicas de Hamlet se atualizam na identificação com o tio que assassina o irmão e casa com a mãe do príncipe da Dinamarca. Ainda nesse mesmo trabalho, Freud indica uma terceira característica. Diz-nos que a ação perversa não é revelada como tal, está disfarçada na tarefa heroica do personagem. O disfarce permite que o espectador reviva suas intenções perversas sem percebê-las como tal. O antissemitismo, a purificação da raça e a recuperação da "soberania" do povo alemão, expressa na superioridade ariana, foram, inúmeras vezes, apresentadas como "missões" naturais do povo germânico. Posso dizer que a perversão de cada um se identificava com os discursos nazistas. O discurso nacionalista, que tinha grande adesão da população, dissimulava o caráter perverso do extermínio do diferente, até porque, inicialmente, era apenas uma "disfarçada" deportação.

O fenômeno nazista, o regime perverso, mobilizava a todos. Eichmann não foi o único a relatar de forma tranquila e "normal" o genocídio. O julgamento de Nuremberg atestou largamente isso. A população alemã, alheia ao genocídio praticado nos campos de concentração, concordava com a humilhação e a "*Judenrein*".

Roudinesco descreve o fenômeno apontando para o caráter perverso do sistema:

> *O que choca nos depoimentos dos genocidas nazistas é que a pavorosa normalidade de que eles dão prova é efetivamente o sintoma não de uma perversão no sentido clínico do termo (sexual, esquizoide ou outra), mas de uma adesão a um sistema perverso que sintetiza, sozinho, o conjunto de todas as perversões possíveis. (Roudinesco, 2008, p. 20)*

Freud, abordando a estratégia do escritor em viabilizar a identificação com os motivos do herói, enfatiza: "Poupa-se desse modo, sem dúvida, uma certa dose de resistência, tal como a que encontramos no trabalho analítico, onde os retornos do recalcado, por provocarem uma resistência menor, chegam à consciência, ao passo que o próprio recalcado não consegue fazê-lo" (Freud, 1942/1986d, p. 161).

É dessa maneira que a trajetória de Eichmann culmina com o gerenciamento da viabilização do extermínio. O genocídio, igualmente ao assassinato do pai de Hamlet – desejo assumido pelo herói em seus delírios –, configura a psicopatia de Eichmann e Hamlet.

Todavia a sublimação pela arte permite que autor e leitor vivenciem suas perversidades. Mas com Eichmann e a Alemanha foi diferente: eles a tornaram ato. A psicopatia de Eichmann difere da proposta na literatura shakespeariana pela efetivação do genocídio. Não precisamos abandonar Shakespeare, porém, para pensar essa passagem ao ato.

Em um trabalho posterior, *Alguns tipos de caráter encontrados no trabalho psicanalítico*, Freud (1916/1986b) se utiliza de outra obra do dramaturgo inglês para enfatizar o caráter "atraente" dos elementos perversos. No monólogo inicial do futuro rei da Inglaterra, Ricardo III, o dramaturgo apresenta suas imperfeições físicas e quanto a natureza foi injusta com sua existência: "Eu, . . . desprovido de todo encanto pela pérfida natureza; disforme, inacabado, enviado por ela antes do tempo para este mundo dos vivos; terminado pela metade e isso tão imperfeitamente e fora de moda que os cães ladram para mim quando paro perto deles" (Shakespeare, 2010, ato I, cena I).

Enfatiza Freud que esse é o convite para a identificação. O espectador, que invariavelmente se sente injustiçado pela natureza, encontra em Ricardo III um semelhante.

> *Agora, sentimos que nós mesmos poderíamos ficar como Ricardo; que em pequena escala, realmente, já somos como ele. Ricardo é uma enorme ampliação de algo que encontramos em nós mesmos. Todos nós pensamos que temos motivo para repreender a Natureza e o nosso destino por desvantagens congênitas e infantis; todos exigimos reparação por antigos ferimentos ao nosso narcisismo, ao nosso amor-próprio. (Freud, 1916, p. 163)*

Ainda que a fórmula shakespeariana, bem revelada em Hamlet, tenha sua origem no período em que escreve Ricardo III, o que se vê é o convite do escritor à identificação com aquele que se tornará um tirano. Eichmann, por sua vez, não deve nada a Ricardo III e a Hamlet no que diz respeito a se oferecer como objeto de identificação da injustiça. Em Jerusalém, nas entrevistas preliminares ao seu julgamento, ele declara que seus pais

> *não teriam se enchido de alegria com a chegada de seu primogênito se fossem capazes de ver que, na hora de meu nascimento, para provocar o gênio da felicidade, o gênio da infelicidade já estava tecendo os fios de dor e tristeza em minha vida. Porém um véu suave e impenetrável impedia meus pais de enxergar o futuro. (Eichmann, apud Arendt, 1999, p. 39)*

O que devo extrair, inicialmente, dessa trama do último rei dos York, do príncipe da Dinamarca e do Arquiteto da Solução Final são suas habilidades em convencer sua plateia aos seus propósitos. Utilizarem-se de suas deformidades, seus infortúnios, para magnetizar os equivalentes em seu alvo.

Eichmann, motivado pela sua forte necessidade de colocar-se diante do outro como objeto de admiração, começou seus trabalhos com os líderes judeus convencendo-os a dar-lhe informações sobre seus hábitos e costumes, além de argumentar sobre as "vantagens" da deportação. A ânsia pelo reconhecimento, que em nada tem a ver com as propostas nazistas, encontra na posição de membro da SS uma oportunidade. A farda oferecida pelo sistema o coloca diante dos judeus e entregue aos impulsos perversos.

No que se refere à civilização, Roudinesco adverte que a perversão é um fenômeno "político, social, psíquico, trans-histórico, estrutural, presente em todas as sociedades humanas" (Roudinesco, 2008, p. 11). Ou seja, a perversão não está esquecida na origem da civilização. A alteridade é sempre um limite que se tenta transgredir.

O recalque dos impulsos perversos, nas palavras de Roudinesco, garante à "espécie humana a subsistência de seus prazeres e transgressões" (Roudinesco, 2008, p. 11). A psicanalista pergunta: "o que faríamos sem Sade, Mishima, Jean Genet, Pasolini, Hitchcock e muitos outros que nos deram as obras mais refinadas possíveis?". E continua: "que faríamos se não pudéssemos apontar como bodes expiatórios – isto é, perversos – aqueles que aceitam traduzir em estranhas atitudes as tendências inconfessáveis que nos habitam e que recalcamos?" (Roudinesco, 2008, p. 11).

Mas uma coisa é viajarmos em direção ao lado mais obscuro de nós mesmos por meio da literatura, outra é assistirmos aos genocídios e apenas tornarmos seus autores insanos, bodes expiatórios ou até mesmo, como na hipocrisia religiosa, chamá-los de demônio. A perversão de Eichmann, concluo, encontrou no "enredo" nazista a possibilidade de expressão.

Um psicopata? Sim, tornou-se um.

Referências

Arendt, H. (1999). *Eichmann em Jerusalém: um relato sobre a banalidade do mal*. São Paulo: Companhia das Letras.

Cesarani, D. (2006). *Becoming Eichmann: rethinking the life, crime, and trial of a 'desk murderer'*. New York: da Capo Press.

Evans, Richard J. (2010). *A chegada do Terceiro Reich* (Lúcia Brito, Trad.). São Paulo: Planeta.

Ferraz, F. C. (2010). *Perversão* (5a ed.). São Paulo: Casa do Psicólogo.

Freud, S. (1986a). Conferências introdutórias sobre psicanálise. Conferência IX. In S. Freud, *Edição standard brasileira das obras completas de Sigmund Freud* (vol. XIX). Rio de Janeiro: Imago. (Trabalho original publicado em 1915-1916)

Freud, S. (1986b). Alguns tipos de caráter encontrados no trabalho psicanalítico. In S. Freud, *Edição standard brasileira das obras completas de Sigmund Freud* (vol. XIV). Rio de Janeiro: Imago. (Trabalho original publicado em 1916)

Freud, S. (1986c). Uma criança é espancada: uma contribuição ao estudo da origem das perversões. In S. Freud, *Edição standard brasileira das obras completas de Sigmund Freud* (vol. XVII). Rio de Janeiro: Imago. (Trabalho original publicado em 1919)

Freud, S. (1986d). Personagens psicopáticos no palco. In S. Freud, *Edição standard brasileira das obras completas de Sigmund Freud* (vol. VII). Rio de Janeiro: Imago. (Trabalho original publicado em 1942 [1905-1906])

Freud, S. (2011). Psicologia das massas e análise do eu. In S. Freud, *Obras completas* (vol. 15). São Paulo: Companhia das Letras. (Trabalho original publicado em 1921)

Gay, P. (1989). *Freud: uma vida para nosso tempo*. São Paulo: Companhia das Letras.

Gellately, R. & Goldensohn, L. (2006). *Entrevistas de Nuremberg*. Lisboa: Tinta da China.

Klain, W. (2020). *Adolf Eichmann se tornando um psicopata: um estudo psicanalítico*. (Tese de doutorado) Pontifícia Universidade Católica de São Paulo.

Pereira, W. P. (2014). *O julgamento de Nuremberg e o de Eichmann em Jerusalém: o cinema como fonte, prova documental e estratégia pedagógica*. Recuperado de http://www.dhnet.org.br/direitos/anthist/nuremberg/eichmann_nuremberg_israel.pdf.

Schur, M. (1986). *Freud: vida e agonia* (vol. 2). Rio de Janeiro: Imago.

Shakespeare, William. (2010). *Ricardo III* (2a ed.). Rio de Janeiro: Difel (Record).

Stangneth, B. (2015). *Eichmann before Jerusalem: the unexamined life of a mass murderer* (Ruth Martin, Trad.). New York: Vintage Books.

Roudinesco, E. (2008). *A parte obscura de nós mesmos: uma história dos perversos*. Rio de Janeiro: Jorge Zahar.

6. Um Hitler interno em todos nós

Maria Luiza Scrosoppi Persicano

> *É função das humanidades, da história, e mais que tudo, da filosofia, contrabater a objetivação pela reflexão, compensar a adaptação do homem operário a um trabalho finito, pela interrogação do homem crítico sobre sua condição humana em conjunto e pelo canto do homem poético.*
>
> Paul Ricoeur

Introdução

Tikun Olam.[1] *Olam* quer dizer mundo. "Melhorar o mundo", é o que significa esta expressão hebraica, cunhada no século XVI.

Tikun Olam é formado por um tripé de valores e práticas: *tzedaká* (justiça), *chessed* (compaixão) e *shalom* (paz). Na prática, representa o desafio do ser humano de buscar constantemente justiça social,

---

1 *Tikun Olam* é um importante conceito judaico elaborado pelo rabino cabalista Isaac Luria no século XVI.

liberdade, igualdade, paz e o cuidado com tudo que cerca a vida humana, incluindo a natureza e o meio ambiente. Ao mesmo tempo, *Tikun Olam* é o chamado às pessoas para agir; o mais importante é agir.

Agimos como Grupo de Estudos "Psicanálise, Grupos e Instituições" do Departamento Formação em Psicanálise, quando, lá no início da pandemia de covid-19, foi pensado um evento comemorativo aos 100 anos do texto "Psicologia das massas",[2] de Freud. Esse evento[3] foi uma ação graças à circulação do pensar, em que a proposta foi colocar em cena o que seria a diversidade do pensar psicanalítico a respeito da massa humana, dos grupos e instituições, mas não só... Também dos fenômenos sociais em geral e da questão da espécie humana, como cultura e civilização.[4] E compartilharmos juntos como a psicanálise vem contribuindo, partindo de seus estudos a respeito do sujeito humano, para o estudo do coletivo humano, e isto sob diferentes óticas e abordagens psicanalíticas, especialmente nas situações traumáticas recentes vividas pela civilização humana (a pandemia e a guerra).

Minha apresentação[5] naquele evento pretendeu contribuir com essas trocas, e desenvolvo-a neste capítulo, após, em outro escrito, ter

---

2 Freud, S. (1976). Psicologia de grupo e análise do ego. In S. Freud, *Edição standard brasileira das obras psicológicas completas de Sigmund Freud* (vol. XVIII; J. Salomão, Trad.). Rio de Janeiro: Imago. (Trabalho original publicado em 1921)

3 Evento *Psicologia das Massas: um século de pensamento crítico*. Grupo de Estudos "Psicanálise, Grupos e Instituições". Departamento Formação em Psicanálise, Instituto *Sedes Sapientiae*, 18 e 19 jun. 2021. YouTube.

4 Freud, S. (1976). Psicologia de grupo e análise do ego. In S. Freud, *Edição standard brasileira das obras psicológicas completas de Sigmund Freud* (vol. XVIII; J. Salomão, Trad.). Rio de Janeiro: Imago. (Trabalho original publicado em 1921)

5 Persicano, M. L. S. Sonho, arte e violência. O fantasiar primário. Apresentação no evento *Psicologia das Massas: um século de pensamento crítico*. Grupo de Estudos "Psicanálise, Grupos e Instituições". Departamento Formação em Psicanálise do Instituto *Sedes Sapientiae*, 19 jun. 2021. YouTube.

verificado como a teoria psicanalítica da fantasia primária destrutiva conversa com o sonho, com a expressão artística e se apresenta como fantasia somática em manifestação de violência[6,7]. Focarei neste capítulo na manifestação de um "Hitler interno" presente nas sessões individuais do brincar do menino Richard,[8] realizada e descrita por Melanie Klein, e presente em uma sessão de psicanálise de grupo com psicóticos em instituição, que descrevi anteriormente em apresentação num evento.[9]

Esta contribuição tem dois norteadores subjacentes e implícitos: de um lado, o poder da pulsão de destruição, entendida como ação da libido narcísica fusionada à pulsão de morte, seguindo as finalidades de desligamento da pulsão de morte em narcisismo destrutivo,[10] e, de outro, o desenvolvimento do "pensar entre aspas" de Freud – que é a fantasia inconsciente recalcada freudiana – até o "pensar"[11] em Melanie Klein como fantasia inconsciente primária, anterior ao recalque, que constam de trabalho anterior.[12]

---

6 Persicano, M. L. S. (2013). *A imago somatossensitiva na fantasia somática*. São Paulo: Escuta.

7 Persicano, M. L. S. (2022). A fantasia somática como manifestação de violência. In A. K. F. Araujo, T. Somensi, & S. A. Viana (Orgs.), *O pensar hoje. Ataques ao pensamento na atualidade a partir das contribuições de Klein e Bion*. São Paulo: Blucher, 2022.

8 Klein, M. (1994). *Obras completas de Melanie Klein* (vol. 4: Narrativa da análise de uma criança). Rio de Janeiro: Imago. (Trabalho original publicado em 1961)

9 Persicano, M. L. S. (2018). O eu plural: a unidade do nós-aqui-agora. Apresentação no evento *O Eu Plural*, do Departamento Formação em Psicanálise do Instituto *Sedes Sapientiae*, set. 2018.

10 Rosenfeld, H. (1989). Uma abordagem clínica à teoria psicanalítica das pulsões de vida e morte: Uma investigação dos aspectos agressivos [destrutivos] do narcisismo. In E. M. Barros (Org.), *Melanie Klein: Evoluções* (pp. 231-249). São Paulo: Escuta. (Trabalho original publicado em 1971)

11 Freud, S. (2004). Formulações dos dois princípios do acontecer psíquico. In S. Freud, *Obras psicológicas de Sigmund Freud. Escritos sobre a psicologia do inconsciente* (vol. I; L. A. Hanns, Coord. Trad.). Rio de Janeiro: Imago. (Trabalho original publicado em 1911)

12 Persicano, M. L. S. (2013). *A imago somatossensitiva na fantasia somática*. São Paulo: Escuta.

Um Hitler interno em todos nós

Claudia Frank[13] comenta que na exploração do mundo interno das fantasias – onde habitam relações de objeto interno – há a possibilidade de se pensar um Hitler interno dentro de todos nós, bem como descobrirmos o sentido dos impulsos de reparação. Cita um manuscrito não publicado de Melanie Klein em que ela, ao responder à insistência de Joan Rivière para que apresentasse suas reflexões sobre a situação na Europa diante da ameaça de Hitler em 1940, fala a respeito das consequências da possível presença de um objeto interno violento e cruel, vivido em fantasia, e de uma resultante identificação do *self* com a crueldade e a tirania para enfrentar tal objeto, com efeito direto em como enfrentamos a violência externa:

> *Se prevalecer o sentimento de que a guerra no exterior está sendo, de fato, travada no interior – de que no interior um Hitler interno está sendo combatido por um sujeito que assimilou as características de um Hitler, e se torna semelhante a um Hitler –, o resultado será o desespero. Fica, então, impossível lutar nessa guerra, pois isto levaria inevitavelmente à catástrofe no interior. Se houver um equilíbrio maior entre os acontecimentos internos e externos, a guerra interna não domina a situação* e é possível voltar-se com força e determinação contra o inimigo externo. *(Klein, citada por Frank, em artigo na revista alemã, Psyche-Z Psychoanalitic, de 2003).*[14]

---

13 Frank, C. (2019). Melanie Klein (1882-1960): um "gênio feminino" ou um "antigênio"? In *Melanie Klein: autobiografia comentada* (E. V. K. P. Susemihl e P. S. de Souza Junior, Trads.). São Paulo: Blucher.

14 Frank, C. (2019). Melanie Klein (1882-1960): um "gênio feminino" ou um "antigênio"? In *Melanie Klein: autobiografia comentada* (E. V. K. P. Susemihl e P. S. de Souza Junior, Trads.). São Paulo: Blucher. Grifos meus.

Quando li essa frase de Klein no texto de Frank, pensei imediatamente nas identificações, em um Hitler interno numa identificação inconsciente grupal, em que temos a massa, multidão informe, fusionada. De um lado, a identificação inconsciente em lealdade a um líder idealizado, que paralisa e submete o pensar no grupo; de outro, a identificação de todos entre si na massa em um ideal narcísico compartilhado, autorizando a escravidão, a tortura, a guerra e o genocídio em nome da lealdade a princípio percebidos, naquele coletivo, como "elevados" (quaisquer tipos de princípios: religiosos, políticos ou até mesmo científicos), estes constituídos por mecanismos de projeção e identificação projetiva num líder onipotente, que pode ser o Estado ou uma pessoa, líder político ou líder religioso. Em geral, projetamos o nosso Hitler interno nos diferentes, nos grupos humanos externos ao nosso, Hitler esse que precisa ser atacado e eliminado fora de nós, para não nos assustar internamente e, assim, nos destruirmos como grupo. Lembro aqui de uma frase de Hanna Segal:

> *Os grupos são narcisistas, autoidealizadores e paranoicos em relação a outros grupos. Pode-se lidar com o conflito e com a culpa pela agressão, dentro do grupo, através de sua projeção num grupo externo. Na nossa vida particular, temos de lutar com um superego que refreia nossa destrutividade. Se investirmos o superego individual num superego grupal conjunto, poderemos, aparentemente sem culpa, perpetrar horrores que não suportaríamos na nossa existência individual. Penso que o grau de desumanização que encontramos nos grupos com práticas de genocídio, só se poderia ver, no indivíduo, se ele fosse psicótico ou psicopata criminoso. Quando esses mecanismos fogem ao nosso controle, os*

> *grupos, em vez de conterem o funcionamento psicótico, colocam-no em prática, obtendo-se comportamentos tão irracionais como o da guerra e do genocídio.*[15]

Retomo e releio esta última frase de Hanna Segal: quando os grupos colocam em prática o funcionamento psicótico, ou o funcionamento perverso, obtêm-se comportamentos tão irracionais quanto os da guerra, do genocídio, da escravidão, da tortura, da discriminação, e mesmo os semelhantes ao ostracismo grego, o hoje habitual ostracismo laboral[16] e a moda atual do "cancelamento" nas redes sociais, um outro ostracismo atual. A idealização da figura de poder, eivada de lealdade, tem papel fundamental nisso, quer essa seja uma pessoa humana, quer seja uma ideia religiosa ou política, quer um Estado nacional ou globalizado.

Em 1940, Bertrand Russel[17] já afirmava:

> *Nenhuma outra organização desperta algo que se assemelhe à lealdade despertada pelo Estado Nacional. E a atividade principal do Estado é a preparação para o homicídio em larga escala. A lealdade a esta organização*

---

15 Segal, H. (1998). O silêncio é o verdadeiro crime. In H. Segal, *Psicanálise, literatura e guerra: artigos 1972-1995* (cap. 14). Rio de Janeiro: Imago, pp. 157-158. (Trabalho original publicado em 1987)

16 Persicano, M. L. S., & Toledo, R. P. (2021). Grupos on-line com objetos mediadores no atendimento de trabalhadores em situação de ostracismo laboral. Apresentação na mesa-redonda O Corpo nos Grupos Presenciais e On-line. *XV encontro Luso-Brasileiro de Grupanálise e Psicoterapia analítica de Grupo, XIII Congresso Brasileiro de Psicanálise das Configurações Vinculares, XX Congresso Nacional da SPGPAC e XIV jornada da SPAGESP*. São Paulo, 24 out. 2021.

17 Russel, B. (1940). *Power*. Citado em H. Segal (1998), *Psicanálise, literatura e guerra: artigos 1972-1995* (cap. 14). Rio de Janeiro: Imago, pp. 157-158.

> *para a morte é a razão de o homem suportar o Estado totalitário e arriscar a destruição do lar, dos filhos e de toda a civilização.*

Da Psicologia das massas *aos textos pós-Segunda Guerra*

Foi Freud, num período histórico da Primeira Grande Guerra do século XX e da epidemia de gripe espanhola que levara sua filha Sophie, o primeiro a trabalhar para abrir espaço para uma compreensão psicanalítica das massas, apoiado em seu trabalho a respeito da horda primeva,[18] enquanto trabalhava na construção da segunda tópica, provinda da elaboração da metapsicologia, da definição de narcisismo e do reconhecimento a respeito da luta entre pulsão de vida *versus* pulsão de morte. Deixou em aberto que se pensasse psicanaliticamente os grupos, grandes e pequenos, e ainda as instituições e os fenômenos sociais em geral. A partir da Segunda Grande Guerra do mesmo século e durante toda a sua segunda metade isso se efetivou.

Freud já deixara estabelecido em "Psicologia de grupo e análise do ego",[19] "O futuro de uma ilusão"[20] e "Mal-estar na civilização"[21]

---

18 Freud, S. (1974). Totem e tabu. In S. Freud, *Edição standard brasileira das obras psicológicas completas de Sigmund Freud.* (vol. XIII; J. Salomão, Trad.). Rio de Janeiro: Imago. (Trabalho original publicado em (1913 [1912-1913])

19 Freud, S. (1976). Psicologia de grupo e análise do ego. In S. Freud, *Edição standard brasileira das obras psicológicas completas de Sigmund Freud* (vol. XVIII; J. Salomão, Trad.). Rio de Janeiro: Imago, 1976. (Trabalho original publicado em (1921)

20 Freud, S. (1974). O futuro de uma ilusão. In S. Freud, *Edição standard brasileira das obras psicológicas completas de Sigmund Freud* (vol. XXI; J. Salomão, Trad.). Rio de Janeiro: Imago. (Trabalho original publicado em 1927).

21 Freud, S. (1974). Mal-estar na civilização. In S. Freud, *Edição standard brasileira das obras psicológicas completas de Sigmund Freud* (vol. XXI; J. Salomão, Trad.). Rio de Janeiro: Imago. (Trabalho original publicado em (1930[1929])

que o ser humano, em seu desamparo, forma a civilização tanto para combater as forças da natureza como para combater a destruição da espécie humana pela própria espécie.

Em 1921, com "Psicologia de grupo e análise do ego", Freud[22] salienta a importância da libido na identificação, e desta na constituição da cultura e da civilização. Entretanto, será ele próprio que, com palavras demasiado atuais, nos falará em 1930 [1929], nos preâmbulos da Segunda Grande Guerra, no último parágrafo de "Mal-estar na civilização",[23] a respeito dos riscos que cultura e civilização correm, decorrentes da dificuldade humana em dar conta de dominar a pulsão destrutiva da própria espécie:

> *A questão fatídica para a espécie humana parece-me ser saber até que ponto seu desenvolvimento cultural conseguirá dominar a perturbação de sua vida comunal causada pelo instinto humano de agressão e autodestruição. Talvez, precisamente com relação a isso, a época atual mereça um interesse especial. Os homens adquiriram sobre as forças* da natureza um tal controle *que, com sua ajuda, não teriam dificuldades em se exterminarem*

22 Em 1921, com "Psicologia de grupo e análise do ego", apoiado em seu texto "Totem tabu", de 1913 [1912], Freud traz a possibilidade de transformação da massa humana (horda, multidão) em grupos e instituições, em civilização e cultura, como algo só possível graças à força de ligação da libido, via identificação. Ele nos apresenta a identificação como formação intermediária sempre presente na constituição e permanência de grupos e que, além de manter juntos os membros de determinada instituição, constitui e mantém instituição como um todo (Família, Religião, Estado, Exército, Empresa, Universidade). Assim, coloca a identificação e o papel da libido nela, na base da formação e configuração de vínculos interpessoais e institucionais.

23 Freud, S. (1974). "Mal-estar na civilização". In S. Freud, *Edição standard brasileira das obras psicológicas completas de Sigmund Freud* (vol. XXI, J. Salomão, Trad.). Rio de Janeiro: Imago, pp. 170-171, grifos meus. (Trabalho original publicado em 1930[1929])

uns aos outros, até o último homem. Sabem disso, e é daí que provém grande parte da atual inquietação, de sua infelicidade e de sua ansiedade. Agora só nos resta esperar que . . . o eterno Eros desdobre suas forças para se afirmar na luta com seu menos imortal adversário. Mas quem pode prever com que sucesso e com que resultado?

Essa pergunta final foi acrescentada por Freud apenas em 1931, "quando a ameaça de Hitler já começava a se evidenciar" (p. 171).

Quando um grupo assume uma luta, mas essa luta se torna idealizada,[24] a conquista do que estou chamando aqui de "melhor dos mundos", luta quase santa, o grupo acreditando que o mundo será purificado. Então, penso que o "melhorar o mundo" se torna, neste momento, num "não importa nem mesmo a doença e a morte de alguns ou de muitos", pois o grupo que detém a verdade e a pureza terá seu mundo melhorado, não será frustrado em sucesso, alegria e abundância. Assim tornam-se possíveis as revoluções, as guerras, o Estado totalitário, o uso de violência, o derramamento de sangue e o genocídio. Apenas dessa maneira é possível que pessoas anseiem por um Armagedon, em que apenas o mal será eliminado.

A meu ver, o "melhorar o mundo" pode se perverter aí, pois não importa que falte quase tudo a alguns ou muitos, o grupo alicerçado no seu ideal compartilhado que detiver o poder estará protegido e em abundância.

Mas permanece a esperança ainda hoje, embora muitas vezes frustrada, colocada anos antes da Segunda Grande Guerra do século XX eclodir na Europa, por Freud em *O futuro de uma ilusão*, de 1927:

---

24 Segal, H. (1998). O silêncio é o verdadeiro crime. In H. Segal, *Psicanálise, literatura e guerra: artigos 1972-1995*. Rio de Janeiro: Imago. (Trabalho original publicado em 1987)

> *É com essas forças que a natureza se ergue contra nós, majestosa, cruel e inexorável; uma vez mais nos traz à mente nossa fraqueza e desamparo, de que pensávamos ter fugido através do trabalho da civilização.* Uma das poucas impressões gratificantes e exaltantes que a humanidade pode oferecer, ocorre quando, em face de uma catástrofe elementar, esquece as discordâncias de sua civilização, todas as suas dificuldades e animosidades internas, e se lembra da grande tarefa comum de se preservar contra o poder superior da natureza.[25]

O princípio de realidade está presente na ideia de Freud de que formamos grupos para enfrentar e dominar as forças da natureza e que, para isso, devemos vencer as "discordâncias e animosidades" entre os homens. Bion, nos anos de 1952 (1955),[26] 1961[27] e 1970,[28] também tratará disso quando diz que todo grupo tem aspectos de grupo de trabalho sempre que é orientado realisticamente para uma tarefa pela qual se define, mas que, para isso, tem de conseguir conter e modificar fantasias destrutivas e autodestrutivas que são supostos básicos sempre presentes na mentalidade grupal. Coloco aqui em perspectiva uma frase de Elliot Jacques[29] em 1969: "A cooperação

---

25 Freud, S. (1974). O futuro de uma ilusão. In S. Freud, *Edição standard brasileira das obras psicológicas completas de Sigmund Freud* (vol. XXI; J. Salomão, Trad.). Rio de Janeiro: Imago, p. 27, grifos meus. (Trabalho original publicado em 1927)

26 Bion, W. R. (1969). Dinâmica de grupo: uma revisão. In M. Klein, P. Heimann, & R. E. Money-Kyrle, *Temas de psicanálise aplicada* (cap. 7; Á. Cabral, Trad.). Rio de Janeiro: Zahar. (Trabalho original publicado em 1952)

27 Bion, W. R. (1975). *Experiências com grupos: os fundamentos da psicoterapia de grupo*. (W. I. de Oliveira, Trad.; 2a ed.). Rio de Janeiro: Imago. (Trabalho original publicado em 1961)

28 Bion, W. R. (2007). O místico e o grupo. In *Atenção e interpretação*. (cap.6; César Sandler, Trad.). Rio de Janeiro: Imago. (Trabalho original publicado em 1970)

29 Jaques, E. (1969). Os sistemas sociais como defesa contra a ansiedade persecutória e depressiva. In M. Klein, P. Heimann, & R. E. Money-Kyrle, *Temas de*

social no nível da realidade pode, assim, facilitar uma redistribuição dos maus impulsos e objetos nas relações de fantasia reinantes entre os membros da sociedade".

Após a Segunda Guerra Mundial, os analistas começavam a trabalhar com grupos, ao mesmo tempo que ampliavam sua experiência com a psicose,[30] e são dessa época os trabalhos pioneiros de Foulkes, em 1948[31] e 1957,[32] a respeito da grupo-análise, sendo o primeiro a criar e a utilizar esse método em grupos com finalidade psicoterápica psicanalítica.

Em função dessas duas novas tendências - grupos e psicoses -, nessa mesma época foram também publicados artigos e livros a respeito da guerra e do fascismo, como os de Glover[33] em 1947, Fornari[34,35] em 1964 e 1966, e Money Kyrle[36] em 1968. Por outro

---

psicanálise aplicada (cap. 8; Á. Cabral, Trad.). Rio de Janeiro: Zahar, p. 214. (Trabalho original publicado em 1955)

30 Segal, H. (1998). De Hiroshima à Guerra do Golfo e depois: expressões sociopolíticas de ambivalência. In H. Segal, *Psicanálise, Literatura e Guerra: artigos 1972-1995* (cap.14). Rio de Janeiro: Imago. (Trabalho original publicado em 1997)

31 Foulkes, S. H. (1948). *Introduction to group-analytic psychotherapy*. London Heinemann Medical Books.

32 Foulkes, S. H. (1981). *Psicoterapia grupo-analítica: método y principios* (Marcos Galmarini, Trad.). Barcelona: Gedisa. (Trabalho original publicado em 1957)

33 Glover, E. (1947). *War, sadism, and pacifism: further essays on group psychology and war*. Hugh Paton & Sons. Citado em H. Segal (1997), De Hiroshima à Guerra do Golfo e depois: expressões sociopolíticas de ambivalência. In H. Segal (1998), *Psicanálise, Literatura e Guerra: artigos 1972-1995* (cap. 14). Rio de Janeiro: Imago.

34 Fornari, F. (2007). *La psychanalyse de la situation atomique*. Gallimard. Citado em F. Guignard, Psychose e Mentalité de groupe: deux limites à capacité de penser. In *Actualité de la pensée de Bion*. Paris: Éditions in Press. (Trabalho original publicado em 1964)

35 Fornari, F. (1998). *Psychoanalysis and war*. University of Indiana Press. Citado em H. Segal (1997), De Hiroshima à Guerra do Golfo e depois: expressões sociopolíticas de ambivalência. In H. Segal, *Psicanálise, literatura e guerra: artigos 1972-1995* (cap. 14). Rio de Janeiro: Imago. (Trabalho original publicado em 1966)

36 Money-Kyrle, R. (1998). Cognitive development. *International Journal of Psychoanalysis, 49*, 691-698. Citado em H. Segal (1997), De Hiroshima à Guerra do

lado, Bion[37,38,39] nos anos de 1955, 1961 e 1970, Elliot Jacques[40] em 1955, Fornari[41] em 1973, Meltzer[42] em 1976, Hanna Segal[43] em 1997, trabalharam para compreender o funcionamento social humano à luz da psicanálise, tentando estabelecer redes de ligação entre as descobertas da psicanálise no individual para explicar o grupal. Já Elliot Jacques[44] encontra as angústias e fantasias mais arcaicas, persecutórias e depressivas, nos grupos.

Apesar de Melanie Klein ter desencorajado Bion a continuar investigando os aspectos psicanalíticos dos grupos, Bion deixou

---

Golfo e depois: expressões sociopolíticas de ambivalência. In H. Segal, *Psicanálise, Literatura e Guerra: artigos 1972-1995* (cap. 14). Rio de Janeiro: Imago. (Trabalho original publicado em 1968)

37 Bion, W. R. (1969). Dinâmica de grupo: uma revisão. In M. Klein, P. Heimann, & R. E. Money-Kyrle (1955), *Temas de psicanálise aplicada* (cap. 7; Á. Cabral, Trad.). Rio de Janeiro: Zahar. (Trabalho original publicado em 1955)

38 Bion, W. R. (1975). *Experiências com grupos: os fundamentos da psicoterapia de grupo* (W. I. de Oliveira, Trad., 2a ed.). Rio de Janeiro: Imago. (Trabalho original publicado em 1961).

39 Bion, W. R. (2007). O místico e o grupo. In *Atenção e interpretação* (cap. 6; P. C. Sandler, Trad.). Rio de Janeiro: Imago. (Trabalho original publicado em 1970).

40 Jaques, E. (1969). Os sistemas sociais como defesa contra a ansiedade persecutória e depressiva. In M. Klein, P. Heimann, & R. E. Money-Kyrle (1955), *Temas de psicanálise aplicada* (cap.8; Á. Cabral, Trad.). Rio de Janeiro: Zahar. (Trabalho original publicado em 1955)

41 Fornari, F. (1989). Por uma psicanálise das instituições. In R. Kaes, et al., *A instituição e as instituições: estudos psicanalíticos*. São Paulo: Casa do Psicólogo. (Trabalho original publicado em 1973)

42 Meltzer, D. (2007). *Un modèle psychanalitique. L'enfant-dans-sa-famille-dans-sa--communaité* (D. Alcorn, Trad.). Du CPGF, 2004. Citado por F. Guignard, Psychose e mentalité de groupe: deux limites à capacité de penser. In *Actualité de la pensée de Bion*. Paris: Éditions in Press. (Trabalho original publicado em 1976)

43 Segal, H. (1998). De Hiroshima *à* Guerra do Golfo e depois: expressões sociopolíticas de ambivalência. In H. Segal, *Psicanálise, literatura e guerra: artigos 1972-1995* (cap. 14). Rio de Janeiro: Imago. (Trabalho original publicado em 1997).

44 Jaques, E. (1955). Os sistemas sociais como defesa contra a ansiedade persecutória e depressiva. In M. Klein, P. Heimann, & R. E. Money-Kyrle (1955), *Temas de psicanálise aplicada* (cap. 8; Á. Cabral. Trad.). Rio de Janeiro: Zahar.

texto fundamental[45,46] para se pensar em mentalidade grupal, ou seja, a atividade mental coletiva que se produz quando as pessoas se reúnem em grupos. O grupo como a manifestação de uma mentalidade grupal e não como uma mera manifestação de psiquismos individuais em grupo. Estabeleceu fundamentos psicanalíticos para explicar o funcionamento dos grupos, em supostos básicos inconscientes e como esses podem impedir a atividade de trabalho proposta por um grupo.

Passarei por sobre todos os trabalhos a respeito de grupos e instituições que a psicanálise argentina e francesa vem desenvolvendo a partir de 1970, além dos trabalhos ingleses, italianos e portugueses no tocante a grandes grupos, para aqui focar na questão da fantasia inconsciente kleiniana e sua importância, a meu ver, na presença de um Hitler interno, para o entendimento dos fenômenos sociais e para o trabalho com grupos e instituições.

O Hitler interno e a saída pela expressão artística e pelo brincar: fragmentos da análise de Richard

Melanie Klein, em 1941, estando a Inglaterra sob bombardeio alemão, pôde encontrar e trabalhar o Hitler interno na análise de Richard,[47] menino de 10 anos que foi atendido por ela na pequena cidade de Pitlochry, no País de Gales. Iniciarei estabelecendo um paralelo

45 Bion W. R. (1969). Dinâmica de grupo: uma revisão. In M. Klein, P. Heimann, & R. E. Money-Kyrle (1955), *Temas de psicanálise aplicada* (cap.7; *Á. Cabral, Trad.)*. Rio de Janeiro: Zahar. (Trabalho original publicado em 1955)

46 Bion W. R (1975). *Experiências com grupos: os fundamentos da psicoterapia de grupo* (W. I. de Oliveira, Trad.; 2a ed.). Rio de Janeiro: Imago. (Trabalho original publicado em 1961)

47 Klein, M. (1994). *Obras completas de Melanie Klein* (vol. 4: Narrativa da análise de uma criança). Rio de Janeiro: Imago. (Trabalho original publicado em 1961)

entre o Hitler interno das sessões de Klein e Richard com o Hitler interno, presente e alucinado, em uma sessão de psicanálise grupal com psicóticos[48] que realizei nos anos 1990.[49]

A análise de Richard foi curta, de tempo delimitado e fixado em quatro meses, mas num total de 93 sessões. Surgia reiteradamente nas sessões o personagem Hitler persecutório, sendo trazido por Richard. Nos conta Klein:

> *[Richard conta que] tinha medo dos meninos que encontrava na rua e de sair sozinho, e esse medo estava piorando cada vez mais, fazendo-o odiar a escola. Também pensava muito sobre a guerra. Claro que sabia que os aliados iriam vencer e não estava preocupado, mas não era horrível o que Hitler fazia com as pessoas, especialmente as coisas terríveis que ele fez com os poloneses? Será que tinha a intenção de fazer o mesmo aqui? Mas ele, Richard, tinha certeza de que Hitler seria derrotado... Mrs. K. era austríaca, não era? [Mrs. Klein, era o nome pelo qual Richard chamava Melanie Klein.] Hitler foi horrível com os austríacos, embora ele mesmo fosse austríaco... Richard também contou sobre uma bomba que tinha caído perto do jardim de sua outra casa [sua casa fora bombardeada depois que ele partira com a mãe*

48 Persicano, M. L. S. (2018). O eu plural. A unidade do nós-aqui-agora. Artigo não publicado, apresentado no evento *O Eu Plural*, realizado no Departamento Formação em Psicanálise do Instituto *Sedes Sapientiae* em 2018.

49 Em um antigo hospital aberto, um hospital-dia, em coterapia com a saudosa amiga e colega Ângela Di Munno Arruda, que foi membro convidado, desde a formação e o início do Grupo de Estudos "Psicanálise, Grupos e Instituições" da Comissão de Projeto e Pesquisa (Departamento Formação em Psicanálise, Instituto *Sedes Sapientiae*), durante o período de março de 2019 a março de 2022.

> *para Pitlochry]. A pobre da cozinheira havia ficado em casa completamente sozinha... a pobre cozinheira devia ter ficado aterrorizada; foi dormir no vizinho. Richard achava que os canários em suas gaiolas deviam ter ficado abalados e muito assustados... Falou novamente do tratamento cruel que Hitler dispensava aos países conquistados... frequentemente punha-se a imaginar como ele [Richard] era por dentro, e como seriam as outras pessoas por dentro [refere-se à circulação do sangue].*[50]

Pode-se notar o temor do Hitler externo, que realisticamente causa angústia em Richard, mas também já aparece a fantasia persecutória de um Hitler interno nele, ameaçando Mrs. Klein (mãe/cozinheira) e as crianças dela (canários), bem como o próprio Richard. O terror maior é o Hitler interno, este um Richard identificado com a destrutividade do Hitler real e dos nazistas. Aí a angústia persecutória o paralisava, sem ação para poder se sentir internamente seguro e capaz de ser protegido das forças perigosas externas. Para isso precisava de Melanie Klein também; para isso usava a fantasia de defesa onipotente e maníaca que negava o perigo: "Claro que sabia que os aliados iriam vencer".

Na segunda sessão, traz mais fantasias persecutórias:

> *[Richard diz que] temia que pudesse acontecer uma colisão entre o Sol e a Terra, e que o Sol queimasse a Terra; Júpiter e os outros planetas seriam pulverizados; e a Terra, único planeta habitado por pessoas vivas,*

50 Klein, M. (1994). *Obras completas de Melanie Klein* (vol. 4: Narrativa da análise de uma criança). Rio de Janeiro: Imago, pp. 23-24. (Trabalho original publicado em 1961)

> *era tão importante e preciosa!... Comentou como era horrível o que Hitler fazia ao mundo, toda a desgraça que causava. Achava que Hitler estaria em seus aposentos provavelmente se vangloriando do sofrimento dos outros. E se deleitaria em mandar açoitar as pessoas...*[51]

Na 65ª sessão:

> *[Richard desenhava e] tinha dito que a vitória maior era dele; mas, representando um Hitler pelo passo de ganso no desenho, expressava que Hitler havia vencido a vitória maior e controlava-o a partir de seu interior.*[52]

Na 84ª sessão, Richard brinca com o molho de chaves de Klein, fazendo uma espécie de dança bonita entre elas, ao mesmo tempo que canta uma melodia agradável, às vezes modificada para brados fazendo caretas. Ele já havia se referido anteriormente a essas suas caretas, dizendo que o faziam parecer Hitler. E surgem associações espontâneas com meninos "insolentes" na rua.

Klein mostra que seriam ele e ela – ele e sua mãe – dançando juntos. As "caretas de Hitler" que Richard fazia mostravam que ele se sentia cheio do pai mau (Hitler) e da sua própria destrutividade, que perturbariam a relação dele com Mrs. Klein e com sua mãe. Klein interpretou que estava usando seu Hitler mau interno para atacar o Hitler mau externo, representado pelo menino insolente, mas ele sentia que seu Hitler mau interno e o Hitler no interior de Mrs. Klein

> *iria[m] interferir e atacá-los, atrapalhando a dança bonita e o amor que nutriam um pelo outro. Seu maior*

51 Idem, p. 27.

52 Idem, pp. 319-320.

> *medo era não poder controlar seu próprio ódio e raiva, o que o deixava deprimido e ansioso.*[53]

A saída pela psicose: fragmentos de uma sessão grupoanalítica com psicóticos[54]

Fantasias semelhantes surgem numa análise grupal, que teve duração de aproximadamente dois anos, duas vezes por semana, com pacientes psicóticos, em internação semiaberta. Uma situação institucional de mudanças aceleradas no reescalonamento da equipe pelas tarefas do hospital – que redistribuiria o grupo de pacientes e remanejaria as analistas – teve impacto numa penúltima sessão de grupo, configurando uma fantasia grupal delirante que rompia com a realidade, retirando seus interesses do emergente institucional e da crise no grupo naquele momento, para reconstruir, paranoicamente, em delírio, um outro mundo para poder viver nele. O grupo se torna, então, uma mentalidade paranoide, habitado por tiranos e suas vítimas, tendo de se haver ora com o que era percebido como um Hitler externo ameaçador da unidade do grupo, ora com um Hitler interno destruidor no grupo, ora como um Hitler-Nero virado santo, salvador do grupo.

Nos inícios dessa sessão, o paciente 1 traz que: "*os judeus que se salvaram . . . foram para Israel. Judeus . . . escaparam de Treblinka ao porem fogo no depósito de munições [sic]*" e em seguida o paciente 2 responde, olhando para o paciente 1, que "*Judas traiu Cristo por dinheiro*".

---

53 Idem, p. 419.

54 Era um grupo aberto de psicóticos internados em hospital-dia, que foi atendido duas vezes por semana, em sessões de uma hora e meia, durante quatro anos consecutivos.

Em outro fragmento, o paciente 2 retorna dizendo: "*Júpiter vomitava os filhos*", e o paciente 3 diz, em seguida, que "*Pedro negou Jesus três vezes*".

Num terceiro fragmento dessa sessão, o paciente 2 afirma: "*Nero tocou fogo para todos morrerem queimados, em vez de dar dinheiro para o povo*", e o paciente 3 completa a frase com "*matou a mãe*".

Nesse momento da sessão o grupo se angustia, questionando-se se está preparado para se garantir e cuidar para não ser sacrificado como os judeus e como Jesus. A sessão prossegue, o grupo se questionando se a instituição, os governantes, a direção da instituição, as analistas, enfim, se o pai e a mãe internos também estão preparados. A angústia persecutória diz que eles são perigosos, matam e queimam. A defesa será o delírio religioso, a idealização, um Nero que vira santo e figura de luz. Até conseguirem, então, se aproximar mais de um Hitler interno e outro externo, mas ainda submetidos a fantasias destrutivas, na autodestruição pela psicose ou na identificação com o tirano para a destruição do outro, visto como um Hitler externo. É o que conta o fragmento final aqui reproduzido, esclarecendo antes que o paciente 4 era um jovem esquizofrênico, simpatizante nazista, que em seus delírios se dizia nazista em vários momentos de diversas sessões, expressando que seu ídolo era Hitler, a quem dizia querer poder se assemelhar.

Enquanto os pacientes 1, 2 e 3 falam, o paciente 4 pega uma folha em branco e desenha duas suásticas: uma sinistrogira e outra dextrogira, enquanto o paciente 5 olha atentamente. Então diz o paciente 4: "*A suástica de cima que gira para cá [esquerda] sou eu. A figura que gira para lá [direita] é o nazismo. A suástica de cima que gira para cá [esquerda] é a gente. Ficamo louco ou matamo todos [sic]*".

Os outros pacientes, num total de onze, olham parecendo surpresos e admirados.

O interessante é que, no ocultismo, a suástica sinistrogira representa o bem e a suástica dextrogira representa o mal.

O paciente 4, com a frase "*Ficamo louco ou matamo todos [sic]*", coloca a si próprio e ao grupo todo como aqueles que estão do lado do bem, e então ficar louco e a loucura são a única saída para aqueles que estão no lado do bem, como uma alternativa ao mal que seria matar todo mundo. E frente a tudo o que ameaça a existência do grupo na instituição, a única saída do bem é o ficar e permanecer louco.

O paciente 5 confirma em seguida: "*Plutão é fogo. Marte é água. Eu morri. Me mataram. Eu matei meu cunhado. Me mataram. Atiraram em mim com uma espingarda. Atiraram em mim na esquina. Plutão é fogo. Marte é água. Não me dão comida. Eu sou o Robocop*".

Nesses fragmentos, na mentalidade desse grupo, estão as suposições básicas descritas por Bion,[55] principalmente em suposto básico de luta e fuga.

Fantasias primárias destrutivas e a saída em direção ao simbólico

Tanto nas sessões da criança como nas do grupo de adultos psicóticos, nota-se claramente que apenas é possível combater as forças destrutivas externas se se aceitar e neutralizar, via simbolização, o próprio tirano Hitler interno, sem ter de onipotentemente negá-lo ou afirmá-lo, identificando-se com ele. Ora temos o ataque em fantasias de forças de destruição internas e onipotentes, projetadas em um líder idealizado em seu poder de ofertar terror ao ego e ao grupo, com o

55 Bion, W. R. (1975). *Experiências com grupos: os fundamentos da psicoterapia de grupo* (W. I. de Oliveira, Trad.; 2a ed.). Rio de Janeiro: Imago. (Trabalho original publicado em 1961)

qual os pacientes às vezes se identificam, ora fantasias onipotentes e salvadoras, projetadas em um líder-ego narcísico onipotente para se opor e dar conta daquele primeiro. A negação da própria pulsão destrutiva e a idealização da própria bondade caracterizam ambas as condições. Um domínio do narcisismo destrutivo.

O que se percebe é a fantasia primária da presença de um Hitler interno sendo encenada nos dois casos, por meio do brincar ou do delírio, ambos com alto grau de simbolização. O brincar de Richard é simbólico por excelência, personificando os impulsos pulsionais mais arcaicos de amor e ódio. Faz isto também por meio de seus desenhos, de sua arte infantil. E o delírio é uma restituição em que se reconstrói a realidade, em equação simbólica, que estava ajudando-os a enfrentar a realidade que era vivida como violência institucional, mas que não podiam nomear. Para tanto e para poder enfrentá-la teriam de reconhecer neles mesmos, enquanto grupo, o Hitler ali encarnado a combater as possibilidades de vida e saúde mental, sem precisar recorrer à imagem delirante de um santo ou salvador.

Concluindo, incluirei aqui, rapidamente, a fantasia somática e a imago somatossensitiva, conceitos desenvolvidos em outro trabalho.[56] As fantasias primárias destrutivas são *fantasias somáticas* e são as que precisam se transformar e alcançar o nível do simbólico. Sobretudo as que então defini como *fantasias somatossensitivas*. É o que a criança está exercitando ao brincar, o que nossos sonhos noturnos e devaneios diurnos realizam, o que a apreensão estética e a expressão artística revelam. Esse processo em direção ao simbólico é realizado pela fantasia reparadora, presente em Richard, que brinca e desenha (sua arte). No entanto, o grupo de psicóticos tem muita dificuldade em estabelecer essa fantasia, e o grupo fica mais delirante ao ter de se defender de condições institucionais e intersubjetivas, oscilando entre a perseguição e a idealização onipotente. A identificação com

56 Persicano, M. L. S. (2013). *A imago somatossensitiva na fantasia somática*. São Paulo: Escuta.

Hitler, para não se identificar com a vítima, era a saída. Aqui falha a simbolização, mas ainda há algo de simbólico na construção delirante que reconstrói a realidade indesejada e abandonada.

A palavra hebraica *tikun* vem do verbo *letaken*, que significa consertar ou reparar. Reparar foi, no século XX, uma expressão muito cara e fundamental na obra da psicanalista Melanie Klein, mulher, judia e sem formação universitária. *Tikun Olam*, reparar o mundo, que foi danificado por nós. Bem diferente de melhorar o mundo.

A reparação[57,58,59] é o elemento mais forte dos impulsos libidinais construtivos e criativos, que constituem a fantasia reparadora, ou seja, a fantasia de consertar, corrigir, enfim, reparar os efeitos das fantasias sádicas e destrutivas, particularmente após episódios de manifestações de violência e crueldade. Para o pensamento kleiniano a fantasia reparadora é o alcance desses ao simbólico por excelência.

Essa é uma teoria do fantasiar mais ampla, que, além de abarcar o brincar, o devanear e o sonhar, abarcará os primórdios da criação artística e do pensar.[60] O que subjaz a eles são fantasias de reparação, calcadas em fantasias primárias destrutivas que demandaram simbolização e caminharam em direção a ela.

Ao contrário, na manifestação de episódios de violência e crueldade, entendo que temos a encenação de fantasias somáticas vividas fora do próprio corpo, fazendo o outro viver literalmente na carne estas fantasias de que o sujeito quer se defender de vir a encenar em

---

57 Spillius, E. B. et al. (2011). *The new dictionary of Kleinian thought*. London: Routledge.

58 Hinshelwood, R. D. (1992). *Dicionário do pensamento kleiniano* (J. O. de A. Abreu, Trad.). Porto Alegre: Artes Médicas.

59 Klein, M. (1996). O desenvolvimento inicial da consciência na criança. In M. Klein, *Obras completas de Melanie Klein* (vol. I: Amor, culpa e reparação e outros trabalhos *(1921-1945)*, cap. 15; André Cardoso, Trad.). Rio de Janeiro: Imago. (Trabalho original publicado em 1933)

60 Segal, H. (1993). Sonho, fantasia e arte. (André Cardoso, Trad.). Rio de Janeiro: Imago. (Trabalho original publicado em 1964)

seu próprio corpo, adoecendo. Sem símbolo, sem equação delirante. Apenas encenação. Fantasia somática encenada no corpo do outro, não reconhecido como alteridade. Uma ação muscular exercida no corpo alheio, após uma projeção em que o outro foi demonizado. É fantasia somática expressa nos danos e sofrimentos impostos ao corpo do outro, via musculatura estriada. É ação muscular agindo na carne do outro com toda a crueldade que se quer evitar ver em si mesmo ou vir a exercer sobre si. Não é necessário pensar.

7. A atualidade de Freud e a transgeracionalidade do povo brasileiro

Lazslo Antonio Ávila

Flor amorosa de três raças tristes.

O. Bilac, sobre o Brasil

Penso que a melhor maneira de homenagearmos Sigmund Freud seja pensarmos criativamente a partir dele. Não o seguirmos, não o imitarmos, não o incorporarmos enquanto ídolo, não fazermos culto de sua personalidade, menos ainda o endeusar. Devemos adotar dele a honestidade intelectual, a coragem de pensar, a busca incessante pela verdade singular que podia emergir do seu encontro com seus analisandos, seus conhecimentos e sua paixão pela literatura, pela arte, pela mitologia, pela ciência e pelo progresso civilizatório. Devemos, seguindo a sugestão de Oswald de Andrade, praticar a antropofagia. Devorar Freud, para incorporar suas qualidades, sua originalidade. Convertê-lo em nosso.

Muitas vezes ouvimos clamores de que devemos criar uma psicanálise brasileira, uma psicanálise latino-americana, uma psicanálise descentrada, um saber da periferia. Isso não consiste em negar a grande tradição científica e literária do Ocidente, ou descartar as magníficas conquistas de sua civilização. Não. Devemos receber essa grande herança, mas precisamos fazer a crítica do que veio junto com esses benefícios, o que mais significou para nós, nações subalternas, recebermos primeiro a pesada colonização e hoje a hegemonia econômica e cultural e as novas formas de domínio e da exploração.

Precisamos, antes de fazer uma psicanálise brasileira, buscar compreender o que é o brasileiro, quem somos nós enquanto nação, enquanto povo. Qual é a "alma coletiva" que nos habita?

Imagine seis pessoas, imagine que são uma geradora da outra, pai ou mãe uma da outra que lhe segue. Ao longo de 25 anos se dá uma geração, em termos sociológicos. Verificamos assim que seis pessoas, uma em sequência da outra, equivalem a seis gerações, ou seja, 150 anos. Isso nos remete diretamente de 2021 para o ano de 1870. O que era o Brasil em 1870? Estávamos em plena escravatura, só abolida dezoito anos depois; cada família brasileira, se fosse descendente de europeus com certeza teria escravos; já se fosse descendente de africanos seria alguém submetido como escravo. Simultaneamente, o Brasil vivia a exclusão violenta de sua população indígena. Em 1500, o Brasil tinha um número estimado entre 5 e 8 milhões de pessoas pertencentes aos povos originários. Isso significa que desde 1500 aconteceu um grande morticínio dessas populações, pois, ao chegar 1950, os indígenas brasileiros contavam apenas 200 mil pessoas. Ao longo de cinco séculos aconteceu uma sistemática destruição, física e cultural, dos povos originários brasileiros. Constatamos que o europeu, ou seja, o branco, português principalmente, até o final do século XIX foi submetendo e explorando os indígenas brasileiros e os africanos escravizados, enquanto impunha o seu sistema econômico e social. Os historiadores estimam que, enquanto durou o tráfico negreiro, aportaram no Brasil pelo menos 6 milhões de africanos.

Os brancos conviviam com os negros e indígenas, porém, na forma de uma absoluta dominação, fosse escravizando, fosse aniquilando, fosse incorporando às posições sociais mais subalternas. Em 1870, apenas seis gerações atrás de nós, as relações sociais brasileiras eram de dominação e de submetimento, de escravização e de perseguição, de exclusão e de abuso. É preciso compreendermos que o brasileiro hoje é o herdeiro dessa época, é o herdeiro desse sistema de opressão. Há meros 120 anos, ou éramos senhores, ou éramos escravos, ou éramos indígenas, sendo forçadamente submetidos. Verificamos que esta sociedade atual, tão dividida e tão inimizada, tão hostil e nada cordial, é uma sociedade que herdou muito sofrimento, muitas tragédias, muita luta, muitas mortes desde os primórdios de sua formação.

Costumamos pensar que somos um país jovem, de apenas quinhentos anos. Não, podemos dizer que somos uma nação de pouco mais de duzentos anos. O Brasil foi, entre 1500 e 1808 quando aqui aportaram D. João VI e sua corte, fugindo de Napoleão, apenas um gigantesco entreposto comercial para a exploração dos produtos da terra, vegetais e minerais. Dividindo o território em capitanias hereditárias, Portugal estabeleceu fortes para a proteção militar e garantia da soberania contra os interesses coloniais de outras nações europeias, como a França e a Holanda, que aqui também buscavam se estabelecer. Os portugueses souberam utilizar habilmente os diferentes grupos de povos originários, valendo-se de suas inimizades tribais para lançar uns contra os outros, e se aliando a alguns dentre esses povos para lançá-los contra os invasores franceses ou holandeses. Junto com a disseminação das doenças que os europeus traziam, e contra as quais os indígenas não tinham imunidade, essas guerras levaram a enorme morticínio e fragmentação dos grupos e aldeias. As contínuas invasões de território (as "bandeiras") eram conseguidas com expulsões e massacres. Tentou-se também escravizar indígenas, mas o processo não foi bem-sucedido, e os portugueses decidiram manter o que já praticavam em outros locais: trazer escravizados os povos africanos que conquistavam ou que compravam devido às guerras tribais que ali também ocorriam. O Brasil então só pode ser reconhecido minimamente como nação a partir da chegada da corte portuguesa. Foi só a partir de 1808 que se criou a primeira biblioteca, se abriram as primeiras escolas e hospitais e se procedeu à criação das primeiras bases de urbanização e institucionalização.

Para melhor compreender o que era o Brasil nesse momento, vamos recorrer a uma fonte histórica, de um homem de alma e talentos artísticos inegáveis, mas também um minucioso documentarista do que encontrou e viveu ao longo dos dezesseis anos em que esteve nas terras brasileiras: o francês Jean-Baptiste Debret. Já artista e retratista famoso em Paris, Debret aportou no Brasil em 26 de janeiro de 1816, a convite de D. João VI. Morou junto à corte durante os reinados de D. João VI e D. Pedro I e foi um dos fundadores da Academia de Belas Artes. Após anos na corte no Rio de Janeiro, e depois de algumas viagens pelo interior retratando os costumes da vida cotidiana tanto dos portugueses como dos indígenas e dos negros escravos, Debret retorna para a França e publica o livro em três volumes, com texto e desenhos, intitulado *Voyage pittoresque et historique au Brésil* (1834-1839/1954). Ao buscar retratar o caráter do brasileiro, Debret escreve:

> *O brasileiro, geralmente bom, é dotado de uma vivacidade que se vislumbra nos seus olhos pretos e expressivos, feliz disposição natural que ele aplica com êxito no cultivo das ciências e das artes . . . Suas faculdades naturais declinam na proporção da menor altitude em que habita. Mais fraco, então, e conservando apenas a vivacidade do espírito brasileiro, nos outros unida à força, não passa de um homem fértil em projetos, subjugado pelos seus desejos, que se sucedem demasiado rapidamente e cuja execução ele abandona por completo,*

> *julgando-a frivolamente penosa ou aborrecida... Aliás, gosta bastante do repouso, principalmente durante as horas quentes do dia. (Debret, 1954, p. 109)*

Mesmo descontando-se os vieses causados por sua condição de francês do início do século XIX, mantido pela Coroa portuguesa, ainda assim é notável a caracterização do homem branco que formava a classe dominante nos tempos do Brasil colonial. Debret descreve um senhor de terras e escravos indolente e libidinoso, que passava os dias na rede, explorava e castigava cruelmente seus escravos e mantinha com os nativos do Brasil uma atitude ou de curiosidade ou de desdém, quando não de aberta hostilidade. Tornava-se pai de numerosa prole, filhos brancos legítimos e um grande número de filhos bastardos, mestiços. Adotava a cultura europeia, mas a adaptava aos recursos dos trópicos.

Ao mesmo tempo, financiadas pelos proprietários e ricos comerciantes, as "bandeiras" penetravam o interior do Brasil para explorar as minas, ocupar o território e disseminar dissensão e doenças entre os povos indígenas. Os índios que se aproximavam da capital eram acolhidos, desde que devidamente "domesticados". Objeto de curiosidade, seus hábitos, costumes, vestimentas, armas e objetos rituais foram retratados pelo artista, que assim preservou muitas informações preciosas sobre nossos povos originários, numa aparente proximidade de "boa vizinhança" e respeito pela diferença. Logo os indígenas viriam a compreender que o Brasil já não era mais deles.

Entre 1808 e 1889 vivemos a passagem do Reino para Império, com a entronização de D. Pedro I, sua sucessão por um triunvirato e o longo reinado, mais progressista, de D. Pedro II. A situação dos negros e dos indígenas não muda substancialmente nesse período, apenas que morrem muitos deles durante as guerras, como a do Paraguai, na qual a tropa de soldados rasos era principalmente constituída de escravos forçados a se alistarem.

Após oito décadas da chegada da corte vem a República, o fim da escravização dos africanos e o ingresso em alguns parâmetros de modernidade. A industrialização se inicia nas primeiras décadas do século XX e aí aportam no Brasil os imigrantes, japoneses, alemães, italianos, árabes, judeus e outros povos, quase todos fugindo da pobreza e da fome em seus países de origem. Até 1950 o Brasil permanece basicamente um país rural, com poucos focos de industrialização e desenvolvimento urbano. Então, ao final dessa década, ocorre o que tem sido considerado o maior êxodo rural do mundo. De 80% de sua população vivendo e habitando no campo, em apenas 25 anos (uma geração), o Brasil passa a ser um país habitado majoritariamente por população urbana. Hoje, vivem nas cidades 85% dos brasileiros. Esses "novos brancos" que são os imigrantes em pouco tempo se integram às classes mais favorecidas de brasileiros, e hoje é óbvia a situação socioeconômica em que vivem os descendentes de africanos e de indígenas que foram aculturados ao longo desses séculos.

Nos reflexos que atingiram e atingem a infância, os diversos capítulos da obra *História da criança no Brasil* (Priore, 2010) retratam as múltiplas facetas do processo de invasão e colonização de nosso país e como se organizavam as relações entre os senhores brancos e os escravos e indígenas, ao longo do processo histórico que, nas suas diferentes etapas, nos conduziu aos dias de hoje e a essa sociedade que perpetuou o racismo e as diferenças sociais.

Importantes pesquisas genéticas (Pena, 2022)[1] com a atual população brasileira vêm tentando rastrear quanto sobrevive em nós

1 Estudo publicado na revista *Proceedings of the National Academy of Sciences* (Pnas), liderado pela Universidade Federal de Minas Gerais (UFMG), pesquisou a origem genética dos brasileiros até suas raízes na Europa e na África, analisando o genoma de quase 6,5 mil pessoas. Apontou que a miscigenação é maior na região Nordeste do país, onde a ancestralidade africana chega a 50%, enquanto no Sul brasileiro a população tem 70% de sangue europeu. A ancestralidade

do DNA indígena e do DNA africano. É preciso lembrar que eram mais de duzentas etnias que compunham os povos originários, e os africanos também provinham de diferentes tribos, povos e idiomas, numa enorme diversidade genética. Ainda assim, existem características genéticas que distinguem o branco caucasiano do africano e do indígena sul-americano. As pesquisas recentes encontraram uma proporção variável de 6% até 20% de sangue indígena, concentrado no Norte e Centro-Oeste do Brasil, e de 5% a até 80% de sangue africano, mais concentrado no Nordeste e no Sudeste do Brasil, locais onde houve maior concentração do trabalho escravo. Assim, a carga genética de origem indígena ou africana está presente em diferentes grupos e locais brasileiros, sem contar os poucos grupos que mantiveram 100% de sua carga genética, que são pouquíssimos quilombolas e aqueles povos originários que ou não foram ainda contatados ou que procuraram manter a sua unidade étnica. Porém o mais importante desses estudos foi demonstrar que essa herança genética obedeceu a um padrão social de transmissão. Não foram homens negros e indígenas com mulheres brancas que fizeram a enorme transmissão hereditária que nos conformou como um país mestiço. Não, o que as últimas pesquisas demonstram é que foram homens brancos com mulheres negras e indígenas que deixaram maior número de descendentes.

---

indígena ficou apenas em torno de 6% nas regiões analisadas, mas é muito maior nas populações do Norte do país, que não foram estudadas. Outros estudos apontaram que a ancestralidade africana está presente em ao menos cerca de 10% de Norte a Sul do país. Utilizando-se de dados provenientes da análise do DNA mitocondrial, derivado das linhagens maternas, verificou-se que a contribuição das mulheres africanas no genoma brasileiro é de cerca de 28%. Os pretos brasileiros são muito miscigenados (nesse grupo de negros do Sudeste, 50,3% da sua ancestralidade não era africana), mas que também os brancos (e a maioria parda do Brasil) têm bastante contribuição genética não europeia, incluindo valores entre 9% (Sul) e 16% (Minas Gerais) de ancestralidade africana, enquanto os "não pretos" do Brasil têm pelo menos 15% de DNA africano. Os pardos, que são 45% dos brasileiros, possuem sem dúvida índices mais altos.

Esse fato é da maior relevância porque revela quem somos, hoje, brasileiros. Somos frutos da relação dominador-dominado, homem branco com mulher africana ou indígena, senhor com escrava ou índia. Somos fruto de séculos de relação opressiva, patriarcal e colonial. Somos os descendentes de opressores e oprimidas. Machos dominantes e mulheres submetidas. Inevitavelmente somos herdeiros do ódio, ódio da opressão, ódio da escravização e do extermínio dos parentes. Ódio dos dominados – nossas mães. A maioria dos brasileiros tem em seu DNA essa combinatória: sangue europeu e sangue negro ou indígena, mas com dominância masculina branca na composição. O que isso acarreta na nossa identidade nacional? Como nos representamos?

Não há dúvida de que a principal referência identitária do brasileiro é a de branco. Do branco e do rico, ou seja, do dominante. Ser negro ou indígena no Brasil, esmagado pela ideologia de classe e pelo poder econômico, é sentir-se e identificar-se com o excluído, o marginalizado, o submetido. O espelho narcísico brasileiro é ainda o do europeu, do senhor.

Como isso se reflete na prática psicanalítica brasileira?

Dois grandes grupos de questões afloram aqui: o primeiro é a composição de classe social e de origem genética dos próprios psicanalistas. Quantos de nós são afrodescendentes? Descendente de indígena, ao menos fisicamente reconhecível, não creio que haja nenhum. Alguns poucos e ilustres têm ascendência africana – alguns notáveis psicanalistas, mas, sem dúvida, exceções facilmente enumeráveis. Quantos são médicos? Pouquíssimos. A seleção é óbvia, e ela é educacional e econômica. Essencialmente histórica. As poucas gerações que nos separam do Brasil colônia, do Brasil império, do Brasil rural, não modificaram o perfil de quem é a classe dominante, quem é que pode estudar, quem pode suportar a longa formação psicanalítica? Reconheçamos: a psicanálise brasileira é hegemonicamente branca e rica.

A segunda questão é como trabalhamos isso em nossos consultórios. Buscamos entender, compreender, explorar psicanaliticamente a identidade de nossos analisandos? Autorizamos a emergência de conteúdos transgeracionais? Possibilitamos que elementos do passado nacional possam comparecer na sessão na forma de recordações familiares, de indagações sobre os antepassados?

Ou – e esse é o ponto a enfatizar – junto dos nossos analisandos, e com o grande conjunto das pessoas desse país, realizamos uma repressão coletiva? Entendo que somos o produto de uma gigantesca operação de supressão de nossas raízes históricas, envolvendo tanto os fatos reais das opressões e violências do passado como, particularmente, negando o que em nós existe de passado, desses povos que foram suprimidos, desses antepassados negros ou indígenas que, após serem submetidos, foram sistematicamente incorporados de forma a serem encobertos, disfarçados e renegados. Não queremos olhar para a nossa própria composição. Não queremos ser quem somos. Não admitimos nossas linhas de transmissão, e isso em um espaço de tempo ridiculamente pequeno, 150 anos, seis gerações, nossos tataravôs. Nossos pacientes não podem falar disso: temos um pacto denegativo (Käes, 1997) com eles. Não os autorizamos a buscar o que não queremos saber, formamos um baluarte defensivo, em que apenas a história atual, ou seja, a biografia presente, é que configura a identidade. Pensamos na identidade pessoal, mas suprimimos a identidade nacional. Não podemos aceitar esse passado, seja por preconceito diretamente, seja porque também queremos reprimir a consciência da violência de nossos pais ancestrais. Não queremos descender desse casal.

Não é apenas o pai da horda que Freud (2011a, 2011c) tão bem caracterizou. É o pai da horda brasileira. O pai selvagem e dominador, que estuprou a escrava e a índia. O homem branco mais que incivilizado, que ocupou as terras e dizimou os indígenas. O senhor de engenho e da casa-grande. O *pater familias* cheio de filhos bastardos.

A média dos portugueses que vieram desde 1500 até o início da "independência", em 1822, era formada de pessoas ignorantes que eram enviadas para ocupar o país, e que constava de um número muito pequeno de fidalgos, menos ainda de intelectuais, muitos padres, e uma grande maioria de europeus incultos e grosseiros, dos quais uma parcela significativa foi tirada diretamente das prisões portuguesas e enviados para cá, para "colonizar" e assegurar o domínio da Coroa portuguesa. Homens cruéis e violentos, junto a uns poucos senhores esclarecidos e mais educados. A grande massa dos que nos colonizaram vieram para cá para fazer fortuna rápida, e foram descritos por Debret como homens preguiçosos e indolentes, que viviam nas redes, comendo e bebendo e abusando sexualmente de suas escravas. Esse retrato amargo precisa ser reconhecido. Somos descendentes de uma horda de selvagens, e esses não são os indígenas.

Retomando Freud, precisamos pensar qual é a nossa "psicologia das massas". O que é o brasileiro, enquanto povo? Como é ser o filho desse brasileiro pai bruto da horda e dessa mãe lamentosa? Que complexo de Édipo deriva de uma tal constelação psíquica e histórica? Com a ajuda de um novo articulador conceitual, que é a noção da transmissão intergeracional ou transgeracionalidade, é que podemos nos acercar dessa questão.

Hoje em dia, muito se tem discutido a respeito da "transgeracionalidade". O que devemos entender por esse termo? Transgeracionalidade é um conceito da psicanálise vincular, mas que também é adotado em sociologia, antropologia, teoria de sistemas e em diferentes formas de terapia familiar, por exemplo na terapia familiar sistêmica. Em psicanálise, sua origem remonta a Freud, em relação a três de seus constructos: 1) a questão da identidade/identificação, 2) a questão da filogênese e das "almas" das raças e nações e 3) a questão das protofantasias ou fantasias originárias. O ego, para Freud, longe de ser o núcleo da personalidade, é o depositário de identificações, e o polo a partir do qual as forças do id vão interagir e colidir com as demandas do superego/ideal de ego e as exigências da realidade. Essas identificações não são só o substrato do ego (restos de relações objetais abandonadas), como também carregam experiências anteriores ao próprio ego. Assim, em 1923, Freud (2011c) não hesita em dizer que todos carregamos a história vivida de nossa espécie, e que diferentes "almas" nos habitam. São as experiências dos grupos e coletivos que nossos antepassados nos legam na forma de predisposições, tendências e fantasias originárias, como as protofantasias. Para o criador da psicanálise, somos tanto fruto de nossa ontogênese (nossa história pessoal) como de nossa filogênese, e nela estão contidos inúmeros elementos muito difíceis de serem reconhecidos que nossos antepassados nos transmitem, e que modelam ainda hoje nossa vida psíquica.

Após Freud, e com o avanço da compreensão psicanalítica sobre a importância dos primeiros vínculos familiares, o papel desempenhado pelos diversos vínculos intersubjetivos e pela realidade social como um todo, junto com os avanços na compreensão dos processos grupais, a questão da transubjetividade vai ganhando cada vez maior significado. Quatro autores contemporâneos vêm aprofundando essa compreensão: N. Abraham e M. Törok (1995), R. Kaës (1997, 2014) e P. Benghozi (2010).

Em síntese, a transgeracionalidade tenta apreender o que diferentes experiências vividas pelas gerações passadas, principalmente traumas, experiências afetivas, somáticas ou sociais extremas, acarretam nos descendentes ao serem transmitidas na forma de não ditos, segredos, experiências inomináveis ou sem representação psíquica, modelando comportamentos e vivências. Sua eficácia consiste em serem produtos psíquicos não simbolizados, que não sofreram elaboração, transformação e metabolização. Dessa forma, a violência, seja física, emocional ou sexual, é uma das principais "marcas" que podem passar para a posteridade. A questão da origem étnica também é crucial.

Um caso clínico pode ilustrar algo dessa problemática. Atendi uma moça de origem nordestina. A sua aparência, a sua escolarização e suas posses materiais não deixavam dúvida de que ela pertencia às classes socialmente favorecidas brasileiras. Apresentava diversos conflitos pessoais ligados à sua situação profissional e muitas questões familiares. Embora o tom com menor proporção de melanina de sua pele a caracterizasse como branca, caucasiana, havia uma porção considerável de dosagem de sangue africano em suas origens. Contudo ela negava veementemente essa herança genética. Costumava, por exemplo, dizer enfaticamente: "meu pai é muito branco". Essa era uma frase muito repetida, quase um bordão. Extremamente ligada a esse pai, contudo, vivera sua infância afastada da família de origem, sendo criada por um avô que se declarava extremamente racista, embora fosse casado com uma mulher negra. Seu filho também escolhera para se casar uma mulher afrodescendente, de pele escura, mas, como ela frisa, uma mulher muito bonita e atraente. É como se a beleza a tornasse menos negra, mais aceitável, assimilável. Embora negando ter preconceitos, a paciente vive, como tantos brasileiros, o que tem sido chamado de "racismo estrutural". Menos por etnia e mais por razões econômicas, discriminamos o negro e o indígena por serem pobres, por serem marginalizados. Nosso racismo é envergonhado, disfarçado, mas muito real quando se observa o lugar social do negro e do índio. Essa paciente luta conscientemente para suprimir o reconhecimento de seus antepassados negros (e escravos até 130 anos atrás), e não se vê vinculada a qualquer tradição ou memória familiar que represente os seus antepassados. Não há lembrança pessoal e nem há narrativas familiares nas quais a questão da cor da pele, ou preconceitos e opressões sofridos, apareçam como significativos.

Essa paciente, assim como todos nós, brasileiros, apagamos a memória e o reconhecimento dos remanescentes psíquicos dessa história de relações inter-raciais na nossa mentalidade contemporânea. É como se fossemos brasileiros apenas desde a década de 1950. Nessa paciente isso toma a seguinte forma: não se fala em diferença e nem em etnia. Nem seu pai e nem seu neto são “negros”; por serem amados, eles “embranqueceram”. Por terem progredido socialmente, já não podem ser vistos como vinculados a um passado em que houve escravidão, e a um passado muito recente, em que ser preto era ser pobre e marginalizado. Seu pai, “muito branco”, embora inculto, progrediu socialmente. Ela estudou, casou-se, trabalha, é uma mulher quase emancipada, e se julga sem preconceitos. Seus conflitos parecem apenas remeter à sua história recente, sua biografia desde a infância. Contudo o que se reprime, retorna. O que se nega, volta para se afirmar. E, assim, questões que remetem ao passado, à história dos seus antepassados, retornam de forma transgeracional. É nos conflitos entre seu pai e seu marido, seu marido e seu filho, ela e sua nora, que se introduz, sorrateiramente, a questão da cor da pele, da diferença entre as classes sociais, o desejo de uma ascensão social que apague as discriminações, a luta por um lugar social de inclusão, em uma sociedade que continua excluindo. É preciso identificar-se com o opressor, com o branco dominante e promover ativa, embora encobertamente, esse racismo envergonhado.

Vejamos um trecho de Le Bon, citado por Freud:

> *Nossos atos conscientes derivam de um substrato inconsciente formado sobretudo de influências hereditárias. Esse substrato encerra os inúmeros resíduos ancestrais que constituem a alma da raça. Por trás das causas confessas de nossos atos, há sem dúvida causas secretas que não confessamos, mas por trás dessas causas secretas há outras, bem mais secretas ainda, pois nós mesmos as ignoramos. (Le Bon, 1971 [1895], pp. 11-12, apud Freud, 2011b, p. 19)*

Queremos ressaltar que não é possível negar nosso passado, histórico e psicológico, social e psíquico, cultural e impregnante de nossas mentalidades atuais. Somos fruto do que viveram, pensaram, sonharam e realizaram os nossos antepassados. Somos fruto das ações e das omissões, dos crimes e dos castigos, das conquistas e dos fracassos dos que nos geraram. A transgeracionalidade é essa carga que deixa resíduos e substratos a cada transmissão geracional. Nosso superego, herdeiro do nosso complexo de Édipo, é também o herdeiro dos padrões sociais e educacionais, dos modelos de casamento e de relações entre os gêneros, as classes e as etnias, das pulsões e seus destinos, numa terra em que tudo pode acontecer.

Penso que o Brasil atual, profundamente ferido por seus mortos, pelo desgoverno e pela desigualdade social, é um Brasil clivado, inimigo de si mesmo, repartido por ódio e assolado por indiferença, um país que não se respeita, que não se pensa como nação porque não admite a sua tarefa histórica de resgate e reconciliação.

Somos o que somos, no sangue mestiço, branco, negro e índio, no passado de violências, no presente de anomia, e num futuro aberto, a ser construído. A conformação de nossa identidade nacional obriga ao resgate de nossa história, mas não nos obriga a repetir nosso passado. A elaboração é possível, uma identidade densa de diferenças pode ser concebida. Se somos um país de "vira-latas", podemos mostrar a força genética dessa mistura de sangues, a capacidade de sobrevivência e de criatividade na geração de novas condições de existência.

Afinal, mesmo que por meio de um sexo muitas vezes forçado entre o branco e a negra, o branco e a índia, de algum modo Eros sempre se infiltrou. Houve amor também, houve ternura em muitos desses casais e deles para com seus filhos. Há amor e solidariedade espantosos naqueles que são oprimidos e formam suas comunidades; os pobres sempre demonstraram uma capacidade maior de amparo mútuo, de amor aos filhos, e fornecem o modelo para o que devemos almejar enquanto nação: um país de todos, para todos. Um país orgulhosamente mestiço e psicanaliticamente complexo, onde Eros passeia. Como sustentava Freud, é preciso que Eros triunfe.

Referências

Abraham, N. & Törok, M. (1995). *A casca e o núcleo*. São Paulo: Escuta.

Kaës, R. (2014). *Alianças inconscientes*. São Paulo: Ideias & Letras.

Benghozi, P. (2010). *Malhagem, filiação e afiliação*. São Paulo: Vetor.

Debret, J.-B. *Viagem pitoresca e histórica ao Brasil*. Rio de Janeiro: Companhia Editora Nacional, 1954. (Trabalho originalmente publicado em 1834-1839)

Freud, S. (2011a). Totem e tabu. In S. Freud, *Obras completas* (P. C. de Souza, Trad.). São Paulo: Companhia das Letras. (Trabalho originalmente publicado em 1912)

Freud, S. (2011b). Psicologia das massas e análise do eu. In S. Freud, *Obras completas* (P. C. de Souza, Trad.). São Paulo: Companhia das Letras. (Trabalho originalmente publicado em 1921)

Freud, S. (2011c). O eu e o id. In S. Freud, *Obras completas* (P. C. de Souza, Trad.). São Paulo: Companhia das Letras. (Trabalho originalmente publicado em 1923)

Kaës, R. (1997). *O grupo e o sujeito do grupo* (J. de S. e M. Werneck, Trad.). São Paulo: Casa do Psicólogo.

Pena, R. F. A. (2022). "Composição étnica do Brasil"; *Brasil Escola*. Recuperado de https://brasilescola.uol.com.br/geografia.

Priore, M. (Org.) (2010). *História das crianças no Brasil* (7. ed.). São Paulo: Contexto.

8. Identificação, racismo e o circuito dos afetos

Cristina Rocha Dias

Introdução

Os textos sociais, escritos por Freud no período pós-guerra, situam o papel da psicanálise na cultura e as formas de mal-estar subjetivo, fornecendo elementos que problematizam não somente o futuro de um corpo teórico e seus desdobramentos clínicos, mas também o sofrimento psíquico como resultado da desigualdade de condições com que os sujeitos são afetados. Nesse caso, trata-se de pensar e incluir a posição do analista, de maneira que as questões técnicas sejam desdobradas em seus aspectos éticos e políticos, considerando seus efeitos na escuta clínica do sofrimento psíquico.

Isso, entre outras coisas, é o que torna impossível deixar de fora ou relativizar a necessidade de pensar o estatuto de inserção da psicanálise no contexto sociopolítico de seu tempo histórico, na medida em que a prática é atravessada pelos acontecimentos da vida social, produzindo efeitos na vida psíquica dos sujeitos, o que nos conduz à reflexão clínica sobre a identificação e os ideais e de que modo ela é interpelada e atravessada pela questão racial.

Caminhos de construção do Eu

Em *Psicologia das massas e análise do eu*, publicado em 1921, Freud nos convida a refletir sobre os efeitos da tentativa de oposição entre a psicologia individual e a social ou das massas. Se entendemos que, de um lado, o sujeito encontra caminhos variados na busca pela satisfação pulsional e, de outro, isso se dá sob determinadas condições e em sua relação com os outros, é inevitável constatar que algo se perde quando desconsideramos os elementos que contornam esses modos de satisfação, que não são circunscritos, simplesmente, ao campo individual, mas estão no social. Nos adverte ainda que, "na vida psíquica do indivíduo, o outro é, via de regra, considerado como modelo, como objeto, como auxiliar e como adversário, e por isso a psicologia individual é também, de início, simultaneamente, psicologia social" (Freud, 1921/2020, p. 137).

No campo das relações, se o laço com o outro se insere no âmbito dos fenômenos sociais, temos, em contrapartida, os processos narcísicos, nos quais a satisfação pulsional escapa da influência de outras pessoas, na medida em que a libido é afastada do mundo externo e dirigida ao Eu. Essa espécie de "egoísmo" que protege contra o adoecimento também se defronta com o padecimento inevitável, quando, devido à frustração, não se pode amar. Não à toa, Freud (1914) destaca, em *Introdução ao narcisismo*, que o desenvolvimento do Eu consiste num distanciamento do narcisismo primário e gera intenso esforço para poder reconquistá-lo, sobretudo, quando tal distanciamento ocorre mediante o deslocamento da libido para um ideal do Eu imposto de fora, e cuja satisfação advém do cumprimento desse ideal.

Ao pensar os fenômenos sociais tomando a descrição feita por Le Bon, sobre a *alma das massas*, Freud (1921/2020) delimita o campo e os elementos que definem uma massa, dotada de uma espécie de alma coletiva, e investiga as alterações psíquicas impostas ao indivíduo, a natureza da ligação que opera entre os membros do grupo e as consequências da vida anímica coletiva para o Eu. Essa "*análise do Eu*" proposta por Freud apresenta sua dimensão metapsicológica a partir dos fenômenos de massa e da investigação dos mecanismos psíquicos subjacentes aos agrupamentos humanos, da constituição do próprio Eu e de sua existência em relação à alteridade, que "dissolvido na massa, regride, suspende inibições, submete-se aos afetos e inclina-se à violência, uma vez que a matéria em circulação, tanto no Eu quanto nas massas, é a libido" (Iannini, 2020, p. 226).

Ao considerar as imbricações entre o funcionamento da massa e o Eu, chama atenção a ligação dos indivíduos na massa. Sustentada por algo que modifica seu comportamento, essa ligação estabelece alguma coisa em comum, rebaixa a capacidade crítica e promove o apagamento da singularidade em favor das tradições, costumes e dispositivos que mantêm a relação dos membros entre si. A sugestão, como um modo de ligação privilegiado, é destacada por Freud, também como lugar de enigma, advertindo ser necessário um esforço para formular o conceito, de modo que sua utilização não esteja fixada convencionalmente, pois corre-se o risco de fazer com que sua significação mais frouxa seja amplamente disseminada, caracterizando todo e qualquer tipo de influência (Freud, 1921/2020). Nesse sentido, vale interrogar por que e sob quais condições algumas influências se instauram sem fundamento lógico suficiente, estabelecendo determinadas formas de laço com o outro. Retornaremos a esse ponto mais adiante, em articulação com o racismo.

Para pensar os elementos que produzem e sustentam a ligação entre os indivíduos, convém destacar a importância de refletir sobre os afetos que comparecem na construção do laço social e que marcam os modos da vida social e do sujeito político. Não surpreende, portanto, que Freud recupere a libido e a afetividade enquanto pulsões que abrangem a ordem do amor, ao destacar que as relações amorosas constituem a essência da alma da massa, e não a sugestão, como se poderia acreditar, uma vez que o amor não designa apenas uma escolha afetiva de objeto, e sim constitui a base dos processos de formação da identidade subjetiva, a partir da transformação de investimentos libidinais em identificações.

Estar de acordo com os outros "por amor", por exemplo, revela a ausência de liberdade do indivíduo na massa, levando-o a desistir de sua singularidade e deixando-se sugestionar pelos outros, ou ainda, produzindo "crenças, desejos e interesses a partir de certos circuitos de afeto quando justifica, para si mesmo, a necessidade de aquiescer à norma, adotando tipos de comportamentos e recusando repetidamente outros" (Safatle, 2016, p. 38).

Seja na relação íntima afetiva, em que um sentimento de rejeição e de hostilidade escapa à percepção em consequência do recalcamento, seja na religião, em que dirigimos o amor a todos que a seguem e, ao mesmo tempo, somos intolerantes para com aqueles que não pertencem, que

> *Freud explora as ambiguidades de nossas fantasias sociais, como quem desconstrói a aparente homogeneidade de seu funcionamento, permitindo assim que outras histórias apareçam lá onde acreditávamos encontrar apenas as mesmas histórias . . . Não se trata de uma crítica pela qual as ilusões sociais seriam denunciadas a partir de normatividades possíveis, mas de incluir o paradigma das figuras de autoridade e as fantasias ligadas ao pai primevo. (Safatle, 2016, p. 41)*

Se o amor por si próprio só encontra uma barreira no amor pelo outro, no amor por objetos, as limitações ao amor narcísico que aparecem na massa dão notícias de que a essência de sua formação consiste em ligações libidinais entre seus membros; uma espécie de ligação afetiva que está para além do investimento de objeto: a identificação, que Freud define como a mais antiga manifestação de uma ligação afetiva com uma outra pessoa.

Situada na pré-história edípica, a identificação delimita o investimento de objeto sexual e seu modelo, podendo apresentar uma tonalidade hostil, marcada pela ambivalência (entre a ternura e o desejo de eliminação) e por afetos que instauram a vida psíquica. Essa ligação libidinal intensa, característica nesses processos, nos lembra que a identificação coloca em questão o próprio Eu, configurando-o de maneira semelhante ao outro, tomado como "modelo", ou seja, tomando para si as características do objeto como seu substituto, por via regressiva.

Neste ponto, colocar em cena os modos de configuração desses modelos permite problematizar a questão racial em articulação aos processos de identificação, que se constituem e operam no laço social.

Racismo e identificação

Se entendemos que as relações amorosas põem em circulação dinâmicas identificatórias de formação da identidade, estamos diante de um modelo elementar dos laços sociais que permite socializar o desejo e produzir as condições para o seu reconhecimento. Faustino (2021) aponta que os processos de identificação revelam um *a priori* não apenas representacional, mas também simbólico, cujo reconhecimento e enfrentamento convocam a um confronto ético, político e estético capaz de desestruturar radical e objetivamente as relações sociais racializadas, na medida em que sustentam falsos discursos de universalidade que, quando apropriados, fazem com que o "identitário" seja o outro.

Assim, para compreender as formas de instauração da vida psíquica e da natureza social de tal instauração, é necessário incluir as discursividades presentes nos ideais que estruturam o sujeito psíquico, vinculando-o à lei e à ordem, estrutura mediante a qual se produz a conexão da normatividade libidinal com a cultura.

> *É preciso que haja um modelo a partir do qual o indivíduo possa se constituir – um modelo ideal, perfeito ou quase. Um modelo que recupere o narcisismo original perdido, ainda que seja através de uma mediação: a idealização dos pais/substitutos e ideais coletivos. (Souza, p. 64)*

Isso nos lembra que aquilo que opera entre a massa e o comum compartilhado vem instaurar uma perda e uma condição de vulnerabilidade que remetem ao fato de que somos seres "socialmente construídos, apegados a outros e correndo o risco de perder tais ligações" (Butler, 2019, p. 40), o que aponta para as consequências afetivas de um modelo de construção de individualidades.

Esse processo de configuração do Eu instaura a vida psíquica mediante a introjeção de identificações, oriundas de investimentos libidinais perdidos que, novamente estabelecidos no Eu, seguem projetando em nós a sombra de um sem-número de exigências.

Desse caldo de representações que constituem os ideais, destacam-se elementos que nos permitem pensar os pontos de imbricação entre as identificações e o racismo. Da cultura europeia e eurocêntrica, entendida como memória e história, à cultura africana e indígena, que, quando não é apagada nos processos coloniais e de escravização, é vista como primitiva ou folclórica, temos as bases da identidade racial, fundadas sobre mitos narcisistas de negritude e supremacia cultural branca que configuram um modelo identificatório, antecipado ao negro como miragem, como máscaras brancas em um espelho narcísico, transmitidas pela linguagem e por uma imagem totalizante (Lima, 2021).

Quando Mbembe (2018) problematiza "Eu sou um negro" como um ato de identificação que constitui resposta à pergunta "quem sou eu, afinal?" ou "quem é você?", aponta que "Negro é, antes de mais nada, uma palavra. Uma palavra que remete a alguma coisa" (p. 263) que tem consistência própria, que evoca algo a quem é endereçada ou que a ouve, qual um nome herdado por uma posição ocupada no espaço do mundo. E portar esse nome significa que aquele que o carrega assume e experimenta os efeitos do seu peso: ser designado como coisa degradada, marcada pelo silêncio imposto que ordena calar e não ver; ser nomeado e reconhecido como diferente, inferior e subalterno em relação a um outro, o branco, proprietário exclusivo do lugar de referência, sem qualquer vestígio de neutralidade.

A partir desse enlace identificatório, o negro será definido e se autodefinirá, na medida em que não lhe cabe simplesmente ser, o que coloca em questão o desafio de passar da biologia à história, como nos lembra Souza (2020):

> *O irracional, o feio, o ruim, o sujo, o superpotente e o exótico são figuras representativas do mito negro, que busca afirmar a linearidade da "natureza negra", enquanto rejeita a contradição, a política e a história em suas múltiplas determinações . . ., que ignora e apaga o lugar da história que antecede a escravização e as marcas coloniais. (p. 57)*

Considerar os efeitos de normatividade desses ideais que se convertem em representações sociais significa pôr em questão a naturalização de uma identidade hegemônica que se inscreve e opera nas relações de poder que estruturam o social, delimitando o sujeito alterizado, racializado, – o "negro", identificado e situado discursivamente como mito, o que não constitui uma nomeação qualquer, mas objetiva escamotear o real, produzir o ilusório, negar a história, transformá-la em natureza. O efeito social produzido como resultado das determinações econômico-político-ideológicas e psíquicas revela um conjunto de representações que expressa e oculta uma ordem de dominação, buscando dissolver, simbolicamente, as contradições.

> *Incrustado em nossa formação social, matriz constitutiva do superego de pais e filhos, o mito negro, na plenitude de sua contingência, se impõe como desafio a todo negro que recusa o destino da submissão . . ., desafio múltiplo de conhecê-lo e eliminá-lo. Como Édipo, se encontra frente à esfinge e seu enigma: é vital apoderar-se do conhecimento, desvendar a resposta e, assim, destruir o inimigo para seguir livre. Obviamente, cabe a negros e não negros a consecução desse intento, mesmo porque o mito negro é feito de imagens fantasmáticas compartilhadas por ambos. (Souza, 2020, p. 55)*

Essas imagens compartilhadas e projetadas pela branquitude invadem o modo de ser-negro-no-mundo, o que constitui um ataque à subjetividade, bem como a destruição de seus mundos, cosmologias e modos de vida; no lugar do reconhecimento da diferença, o complexo de inferioridade do negro fixa-se após um duplo complexo, inicialmente econômico, seguido pela epidermização dessa inferioridade (Lima, 2021 p. 127). Forma-se, assim, uma rede de significações atribuídas ao corpo negro como aquele que encarna o indesejável, em que representações sociais investem sua aparência de sentidos que são socialmente recusados, ao passo que o corpo branco se converte na referência de autorrepresentação dos indivíduos.

O negro, então, se vê condenado a carregar na própria aparência a marca da inferioridade social, na medida em que no corpo estão inscritas as tipificações sociais de desejabilidade, o que lhe interdita o processo identificatório, ao mesmo tempo que o impele a assimilar os signos de desejabilidade presentes no processo de sociabilização (Nogueira, 2021).

Ora, se o que constitui o sujeito é o olhar do outro, como o negro se confronta com esse olhar que denuncia e explicita o significado da pele negra, em sua dimensão de assujeitamento? A reposta parece estar num duplo processo identificatório: ser o sujeito, sendo, ao mesmo tempo, o outro; e ser o outro, não sendo o próprio sujeito. Essa espécie de enredamento entre o desejo inconsciente e o mandato social nos adverte dos impactos e repercussões na constituição psíquica, especialmente quando recuperamos de Freud a ideia de que o Eu, para a psicanálise, é, antes de tudo, corporal e constituído em relação especular com a imagem ideal. Nesse sentido, descobrir a própria negritude é experimentar que esta seja devolvida pelo olhar do outro (branco), de modo fragmentado, em imagem esgarçada; encontro desconcertante com a alteridade que vem revelar que o verdadeiro Outro do branco é o preto, circunscrevendo um lugar de desmonte, de ordem irracional e traumática.

Com Fanon (2008), entendemos que as referências identificatórias precisam ser pensadas a depender do ponto de vista do qual são olhadas, uma vez que raça é uma questão subjetiva e com consequências concretas e diretas para os sujeitos racializados, e que deve ser situada na relação com o Outro, pois resulta de um duplo narcisismo em jogo nos laços do colonizado com o colonizador, atravessado tanto por determinações imaginárias como pela linguagem e pela cultura. É necessário ressaltar que, neste caso, língua e cultura são apresentadas como ideais e apreendidas pelo negro não como algo da ordem da pertença, mas como linguagem introduzida violentamente, que retorna como imagem ideal imposta, marcada pela dúvida incontornável sobre seu pertencimento.

Referências

Butler, J. (2019). Violência, luto, política. In J. Butler, *Vida precária: os poderes do luto e da violência*. Belo Horizonte: Autêntica.

Fanon, F. (2008). Pele negra, máscaras brancas. Salvador: EDUFBA.

Faustino, D. (2021). Por uma crítica ao identitarismo (branco). In A. C. Guerra, & R. Goes e Lima, (Org.), *A psicanálise em elipse decolonial*. São Paulo: n-1.

Freud, S. (2020). Psicologia das massas e análise do eu. In S. Freud, *Cultura, sociedade, religião: o mal estra na cultura e outros escritos* (M. R. S. Moraes, Trad.) (Coleção Obras incompletas de Sigmund Freud, G. Iannini e P. H. Tavares, Coord.). Belo Horizonte: Autêntica. (Trabalho originalmente publicado em 1921)

Freud, S. (2010). Introdução ao narcisismo. In S. Freud, *Introdução ao narcisismo: ensaios de metapsicologia e outros textos*. São Paulo: Companhia das Letras. (Trabalho originalmente publicado em 1914)

Iannini, G., & Tavares, P. H. (2020). Para ler o mal-estar. In S. Freud, *Cultura, sociedade, religião: o mal estra na cultura e outros escritos* (Coleção Obras incompletas de Sigmund Freud, G. Iannini e P. H. Tavares, Coord.). Belo Horizonte: Autêntica.

Lima, M. (2021). A construção da noção de negro e a problematização da identidade em Franz Fanon In A. C. Guerra & R. Lima (Orgs.), *A psicanálise em elipse decolonial*. São Paulo: n-1.

Mbembe A. (2018). Clínica do sujeito In A. Mbembe, *Crítica da razão negra*. São Paulo: n-1.

Nogueira, I. B. (2021). Do olhar do outro à sublimação de se constituir negro. In E. C. David e G. Assuar, *Psicanálise na encruzilhada: desafios e paradoxos perante o racismo no Brasil*. São Paulo: Hucitec.

Damico, J. (2021). Antinarciso e o devir revolucionário de Franz Fanon. In E. C. David e G. Assuar, *Psicanálise na encruzilhada: desafios e paradoxos perante o racismo no Brasil*. São Paulo: Hucitec.

Safatle, V. (2015). Medo, desamparo e poder sem corpo. In V. Safatle, *O circuito dos afetos: corpos políticos, desamparo e o fim do indivíduo*. Belo Horizonte: Autêntica.

Souza, N. S. (2021). O mito negro. In N. S. Souza, *Tornar-se negro ou as vicissitudes da identidade do negro brasileiro em ascensão social*. São Paulo: Zahar.

9. Quando a massa não dá liga: sobre fragmentos e traumas no Brasil

Pablo Castanho

Introdução

Ao completar 100 anos, o texto freudiano *Psicologia das massas e análise do Eu* (Freud, 1921/2010a) parece um ensaio sobre a obscenidade da cena pública do Brasil recente. A massa freudiana é o domínio de afetos intensos, capazes de destruir a racionalidade, mesmo que com eventuais arremedos de lógica. Afetos agressivos e contagiosos que levam ao linchamento midiático e real de muitos. É, ainda, o mundo de relações hipnóticas com líderes que cumprem para a massa funções defensivas importantíssimas (Béjarano, 1973), frequentemente mantendo em si e no grupo a ilusão da onipotência de um pai da horda primeva, como nos diria Freud.

Verdade que a indiscriminação na massa possibilitaria para Freud atos notáveis de altruísmo. Se aproximarmos o estado de indiferenciação da massa ao conceito de sociabilidade sincrética de Bleger (1967/1997), poderíamos compreender sua função em criar e sustentar vínculos. Mas até que ponto esta vivência de massa na sociedade brasileira tem nos permitido produzir e sustentar vínculos humanizados? Ou seria a irrupção do funcionamento de massa entre nós justamente signo de nossa dificuldade em fazê-lo? Sabemos que no campo da culinária há ingredientes que facilitam ou dificultam que a massa "dê liga", sendo possível que se esfarele com facilidade. Neste texto, trabalharemos com a hipótese de Raluca Soreanu (2018) sobre a existência de significativos fragmentos psíquicos que circulam na sociedade brasileira, relacionados à ordem do traumático e à nossa história autoritária e escravocrata. Nosso desafio é trabalhar pelo resgate da associatividade desses elementos, buscando resgatar a "liga" que nos une. Trabalhamos assim na perspectiva de René Kaës (1994), para quem a associatividade intrapsíquica é correlativa do processo associativo entre pessoas; no plano social, fragmentos psíquicos estariam associados à fragmentação social.

Essa linha de investigação exige uma ressalva: muito do que temos passado em nosso país nesta última década tem determinantes e paralelos globais. Há certamente investigações geopolíticas, econômicas e sobre as tecnologias de informação e seus usos que lançam enorme luz sobre nossa experiência. Ainda assim, acreditamos que haja também dinâmicas internas ao nosso país que precisam ser nomeadas e pensadas. Em particular, vou me ater neste texto a processos psíquicos e grupais que creio relevantes no complexo jogo multideterminado ao qual estamos sujeitos.

Iniciaremos discutindo a leitura do sociólogo Jessé Souza (2017) sobre o Brasil, que identifica a escravidão como uma forma social por excelência entre nós e a existência de uma "ralé brasileira" como classe social herdeira dos escravos na atualidade. Seguiremos com a análise feita por Raluca Soreanu (2018) sobre os movimentos de 2013 no Brasil, buscando identificar neles um momento importante de colocação em circulação social de fragmentos psíquicos antes relativamente silenciados ou ocultados. Interrogaremos esse trabalho de Soreanu com as teorias psicanalíticas de grupo, sublinhando a potência da intersubjetividade no trabalho de colocação em associatividade dos fragmentos psíquicos, mas também evidenciando um pacto com função de desmentido que faz obstáculo a esse trabalho entre nós. Por fim, discutiremos as armadilhas da narratividade, delineando como horizonte de nossa tarefa a primazia do resgate da associatividade.

Brasil: escravidão como forma social

> *No Brasil, desde o ano zero, a instituição que englobava todas as outras era a escravidão . . . Nossa forma de família, de economia, de política e de justiça foi toda baseada na escravidão.*
>
> Souza (2017, p. 40)

O sociólogo Jessé Souza (2017) argumenta que a escravidão é o berço de nosso país, sua herança é nosso maior problema atual e sua superação é nosso futuro possível. É importante observar que o autor localiza a escravidão como estratégia central do projeto de colonização do Brasil já em 1532. Isso significa que por esse termo não designa apenas a escravidão de negros africanos, ainda que esta possa ser sua mais clara e completa realização. Em diálogo com Gilberto Freyre, Souza destaca a escravidão sexual moura presente na península Ibérica como importante elemento das relações sociais que se formaram no Brasil, bem como a grande concentração de poder na figura dos senhores de terra. Estes últimos, sublinha o autor, não estariam submetidos aos freios de outras instituições como as religiosas e o sistema de governo central, como em Portugal.

Souza (2017) segue Freyre na compreensão de que, "sendo uma espécie de instituição total no Brasil, a forma peculiar da escravidão traria consigo a semente da forma social que se desenvolveria mais tarde" (p. 44). Esse caráter de "instituição total" faz com que aquilo que denomina escravidão seja não só o elemento central da ordem sociológica e suas ramificações, mas também das formas de relação entre nós, ou, poderíamos dizer, de nosso laço social. Como tal, cabe sublinhar que "o que permanece do escravismo é a sub-humanidade cevada e reproduzida, a crença de que existe gente criada para servir outra gente" (p. 106). É sobre essa "gente criada para servir outra gente" que escreve:

> *Assim, entre as classes sociais que formaram o Brasil moderno, foi a "ralé de novos escravos", que soma ainda hoje em dia mais de um terço da população, agora de todas as cores de pele, mas herdando o desprezo social de todos que era devotado ao escravo negro, o elemento mais importante para singularizar o Brasil. (Souza, 2017, p. 102)*

A perspectiva de Jessé Souza nos faz questionar, como psicanalistas, a singularidade do laço social entre nós e os processos de transmissão psíquica dessa herança. Entre os muitos caminhos que essas questões nos colocam, neste texto buscaremos destacar elementos que figuram a onipotência e a violência como herança em tempos recentes de nosso país.

Movimentos de 2013: o pano de fundo vira figura

Está claro, pela leitura aqui compartilhada, que a escravidão molda nossas formas sociais, de modo que nunca nos abandonou. Entretanto, se antes havia pudor em expor seus procedimentos de rebaixamento e desumanização, ao menos na esfera do discurso público, há alguns anos isso não parece mais causar problemas. Jessé Souza atribui a mudanças mínimas na distribuição de renda, durante os governos Lula e Dilma, grandes reações de ódio e ataque ao nosso verniz democrático. De um ponto de vista psicanalítico e grupal, parece-nos adequado falar na emergência de elementos que estavam depositados no enquadre (Bleger, 1967/1997) em sua dimensão social. Em seu texto clássico, Bleger propõe a equivalência entre a simbiose com o corpo materno, o enquadre analítico e as instituições sociais. As instituições sociais seriam assim depositárias das partes mais regredidas da personalidade. Entendemos que elementos da ordem do traumático, ligados a formas de relações sociais emanadas da escravidão, estariam depositadas em nossas instituições.

Segundo este entendimento, a pequena mudança social ensejada no período Lula e Dilma teria desestabilizado o enquadre em sua dimensão social, desalojando os elementos primitivos ali depositados. Acreditamos, desse modo, que os anos dos governos Lula e Dilma alteraram o suficiente as instituições sociais ligadas ao que Jessé Souza denomina de "ralé brasileira" para que houvesse um desalojamento de aspectos psíquicos primitivos antes depositados neste enquadre social e por isso mesmo, silenciados. Mas o que sabemos destes elementos desalojados? Quais seus destinos e como podemos abordá-los? Entendemos que eles passaram a circular nos grupos, e na sociedade tomada como grande grupo, em que podem ganhar diferentes graus de figuração e distintos destinos. Nesta perspectiva, os eventos de 2013 no Brasil nos parecem especialmente importantes. Destacaremos a leitura psicanalítica e ferencziana desses eventos, feita por Raluca Soreanu.

Raluca Soreanu é uma psicanalista de origem romena, atualmente docente da Universidade de Essex em Londres, que traz significativas reflexões sobre o Brasil em eu livro *Working-through collective wounds* (2018). Seu objeto são as manifestações de 2013, que testemunhou no Rio de Janeiro quando ali morou. Ao argumentar sobre a importância do tema, aponta: "Junho de 2013 começou a ficar mais e mais distante, começou a migrar para um canto da memória ou ser simplesmente banido, esquecido, um tipo de 'antievento'" (Soreanu, 2018, p. 4).[1] Mais adiante, propõe que a força para esquecer esse período sinalizaria que algo de traumático teria retornado naquele momento.

Soreanu afirma que seu livro traça a "vida social de fragmentos psíquicos", recorrendo sempre à noção ferencziana de que, frente a um evento traumático, uma parte de si se separa para proteger o restante. Essas partes separadas formam fragmentos psíquicos que, segundo Soreanu, poderiam também ser identificados na vida social. Entre seus efeitos teríamos um estado traumático de identificação com o agressor, um estado de voraz apego à violência ("*voracious attachment to violence*") e um aprisionamento na cena do trauma ("*an arrest in the scene of trauma*").

A escrita de seu livro se apoia largamente em "vinhetas psicossociais", relatos de fatos que a autora testemunhou nos protestos de 2013, quando também saiu às ruas no Brasil. Como em vinhetas clínicas, a autora defende que seus relatos buscam "capturar o movimento da libido ou expressão do sintoma, ou resolução do sintoma ou um tipo particular de regressão, ou uma espécie de sonhar que coloca alguns símbolos em relação com outros" (Soreanu, 2018, p. 210). As vinhetas apresentadas nos surpreendem por exibirem uma multidão que foge do paradigma das massas desgovernadas. Tomemos alguns exemplos. No primeiro, uma multidão em um começo de tumulto começa a repetir "sem correr, sem correr" e se contém. Eventos "dentro de eventos", como quando, em um grande protesto, um idoso questiona policiais militares, perfilados em frente à multidão, sobre a violência da repressão policial vivida no dia anterior. Soreanu sublinha a atenção e o silêncio das pessoas ali em relação ao que se passava. Ou, ainda, o relato sobre milhares de manifestantes que tiveram sua marcha de protesto bloqueada por policias ao lado da estátua de Zumbi dos Palmares. Acuada e tensa, a multidão viu um manifestante escalar a

1 Esta e as demais traduções de Pablo Castanho.

estátua com uma faixa, e logo se ouvia a multidão gritando "desce, desce, desce", ato interpretado pela autora como inesperado sinal de respeito à estátua (Soreanu, 2018, p. 210).

Nesses episódios, símbolos antigos são atualizados no presente e a massa parece capaz de colocar em figuração eventos traumáticos do passado nacional, como a escravidão africana e episódios da Ditadura Civil-militar

Um grupalista encontra o texto de Raluca Soreanu

Didier Anzieu marca o pensamento das teorias psicanalíticas de grupo ao afirmar que o grupo é, assim como o sonho, lugar de realização imaginária do desejo (Anzieu, 1975). Pensamos que poderíamos prolongar essa aproximação também em relação ao pensamento ferencziano sobre o sonho. Ferenczi sublinha a importância do trabalho dos sonhos frente ao traumático pela função que denomina de traumatolítica (Ferenczi, 1931/2020). O sonho contribuiria inicialmente para romper com o apassivamento da experiência traumática vivida pelo sujeito, permitindo que em nossos pesadelos a situação traumática fosse autoinfligida. Evidentemente, a mera repetição da cena é ainda muito pouco, mas por meio do sonho pode-se ganhar território de figuração sobre a experiência. Verdade que o trabalho do sonho encontra dificuldades nessa tarefa; com frequências nos deparamos com sonhos repetitivos, pouco figurados, nos quais prevalecem sensações corporais ou uma repetição sem deslocamento ou condensação em relação ao vivido. Para esses sonhos, no contexto da clínica bipessoal, Pereira e Coelho Jr. (2021) sublinham a possibilidade de o analista associar sobre o sonho do paciente, como caminho para franquear o resgate da capacidade associativa do paciente. Em trabalho anterior (Castanho, 2021), abordamos o papel da intersubjetividade no grupo como caminho para recolocar em associatividade tais sonhos, fortemente marcados pelo traumático. Prolongando o pensamento de Anzieu, diríamos que o grupo é, assim como o sonho, lugar de realização imaginária do desejo e de retorno de fragmentos traumáticos em busca de associatividade. Tal afirmação é ancorada na experiência com pequenos, médios e grandes grupos conduzidos por analistas, mas propomos estendê-la para o entendimento do funcionamento grupal em situações naturais.

Talvez seja realmente observando a sociedade brasileira como uma espécie de cena onírica que possamos dar sentido a muitos eventos atuais, remetendo-os aos fragmentos psíquicos que herdamos de nosso passado (e presente) colonial. Reencenamos, com variações de lugares e de discurso, a violência abissal e perversa que nos deu origem no genocídio de indígenas e negros, na violação sistemática de mulheres, no ataque a brancos desterrados sem posse. A popularidade de certas *fake news* pode ser compreendida nesta lógica onírica própria ao funcionamento grupal. Por exemplo, a crença adesiva ao discurso de existência de um roubo estrondoso, "o maior de nossa história", durante o governo Lula poderia, em parte, se apoiar em um deslocamento do saque colonial que nos constituiu? Pior, se o grupo é como um sonho, estaríamos repetindo na cena social, com a eleição e a continuidade do governo Bolsonaro, o pesadelo de cenas traumáticas múltiplas, cujo mínimo denominador comum poderia seguir a estrutura de uma fantasia originária do tipo: alguém identificado como onipotente reduz um outro a objeto e o destrói. Tal parece ser o enredo que insistimos em repetir de múltiplas formas, como num pesadelo repetitivo que nos assombra a todos, a uns mais que a outros, bem entendido.

Para além de um modelo antropomórfico: o pacto denegativo como obstáculo à associatividade

Em seu livro, Raluca Soreanu insiste em pensar a sociedade brasileira como uma espécie de grande indivíduo traumatizado por histórias de seu passado. Tal perspectiva possibilitou a identificação de importantes elementos de compreensão sobre nosso país. Entretanto, também impõe limites ao pensamento. Como já argumentamos em outro trabalho (Castanho, 2018), o modelo antropomórfico não permite conceber a pluralidade inerente aos conjuntos intersubjetivos, seus subgrupos e sujeitos. Ele também obstaculiza os processos de diferenciação e singularização dos sujeitos e subgrupos em relação à dimensão do coletivo como totalidade. Na prática clínica vincular, quando estamos diante de vínculos muito adoecidos, o modelo antropomórfico pode apresentar uma boa leitura da situação, mas é preciso termos como referência modelos que nos permitam superar este momento, concebendo relações mais complexas entre as diferentes lógicas em jogo.

Diferentemente do exposto por Soreanu, para nós o trauma, em si, não é social ou coletivo, mas partes importantes de suas condições de produção e transmissão o são. Disso resulta que a problemática do trauma se apresenta, sim, sob o plano social, mas com especificidades. É verdade que retemos da leitura de Soreanu a noção da vida psíquica de fragmentos traumáticos na cena social. Para nós, trata-se de pensar a problemática da reprodução e da transmissão psíquica de elementos que seguem refratários à sua inclusão em redes associativas. Na esteira da analogia do grupo com o sonho, as cenas sociais oscilariam entre a mera repetição das cenas traumáticas e passos para a superação deste caráter fragmentário pelo restabelecimento da associatividade. Essa modulação é um dos ganhos de um olhar que supere o modelo antropomórfico.

É possível que as cenas descritas por Soreanu em seu livro tenham de fato representado passos para a reinserção de fragmentos em cadeias associativas nos grupos que a vivenciaram, mas daí não decorre que haja avanços no cenário da sociedade como um todo. Podemos assim reconhecer que alguns fenômenos psíquicos possam ser compartilhados por toda a sociedade brasileira, mas que diferentes subgrupos possam se relacionar, e se apropriar de tais fenômenos, de modos distintos. O mesmo vale para os sujeitos em suas singularidades, que não estão alheios ao terreno inter e transubjetivo comum do qual emergem, mas tampouco estão condenados a se apropriarem de modo idêntico uns aos outros, das heranças que os constituem.

A preocupação com a relação entre singularidade do sujeito e os espaços psíquicos comuns e compartilhados é uma das marcas da obra de René Kaës (2007). A concepção de alianças inconscientes é resultante dessa preocupação e oferece uma concepção distinta dos fenômenos vinculares em relação aos modelos restritos ao antropomorfismo e ao grupo como totalidade. Entre as alianças inconscientes, René Kaës (2009) descreve uma categoria com função defensiva que nomeia de "pactos denegativos".

O pensamento de René Kaës sobre o tema possui raízes freudianas. Lembremos que no texto "O futuro de uma ilusão" se apresenta a ideia de uma ilusão compartilhada como algo que ajuda na defesa psíquica de cada sujeito. A retomada sintética desse raciocínio em "O mal-estar na civilização" (Freud, 1931/2010b) torna-o mais evidente: se o delírio é uma forma de se aproximar do prazer e de se afastar do desprazer, Freud nos diz que ele só pode ocorrer por três vias: por uma constituição psíquica propícia ao delírio, pelo uso de drogas ou pelo pertencimento a um grupo que possui uma ideia delirante comum. Nesse terceiro caso, estamos no campo de uma lógica do processo primário na estrutura das coconstruções inconscientes nos processos vinculares. Agrupamo-nos também em busca de reforço intersubjetivo para nossas defesas singulares: participando de determinados grupos e não de outros, é mais fácil afastar da consciência algumas fontes de desprazer.

Mas além do apoio para a defesa singular, o pacto denegativo possui uma função para o conjunto intersubjetivo. O conceito de pacto denegativo em Kaës diz respeito a algo que precisa ficar fora do vínculo de uma família, um grupo, uma instituição, e mesmo uma sociedade, para que o vínculo se mantenha, ou, ao menos, para que se mantenha na estrutura que possui em dado momento. Aventamos a hipótese de que algo no laço social no Brasil se estruture na forma de um pacto denegativo que impeça a inserção desses fragmentos psíquicos ligados aos horrores de nossa história em cadeias associativas. Poderíamos falar de um pacto com função de desmentido, em alusão ao pensamento ferencziano. Afinal, impedir que a experiência do traumático seja enredada em uma rede associativa é precisamente a consequência intrapsíquica do desmentido ferencziano.

Essa hipótese surge pela primeira vez em um texto recente (Castanho, no prelo), no qual concebemos que esse pacto seria um elemento estruturante do laço social no Brasil. Note-se, entretanto, que falar em um pacto com função de desmentido não significa dizer que ele convoque o desmentido como mecanismo de defesa em cada sujeito. O conceito de alianças inconscientes em René Kaës permite-nos pensar que, para uma mesma finalidade (operar um desmentido frente aos fragmentos psíquicos de origem traumática), diferentes mecanismos de defesa possam ser evocados em cada sujeito. Além do mais, as razões para a adesão ao pacto recobrem tanto as razões para o sujeito operar o desmentido frente a um sujeito traumatizado (Kupermann, 2019) como as demandas especificamente grupais relacionadas ao medo da dissolução dos laços ou expulsão do sujeito de seus grupos de pertencimento.

Conclusão: associatividade intersubjetiva e narrativas

Será possível narrar o trauma? Há sempre uma distância entre o ocorrido, sua inscrição psíquica e o relato. Pôr em linguagem é uma experiência complexa. Transforma o que antes existia. Piera

Aulagnier (1975/2007) nos fala, por exemplo, da transformação psíquica que a nomeação de um afeto acarreta. Não se trata de operarmos com uma ideia de verdade objetiva que se contraponha ao desmentido do trauma. Tampouco de imaginar que qualquer construção narrativa tenha a mesma função para o psiquismo. Se é necessária uma experiência de convicção na relação com o relato, que ela derive da associatividade operando em distintos níveis. Que haja pontes entre o processo primário e secundário e de ambas com aquilo que Anne Brun (2013) denominou de associatividade sensório-motora. Afinal, como Luis Claudio Figueiredo (2003) nos coloca, a percepção é processual, diríamos associativa, e pode ser interrompida pelo desmentido ou, como ele prefere nomear, pela desautorização.

O negacionismo histórico, que nos ameaça hoje no Brasil, apoia-se neste pacto com função de desmentido que descrevemos, e pode reforçá-lo em um círculo vicioso. Sem o reconhecimento de que vivemos uma ditadura e que houve, sim, tortura no período, como podemos avançar no tratamento dos fragmentos que herdamos desse episódio? Mais surpreendente talvez seja enfrentarmos o desmentido em uma versão mais direta, não mais pelo ocultamento da representação, mas extraindo da representação qualquer consequência, interrompendo sua associatividade. Exemplificamos com o elogio direto da ditadura e da tortura que vivemos atualmente em muitos meios.

Há ainda outras formas menos evidentes pelas quais um pacto com função de desmentido pode operar. Tomemos o conceito de **histórias recobridoras** (proposto a partir do conceito freudiano de memórias recobridoras) de Tatiana Inglez-Mazzarella (2021). Um caso clínico com o qual ela trabalha nos esclarece sobre o conceito. Trata-se de uma paciente, já adulta no momento da análise, cuja mãe era esquizofrênica. A paciente narra sempre do mesmo modo os episódios delirantes da mãe, que a colocaram em muitas situações de desamparo e mesmo de risco quando pequena. Ouviu o termo "esquizofrênica" ser atribuído à mãe quando tinha por volta dos 12 anos. O momento-chave de mudanças na análise provoca justamente um resgate da porosidade da linguagem, a possibilidade de novas associações dos episódios tão repetidos das crises mãe.

No desmentido, a palavra que desacredita não desliza, retira a ambiguidade, desumaniza, não pode circular na cadeia associativa, atravanca o processo psíquico, bloqueia. Vemos isso na história recobridora de Inglez- Mazzarella. As narrativas de sua paciente sobre as crises esquizofrênicas de sua mãe eram verdadeiras do ponto de vista de um terceiro observador. As coisas haviam se passado "assim mesmo". Mas a "verdade" possuía nesse caso a estrutura do desmentido. Era uma narrativa sempre repetida, sem porosidade, sem possibilidade de transformação, sem a vitalidade da língua.

Inglez-Mazzarella (2021) aproxima o conceito que propõem daquilo que Agamben denomina de *slogan*. "O *slogan*, na contemporaneidade, substituiu o provérbio e a máxima, formas dantes calcadas na autoridade da experiência. Para Agamben, o *slogan* representa o provérbio de uma humanidade que perdeu a experiência" (p. 41). Nesse sentido, o problema não seria a verdade ou não da afirmação, mas sua função psíquica. Verdades factuais que se tornaram *slogans* não permitem fluxos associativos, transformações, associações; podem valer para o psiquismo pouco ou nada mais que o segredo e a mentira.

O conceito de histórias recobridoras guarda assim o valor de um alerta para o trabalho que temos à frente. Trata-se de combater revisionismos históricos e outras manifestações do pacto com função de desmentido que estrutura nosso laço social, mas ao mesmo tempo de diferenciar a lógica política do *slogan*, da lógica psicanalítica da associatividade. O inconsciente prega em todos as suas peças. Para tratar dos fragmentos que não permitem que nos liguemos, precisamos manter espaços de acolhimento ao ambíguo, à diversidade, trabalhando pela possibilidade de narrar e criar a partir do processo associativo em seus distintos registros. Devemos assim focar mais no processo do que no produto. Processo que seja marcado por uma associatividade que circule entre registros sensório-motores, fantasias e pensamentos, apoiada na ambiguidade e na ambivalência da experiência psíquica de um lado e na afirmação de um ideal de um ambiente suficientemente acolhedor de outro, para além do pacto com função de desmentido.

Referências

Aulagnier, P. (2007). *La violence de l'interprétations* (7. ed.). Paris: PUF. (Trabalho original publicado em 1975)

Anzieu, D. (1975). *Le groupe et l'inconscient*. Paris: Dunod.

Béjarano, A. (1973). Résistance et transfert dans les groupes. In D. Anzieu et al., *Le travail psychanalytique dans les groupes* (pp. 66-140). Paris: Dunod.

Bleger, J. (1997). Psicoanálisis del encuadre Psicoanalítico In J. Bleger, *Simbiosis y ambiguidad* (pp. 237-250). Buenos Aires: Paidós. (Trabalho original publicado em 1967)

Brun, A. (2013). Spécificité de la symbolisation dans les médiations. In A. Brun, B. Chouvier, & R. Roussillon, *Manuel des médiations thérapeutiques* (pp.122-158). Paris: Dunod.

Castanho, P. Juntos no desmentido: um olhar psicanalítico sobre por que atacamos tanto os direitos humanos no Brasil. In C. R. Plens, *Direitos humanos sob a perspectiva do direito à vida, da antropologia forense e da justiça no caso de violação.* São Paulo: Annablumen/HHRRC(AAFS). (No prelo)

Castanho, P. (2021). Entre terreur et désir: un dispositif groupal de partage de rêves pendant la pandémie. *Connexions*, (115), 123-136.

Castanho, P (2018). *Uma introdução psicanalítica ao trabalho com grupos em instituições*. São Paulo: Linear A-barca.

Castanho, P. (2015). O conceito de alianças inconscientes como fundamento ao trabalho vincular em psicanálise. *Estudos Interdisciplinares em Psicologia,* 6, 92-112.

Figueiredo, L. C. (2003). *Psicanálise: elementos para uma clínica contemporânea*. São Paulo: Escuta.

Ferenczi, S. (2020). Da revisão da interpretação dos sonhos. In S. Ferenczi, *Obras completas psicanálise* (vol. IV, pp. 128-132). São Paulo: Martins Fontes. (Trabalho original publicado em 1931)

Freud, S. (2010a). Psicologia das massas e análise do eu. In S. Freud, *Obras completas* (vol. 15). São Paulo: Companhia das Letras. (Trabalho original publicado em 1921)

Freud, S. (2010b). O mal-estar na civilização. In S. Freud, *Obras completas* (vol. 18). São Paulo: Companhia das Letras. (Trabalho original publicado em 1931)

Inglez-Mazzarella, T. (2021). *Histórias recobridoras: quando o vivido não se transforma em experiência*. São Paulo: Blucher.

Kaës, R. (1994). *La parole et le lien: processus associatifs dans les groupes*. Paris: Dunod.

Kaës, R. (2007). *Un singulier pluriel: la psychanalyse à l'*épreuve du groupe. Paris: Dunod.

Kaës, R. (2009). *Les alliances inconscientes*. Paris: Dunod.

Kupermann, D. (2019). *Por que Ferenczi?* São Paulo: Zagodoni.

Pereira, A., & Coelho N. Jr. (2021). Introdução. In A. Pereira & N. Coelho Jr. (Orgs.), *Sonhar: figurar o terror, sustentar o desejo* (pp. 11-26). São Paulo: Zagodoni.

Souza, J. (2017). *A elite do atraso: da escravidão à lava jato*. São Paulo: Leya.

Soreanu, R. (2018). *Working-through colective wounds: trauma, denial, recognition in the Brazilian uprising*. London: Palgrave Macmillan.

10. A problemática do narcisismo das pequenas diferenças: nova leitura sobre a política no discurso freudiano

Joel Birman

Introdução

A intenção deste ensaio é enunciar a constituição de outra leitura sobre a *problemática da política em psicanálise, em conjunção com a da guerra*, no campo específico do discurso freudiano, com a emergência da *problemática*[1] *do narcisismo das pequenas diferenças*, no ensaio intitulado "Psicologia das massas e análise do eu",[2] que foi publicado em 1921.

Como se pode facilmente evidenciar, a dita publicação desse ensaio foi uma data bastante relevante, qual seja, o ano de 1921, logo após o final da Primeira Guerra Mundial (1914-1918), que devastou de forma sangrenta o continente europeu e que produziu efeitos corrosivos nos laços e relações sociais nos diversos países europeus, que participaram direta ou indiretamente desse empreendimento bélico: a França, a Alemanha e a Inglaterra. Portanto, foi no cenário

1 Foucault, M. (1994). *Dits et écrits* (vol. I). Paris: Gallimard.

2 Freud, S. (1981). Psychologie des foules et analyse du moi. In S. Freud, *Essais de psychanalyse*. Paris: Payot. (Trabalho originalmente publicado em 1921)

do pós-guerra que o discurso freudiano colocou em destaque as transformações radicais que foram produzidas na e pela guerra para a constituição de outros *espaços sociais* na Europa de então, os quais prefiguravam já os embates políticos e ideológicos ocorridos logo em seguida, com a configuração dos *discursos políticos da extrema direita*, que se evidenciaram finalmente com a constituição do *fascismo* e do *nazismo*.

O discurso freudiano teve assim argúcia e sensibilidade para apreender em ato e em estado nascente o que estava em pauta nesse contexto histórico decisivo da história mundial, pois uma *viragem* eloquente estava já então em franca operação e se configurava efetivamente de forma perturbadora. Nesse contexto, o campo dos direitos sociais e políticos foi desrespeitado em nome de imperativos ideológicos espúrios, como é de conhecimento de todos.

Assim, o que vamos delinear especificamente neste ensaio será o enunciado das *linhas de força e de fuga* desse contexto histórico decisivo, em que se realizaria evidentemente uma *descontinuidade*[3] na história moderna, que exigia então outra leitura sobre a política na sua relação com a guerra, de forma que o discurso freudiano realizou essa leitura de forma seminal com o enunciado do conceito psicanalítico do narcisismo das pequenas diferenças, como enunciei há pouco.[4]

---

3 Foucault, M. (1969) *Archeologie du savoir*. Paris: Gallimard.

4 Freud, S. (1981). Psychologie des foules et analyse du moi. In S. Freud, *Essais de psychanalyse*. Paris: Payot. (Trabalho originalmente publicado em 1921)

Narcisismo das pequenas diferenças e guerra civil

Contudo, para isso é preciso enunciar com Freud o conceito de narcisismo das pequenas diferenças. O que foi que Freud enunciou sobre isso nesse contexto histórico de seu discurso teórico?

Após formular inicialmente o *conceito de narcisismo* em 1914, no ensaio intitulado "Para introduzir o narcisismo",[5] a fim de problematizar o registro do eu e enunciar as instâncias psíquicas ideais (eu ideal e ideal do eu), Freud procurou pensar posteriormente no campo do narcisismo no âmbito dos laços sociais modulado pelas pequenas diferenças. Dessa maneira, Freud enunciou então que algo de novo e de inédito estava assim em jogo nessa conjuntura histórica no cenário europeu e internacional, a saber, a *intolerância do sujeito*, nos *registros individuais e coletivo*, com a *experiência da diferença* face ao *Outro, qualquer que fosse a diferença colocada em pauta.*

Portanto, na relação com os demais nos registros da singularidade e da sociedade, o sujeito passou a não suportar a diferença do Outro em relação a si próprio, de forma que o Outro em questão passou a ser caracterizado inicialmente como um adversário e em seguida como um inimigo. Então, a eliminação do Outro pela *violência passou a se impor no espaço social de forma regular.*[6]

Assim, se o Outro em questão se apresenta com uma cor diferente da minha, ou então com outra etnia ou religião diferente, seria transformado em adversário e mesmo em inimigo, como forma de eliminá-lo pela força e pela violência sangrenta propriamente dita.

Evidentemente, para propor tal conceito de narcisismo das pequenas diferenças, que incidiria nos registros de singularidades

---

5 Freud, S. (1973). Pour introduire le narcissisme. In S. Freud, *La vie sexuelle*. Paris: PUF. (Trabalho originalmente publicado em 1914)

6 Freud, S. (1981). Psychologie des foules et analyse du moi. In S. Freud, *Essais de psychanalyse*. Paris: Payot. (Trabalho originalmente publicado em 1921)

e das alteridades ao mesmo tempo o discurso freudiano enunciou anteriormente, em "Psicologia das massas e análise do eu", que a psicanálise era não apenas uma *psicologia individual*, mas também uma *psicologia social*, que abarcaria conjuntamente os registros opostos do *narcisismo* (psicologia individual) e da alteridade (psicologia social).[7] Seria assim essa dupla dimensão teórica da psicanálise que a condição concreta de possibilidade para a formulação da categoria de narcisismo das pequenas diferenças.

Portanto, foi apenas depois de enunciar essa formulação teórica e metodológica para a psicanálise que se tornou possível ao discurso freudiano empreender a leitura das *psicologias das massas* pela psicanálise, como Freud realizaria então de forma magistral na obra sobre a "Psicologia das massas e análise do eu".[8] Sem essa consideração epistemológica sobre o alicerce da teoria psicanalítica, todo o empreendimento realizado nessa obra seria então seria impossível.

Assim, com o enunciado da categoria do narcisismo das pequenas diferenças, Freud destacou a constituição social e política no registro específico da intolerância generalizada no Ocidente, de forma que o Outro deveria ser eliminado, real e simbolicamente, quer pela violência real, quer pela violência simbólica. Com efeito, o que está assim sendo caracterizado no discurso freudiano é a emergência das ideologias do fascismo e do nazismo. O sujeito nessas condições não aceita efetivamente o convívio com a diferença e a alteridade.

Portanto, o que está em pauta no contexto histórico, do início dos anos 1920 é a emergência da *guerra civil* generalizada no espaço social europeu, na medida em que a não aceitação da diferença do Outro e da diversidade humana desemboca necessariamente numa guerra civil promovida inicialmente no continente europeu e

---

7 Idem.

8 Idem.

posteriormente em escala internacional, como ocorreu com a eclosão da Segunda Guerra Mundial no final dos anos 1930.

Guerra e pulsão

Ao enunciar pelo conceito de narcisismo das pequenas diferenças o contexto da guerra civil generalizada e disseminada, o discurso freudiano se *deslocou* de forma sutil do *paradigma dominante* de pensar a guerra a partir do registro da política para conceber o oposto, qual seja, de que seria a *guerra a matriz efetiva do campo político.*

Como se sabe, o paradigma de que a política seria a continuação da guerra em outros termos foi estabelecido inicialmente pelo general prussiano Clausewitz, na obra intitulada *Da guerra*,[9] no século XIX. Esse paradigma teórico foi retomado por uma plêiade fundamental de autores no século XIX e XX, como Hegel, Marx e Lênin, sendo ainda representado até hoje como uma evidência e uma obviedade na tradição da ciência política do Ocidente.

No entanto, a formulação de Freud sobre a instauração da guerra civil como correlato da experiência generalizada e disseminada do narcisismo das pequenas diferenças inverte decisivamente a formulação clássica de tão nobre linhagem teórica, ao colocar então a guerra (civil) como matéria-prima e matriz do campo político.

Essa inversão teórica foi problematizada e sistematizada por Foucault, no curso de 1976 do Collège de France, intitulado "Em defesa da sociedade".[10] Para ele, seriam as relações de força existentes no espaço social, configuradas de forma violente e bélica,

---

9 Clausewitz, C.V. (1996). *Da guerra*. São Paulo, Martins Fontes.

10 Foucault, M. (1997). *Il faut defendre la société*. Paris: Gallimard/Seuil/EHESS. (Trabalho originalmente publicado em 1976)

que modelariam o campo da política e, não o inverso, como foi formulado por Clausewitz.

Na proposição que estou encaminhando agora neste ensaio, parece-me que a formulação de Freud sobre o narcisismo das pequenas diferenças, que se desdobra nas experiências sociais da adversidade e da inimizade, se encontra mais bem fundamentada na leitura genealógica de Foucault de que a guerra seria efetivamente a matriz da política, de fato e de direito.

Na mesma obra de 1921, "Psicologia das massas e análise do eu", o discurso freudiano enunciou de forma eloquente que o "homem não é um animal de massa, mas um animal de horda",[11] de forma que o dito animal humano não seria passível de ser disciplinado e massificado, pois a sua matriz violenta e guerreira seria fundamental no seu ser.

Em seguida, no final de sua obra, em 1930, no ensaio intitulado "Análise com fim e análise sem fim", Freud enunciou a existência de três *práticas sociais impossíveis*, a saber, *educar*, *governar* e *psicanalisar*.[12]

Mas por que tais práticas sociais seriam consideradas da ordem do impossível?

Essas práticas sociais seriam consideradas como impossíveis na medida em que não seria possível eliminar a *dimensão pulsional* da configuração do sujeito. Por isso mesmo, o sujeito não seria possível de ser completamente educável, pois algo inscrito nele (a pulsão) resiste à *disciplina* pedagógica, assim como resiste a ser tratado como massa no registro político e até mesmo de ser analisado

---

11 Freud, S. (1981). Psychologie des foules et analyse du moi. In S. Freud, *Essais de psychanalyse*. Paris: Payot, 1981. (Trabalho originalmente publicado em 1921)

12 Freud, S. (1985). Analyse avec fin et analyse sans fin. In S. Freud, *Résultats, idées, problèmes* (vol. II). Paris: PUF. (Trabalho originalmente publicado em 1938)

terapeuticamente pela psicanálise, pois a pulsão resistiria a qualquer normalização possível.

Nesta perspectiva, a *pulsão* seria aquilo que os resiste à normalização e à disciplina, de forma a instalar as coordenadas da guerra nas relações e laços sociais,[13] pois seria assim a guerra o que delinearia o campo da política e não o inverso como pretendia Clausewitz.

Enfim, foi a guerra civil generalizada e disseminada, que se impôs então no continente europeu como um novo imperativo que modularia as relações entre a guerra e a política, de forma que desde então foi o espectro da guerra civil o que passou permanentemente a nos assombrar continuamente nas nossas existências diurna e noturna.

Paz e guerra

Para ressaltar a novidade dessa formulação de Freud no seu contexto teórico, é preciso colocar devidamente em evidência a sua diferença específica em relação ao contexto teórico imediatamente anterior. Vamos fazê-lo de forma esquemática.

No ensaio intitulado "Totem e tabu", publicado em 1913, o discurso freudiano supunha que a violência e a morte seriam interditadas na condição humana pela *culpa* decorrente da morte primordial perpetuada pelos filhos em revolta contra o pai primordial. Portanto, o resultado da violência humana originária seria a culpa inconsciente, e esta nos destinaria à interdição da violência mortal.[14] O discurso freudiano realizou a leitura psicanalítica do preceito bíblico "Não Matarás", um dos dez mandamentos, pelo efeito de produção da

---

13 Idem.

14 Freud, S. (1975). *Totem et tabou*. Paris: Payot. (Trabalho originalmente publicado em 1913)

culpa consequente à morte violenta da figura do *pai então morto* no inconsciente.[15]

Mas o advento da Primeira Grande Guerra fez Freud se deparar com a violência generalizada, *autorizada pelo Estado*, de forma que o mandamento "Não Matarás" deixou de ser *universal* para ser então *relativo*, pois o sujeito seria conduzido a matar em tempos de paz pelo Estado e seria autorizado a fazê-lo em tempos de guerra.[16]

Como demonstrou este ensaio, o que Freud sustentou foi que, a partir do pós-guerra, o que estaria em pauta não era mais a interdição/autorização da violência em tempos de guerra e de paz, mas a guerra civil generalizada com a matriz do narcisismo das pequenas diferenças, na medida em que se anteriormente o discurso freudiano se pautaria pelo paradigma de Clausewitz de que a guerra seria a continuação da política em outros termos, posteriormente há uma inversão desse paradigma no discurso freudiano, e então a política é que seria a continuação da guerra em outros termos.

O discurso freudiano realizou uma ruptura teórica radical para conceber as relações entre a guerra e a política, de 1913 a 1921, tendo como campo decisivo os efeitos da Primeira Grande Guerra na sociedade europeia, de maneira que, conforme explicitado anteriormente, não seria mais a guerra a continuação da política em outras formas (Clausewitz), mas a política que seria agora, e, desde então, a continuação da guerra em outros termos.

---

15 Freud, S. (1981). Considérations actuelles sur la guèrre et sur la mort. In S. Freud, *Essais de psychanalyse* (cap. 1). Paris: Payot. (Trabalho originalmente publicado em 1915)

16 Idem.

11. Psicanálise e biopolítica

Helgis Torres Cristófaro

Este texto é baseado em uma apresentação realizada em 2021, como parte de um evento de celebração da efeméride de 100 anos do livro de Freud "Psicologia das massas e análise do eu", de 1921,[1] o qual é frequentemente considerado como texto fundamental para as tradições de psicologia de grupo e psicologia social, psicanalíticas ou não.

O título da apresentação foi originalmente concebido como uma provocação sobre o campo da psicanálise, de tal modo que as palavras psicanálise e biopolítica guardariam ao menos três possíveis possibilidades de composição. A primeira, conforme a formulação que dá título formal a este texto, trata das possíveis relações entre a psicanálise e a biopolítica como constructos independentes, ou seja, entes da razão particulares em seus conceitos, métodos, história e

1 O evento *Psicologia das Massas: um século de pensamento crítico* foi realizado em junho de 2021 em modo virtual da cidade de São Paulo e foi concebido e organizado pelo Grupo de estudos "Psicanálise, Grupos e Instituições" e Grupos do Departamento de Formação em Psicanálise do Instituto *Sedes Sapientiae*. A mesa de que participei contou ainda com Carla Maria Pires e Albuquerque Penna e Wilson Klain.

objetos, o que implica retomar no campo da psicanálise reflexões e instrumentais sobre a sociedade humana, principiando por ler e reler os textos sociais de Freud, em especial "Psicologia das massas".

Outras duas possibilidades surgem pelo verbo em lugar do conectivo, de modo que a grafia surge uma mesma, porém com duas pontuações. Uma, afirmativa: "A psicanálise é biopolítica!". E outra, interrogativa: "A psicanálise é biopolítica?".

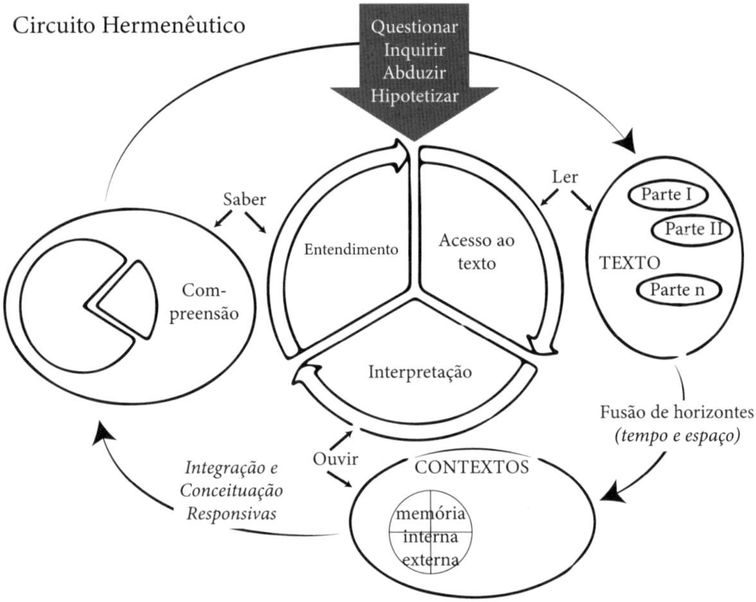

Figura 11.1 – Círculo hermenêutico.

Essas elaborações semânticas decorrem de uma relação com o texto por meio da composição entre hermenêutica e dialética, conforme conceituou Paul Ricœur a partir de Wilhelm Dilthey, Martin Heidegger e Hans-Georg Gadamer, e se expressa nos termos de um circuito (círculo) hermenêutico o qual integra recursivamente partes em um todo e assim pode ser percorrido ao infinito, de tal modo que a cada todo constituído sucede um novo desafio que, por seu turno, retoma a leitura das partes, configurando um outro todo, e, de outro lado, toma esse(s) todo(s) como parte(s) de um novo conjunto como possiblidade de um novo todo a ser compreendido.

É desde essa fundamentação pela hermenêutica que se pode afirmar que ao mesmo tempo há e não há uma psicologia, ou uma psicanálise, ou uma teoria crítica. Se por um lado é possível, ou mesmo mandatório, nominar psicologias, psicanálises, filosofias, sociologias ou teorias críticas, e assim por diante, por outro lado, cada psicologia específica é uma totalidade em si (psicologia da educação, por exemplo), ao mesmo tempo que também é parte de um e vários todos. Da mesma forma, há uma e várias "psicologia das massas" conforme o leitor-intérprete e o momento da leitura, de modo que certos textos e certos leitores estabelecem uma relação de contínua expansão de compreensões, o que explica, no caso da psicanálise, o hábito de releitura dos textos de Freud que psicanalistas desenvolvem.

Assim, cada parte deste livro reflete a relação particular e porquanto hermenêutica que cada apresentador/escritor estabeleceu com o texto de Freud "Psicologia das massas e análise do eu" no tempo de sua escrita e de sua apresentação e, ao mesmo tempo, estabelece um todo caleidoscópico, pois permite infinita diversidade de leituras, como deve ser com um texto vivo.

Como uma das preocupações originais na concepção do evento foi pontuar como um texto de 1921 pode ser atual, ocupou-me a conexão entre "Psicologia das massas" e a biopolítica. Parar tanto, antes, é preciso estabelecer o que se entende aqui como biopolítica.

Biopolítica

O constructo biopolítica configurou, no final do século XX e nas primeiras décadas do XXI, um marco conceitual relevante a partir do qual novos referenciais e estruturas conceituais em teoria social podem ser criados, permitindo gerar, então, instrumentais de análise e compreensão dos fenômenos socioeconômicos atualizados ou mesmo inovadores, sobretudo nas relações entre política, economia e vida, ou mesmo uma revisão e atualização do marxismo ortodoxo capaz de estabelecer prognósticos e instrumentos de mudança efetivos sobre as relações de poder que implicam reificação, alienação e, por que não dizer, sofrimentos individuais e sociais.[2] A seguir, algumas das acepções em um movimento historiográfico e uma elaboração conceitual original sobre a biopolítica.

Eugenia e higienismo

O termo biopolítica tem seu *debut* em um artigo de G. W. Harris intitulado "Bio-Politics", publicado em 28 de dezembro de 1911, em um semanário britânico sobre política, literatura e arte chamado *The New Age*, no qual define biopolítica nos seguintes termos:

---

2 Proponho considerar sofrimento social como um constructo ainda sob uma delimitação conceitual imprecisa que merece uma consolidação a partir de textos de psicologia social como os de Freud, em particular "Mal-estar na civilização" e o "Destino de uma ilusão", ou a partir das proposições sobre alienação e ideologia em Marx e Engels e suas elaborações posteriores por Lukács, Gramsci, Althusser, Adorno, Harvey, Negri, entre outros, ou também em combinação com a conceituação de patologia social de Axel Honneth. Ainda que tal conceituação não seja o foco principal aqui, será essencial enfrentar esse desafio de precisão conceitual para os fins de conjugar psicanálise e teoria social. O próprio conceito de sofrimento merece, se é que não demanda, um escrutínio criterioso que auxilie na convergência de uma imensa fragmentação e estresse conceitual que veio sofrendo.

> *Com o termo "bio-política", nós queremos significar uma política que deve considerar dois aspectos da nação: em primeiro lugar, o crescimento da população e competição; em segundo lugar, os atributos individuais dos homens que estão disponíveis para ocupar lugares de responsabilidade no Estado. (Harris, 1911)*[3]

O conceito de população está então em pleno uso, e a teoria malthusiana sobre o excessivo crescimento populacional como ameaça ao bem-estar e ao progresso é aceita como lei social, de modo que Harris defende a intervenção do Estado sobre a natalidade mediante o controle do número de mulheres, pois:

> *Os atuais problemas com as mulheres histéricas devem-se grandemente ao excesso de mulheres em relação à população masculina, este excesso não tem de acontecer e as torna extremamente doentes . . . é claramente um caso no qual a legislação deveria racionalmente diminuir o número de nascimento de mulheres, e então deixar o suficiente de mulheres ao todo, sem excesso. (Harris, 1911)*

Essa origem do termo indica que procede a proposição de Michel Foucault quanto à passagem estrutural de um estado de disciplina para um estado de controle com o surgimento concomitante do conceito de população. E é precisamente nesse contexto que Foucault propõe a conceituação da biopolítica sobre a qual Hardt e Negri vão elaborar uma revisão e sobre a qual elaboro uma apropriação e revisão específica.

---

3 Esta e as demais traduções da obra do Harris são minhas.

Foucault: biopolítica como biopoder

Foucault propõe que no século XVIII ocorreu uma mudança fundamental na estrutura do poder de Estado, após a qual o exercício de poder passa de uma relação negativa com a vida, a ameaça de morte, para uma relação positiva com a promessa de vida, mas que a rigor não exclui a ameaça de morte. O poder de matar fica latente no interior de um discurso manifesto que enfatiza a vida, recalcando – vale dizer negando – a mortalidade e, por consequência direta e necessária, "escondendo" o poder do Estado de matar. Tal poder é justificado como defesa da vida de todos pelo combate a interesses contrários a um determinado conjunto de valores, relações e estruturas de poder, isto é, conforme a ideologia que o Estado representa e da qual decorre, como acontece nas guerras, na estruturação das instituições políticas e jurídicas, no exercício do poder de polícia pelo Estado, ou nas escolhas de política econômica sobre gastos sociais como saúde e aposentadoria.

Duas "políticas", bio e anátomo, passam a ser as formas de poder: anátomopolítica com a disciplina, e biopolítica com o controle, e em uma relação de integração entre si, de maneira que disciplina e controle fazem parte de:

> *dois polos de desenvolvimento (do poder sobre a vida) conectados por todo um conjunto de mediações dos relacionamentos. Um desses polos (do Biopoder) – aparentemente o primeiro a ser formado – centrado no corpo como máquina: sua disciplina, a otimização de suas capacidades, a extorsão de suas forças, sua utilidade e docilidade aumentadas em paralelo, sua integração e sistemas de eficiência e controle econômico, tudo isso foi garantido pelos procedimentos de poder que caracterizam*

> *as disciplinas: uma anatomopolítica do corpo humano. (Foucault, 1978, p. 137)*

Concretamente, o poder pela disciplina se apresenta na história das sociedades humanas em instituições, como o Exército, a Igreja e as escolas e as universidades, e se expressa em estratégias e táticas militares, na forma de aprender e ensinar, na pesquisa acadêmica e na natureza das sociedades, em suas leis e regramentos explícitos ou não, desde as totalitárias militarizadas até as utopias comunitárias e certamente nas democracias republicanas contemporâneas. Já a biopolítica, o outro polo do biopoder, seria:

> *formado em certa medida mais tarde, com foco no corpo da espécie, o corpo imbuído dos mecanismos da vida e servindo como base dos processos biológicos: propagação, nascimentos e mortalidade, o nível da saúde, expectativas de vida e longevidade, com todas as condições que podem causar suas variações. Tudo supervisionado por uma completa série de intervenções e controles regulatórios: uma Biopolítica da população. (Foucault, 1978, p. 139)*

Esses controles da população se apresentam pela emergência da demografia, a avaliação da relação entre recursos (infraestruturas, capital e natureza) e habitantes, os modelos matemáticos de análise de geração e circulação de riquezas, a expansão da coleta e manipulação massiva de dados e a sofisticação no uso da estatística, entre outros eventos e instrumentos.

Hardt e Negri: biopolítica contra o biopoder

O modelo de biopolítica subordinada em par com a anatomopolítica ao biopoder foi revisto por Hardt e Negri. Tal revisão principia com a crítica de que com a biopolítica ocorre efetivamente uma passagem de uma sociedade disciplinadora para uma sociedade de controle, e não a integração de modos distintos de organização do poder sobre a vida: "a obra de Foucault nos permite reconhecer uma passagem histórica e divisora, em termos de formas sociais, de uma sociedade disciplinadora a uma de controle" (Hardt & Negri, 2001, pp. 22-23).

Tal afirmação é esclarecida nos seguintes termos: "A passagem de uma sociedade disciplinadora para uma sociedade de controle não é explicitamente articulada por Foucault, mas permanece implícita na sua obra. Nós [Hardt e Negri] seguimos o excelente comentário de Gilles Deleuze nesta interpretação" (Hardt & Negri, 2001, p. 419).

Enquanto Foucault pensa uma distinção clara entre poder sobre a vida dirigido ao indivíduo *vis-à-vis* o poder sobre a vida dirigido à população, Hardt e Negri partem da perspectiva deleuziana e pensam a dissolução do indivíduo em completa subordinação ao número, à medida e às estatísticas. Para Deleuze, "não se está mais diante do par massa-indivíduo. Os indivíduos se tornaram '*dividuais*', divisíveis, e as massas tornaram-se amostras, dados, mercados ou '*bancos*'" (Deleuze, 2006, p. 222). Para Hardt e Negri, a consequência de ler Foucault pela ótica deleuziana é o reconhecimento da dissolução da individualidade como identidades singulares no interior de conjuntos populacionais variáveis, conforme segmentações de mercado e estruturas de produção. Nesse sentido, entendem que:

> *a sociedade de controle pode, então, ser caracterizada por uma intensificação e generalização dos aparatos normalizadores da disciplina que internamente animam*

> *nossas práticas comuns e cotidianas, mas, em contraste com a disciplina, este controle se estende para muito além dos espaços estruturados das instituições sociais por meio de redes flexíveis e flutuantes. (Hardt & Negri, 2001, pp. 22-23)*

Para Hardt e Negri, com o advento do biopoder a sociedade de controle "absorve" a disciplina, subordinando-a e modificando-a a ponto de descaracterizar a estrutura produtiva do capitalismo baseada em controle e determinação precisos, uma vez que ocorre o deslocamento da produção das coisas em tempo, forma e local determinados para a produção de vida em todo lugar, sob formas variáveis e a qualquer tempo.

A biopolítica de Foucault inscrita no biopoder é reconfigurada por Hardt e Negri como reação e resistência a uma tentativa de poder integral sobre a vida em todos os seus aspectos e manifestações, tendo a produção como elemento central da manifestação desse poder. Para eles será fundamental, portanto, estabelecer qual a relação, ou relações, entre produção, biopoder e biopolítica em uma outra relação entre biopoder e biopolítica, não mais de parte, mas sim de opostos em confronto em torno do poder: o poder sobre a vida *versus* o poder da vida.

Hardt e Negri consideram insuficientes os aprofundamentos oferecidos por Foucault na relação entre biopoder/biopolítica e capitalismo, argumentando que "Foucault falha em finalmente apreender reais dinâmicas de produção em uma sociedade biopolítica" (Hardt & Negri, 2001, p. 28), pois sua distinção entre biopoder e biopolítica invalida a proposta foucaultiana para a relação entre poder e capitalismo, que teria o biopoder como determinante da relação entre produção e biopolítica, ou no mínimo a reveste de insuficiência.

De outro lado, mesmo tendo recorrido a Deleuze para reconfigurar o conceito de biopolítica por meio da fundamentação sobre a passagem de uma sociedade disciplinadora para uma sociedade de controle, também discordam dele e de Guattari quanto à correta apreensão da produção em uma sociedade biopolítica, pois:

> *Deleuze e Guattari descobrem a produtividade da reprodução social (produção criativa, produção de valores, relações sociais, afetos, transformações), mas conseguiram formular tal produtividade apenas superficialmente e efemeramente, como um horizonte caótico e indeterminado marcado por um evento inapreensível. (Hardt & Negri, 2001, pp. 28-30).*

Mas qual então seria a relação "profunda" e "perene" entre biopolítica e produção? Qual seria a real dinâmica da produção em uma sociedade biopolítica?

Para responder tais questões, nos termos de Hardt e Negri, basta seguir os movimentos lógicos adotados por Negri nos textos *The labor of the multitude and the fabric of biopolitics* (2008) e *In praise of the common* (2008), este último em parceria com Cesare Casarino. Tal movimento principia por construir uma nova definição de biopolítica a partir do conceito de poder em Foucault, com o objetivo de desfazer a subordinação da biopolítica ao biopoder.

> *a relação entre Biopolítica e bio-Poder. Sinto que é necessário, na verdade, introduzir uma distinção dentro do próprio conceito de Biopolítica, para distinguir dois aspectos diferentes e antagônicos, ou tendências desse conceito: Biopolítica, por um lado, se transforma*

> *em bio-Poder [*biopotere*], concebido como a instituição de um domínio sobre a vida, e, por outro lado, se transforma em Biopoder [*biopotenza*], concebido como a potencialidade do poder constituinte. Em outras palavras, na Biopolítica concebida como Biopoder, é o bios que cria Poder, enquanto em Biopolítica concebida como bio-Poder é o Poder que cria o bios, ou seja, que tenta alternadamente determinar ou anular a vida, que postula a si mesmo como potência contra a vida. (Hardt & Negri, 2001, p. 28)*

Negri enxerga na subordinação da biopolítica ao biopoder a subordinação da vida ao poder, o que considera uma contradição em termos, na medida em que:

> *se o poder possibilita e instala a vida não significa que vida é poder, podemos localizar na vida em si – isto é, no trabalho e na linguagem, mas também nos corpos, no desejo, e na sexualidade – o sítio de emergência de um contrapoder, o sítio de uma produção de subjetividades que pode se apresentar como um momento de desassujeitamento (*désassujettisement*)? (Negri, 2008)*

E traz para primeiro plano a consideração que Foucault fez ao conceder à biopolítica o duplo caráter de ser parte ativa de um poder sobre a vida e ao mesmo tempo resistência ativa a esse mesmo poder, pois: "contra esse poder, que era ainda novo no século XIX, as forças que resistiam se apoiavam no suporte na mesma coisa que ele instaura, qual seja, a vida e o homem enquanto ser vivo" (Foucault, 1978, p. 144).

A luta da vida contra o poder sobre a vida surge em Foucault como *continuum* desde o século XIX até o presente; uma luta inevitável contra a usurpação da vida em si, pois: "o que foi demandado e o que serviu como objetivo era vida, entendida como necessidades básicas, a concreta essência do homem, a realização do seu potencial, a plenitude do possível" (Foucault, 1978, p. 144).

Anteriormente, a luta contra o poder sobre a vida foi, em essência, uma luta contra a tirania, luta por liberdade, por autonomia, por isegoria e por isonomia, com o conteúdo manifesto de luta contra o poder arbitrário de determinar a morte. A partir do advento do biopoder, a luta contra o poder sobre a vida passa a ser uma luta contra uma vida artificial e reduzida à pura materialidade e utilidade, uma luta que não perde de vista a questão do arbítrio da morte pelo Estado, mas está entranhada em uma luta por como a vida é vivida.

Nesse sentido, a reificação, a alienação e a real subsunção ao capital caracterizam a luta contra o controle da vida pelo biopoder. Ou seja, a faceta mais contraditória do biopoder seria que, em nome de uma "boa vida" para cada um, a vida de todos deve ser reduzida à coisa mercadoria, como utilidade para todos, e as formas concretas dessa redução são a assunção do corpo como máquina de produção material e imaterial e o apreçamento dos afetos.

Para Negri, biopoder e biopolítica se caracterizam como polos de um conflito resultante de um processo histórico, marcado pelo surgimento, expansão e aperfeiçoamento de uma sociedade de controle estruturada em torno e para a produção e reprodução do capital. Esse processo histórico teria na década de 1970 um ponto de inflexão que modificou definitivamente a relação entre biopoder e biopolítica, daí a necessidade de rever a conceituação dada por Foucault, que estaria datada para o século XVIII.

A disputa por corpos, corações e mentes

A chave para compreender corretamente a relação que Hardt e Negri fazem entre biopoder e biopolítica estaria, segundo o filósofo italiano, na compreensão do conceito de poder em Foucault:

> *O poder nunca é uma entidade coerente, estável, unitária, mas sim um conjunto de "relações de poder" que implica condições históricas complexas e múltiplos efeitos: poder é um campo de poderes. Por consequência quando Foucault escreve sobre poder, nunca se trata da descrição de um princípio inicial ou fundamental, mas, ao contrário, trata-se de um conjunto de correlações nas quais prática, conhecimento e instituições estão emaranhadas. (Negri, 2008)*

Da mesma forma que Negri intervém sobre o conceito de biopolítica de Foucault para que os eventos da década de 1970 sejam considerados e assim absorvidos na teoria, é necessário fazer ecoar no interior de sua proposição e entendimento da relação biopoder-biopolítica tanto as criações e revisões em teoria social, psicossociologia e filosofia política, que se consolidaram desde o início do século XXI, quanto, e sobretudo, as mudanças sociais e políticas decorrentes da hegemonia global do neoliberalismo nas suas facetas econômica, política, social, epistemológica e ambiental.

Tal atualização deve partir da relação entre indivíduo e sociedade nos termos do conflito entre narcisismo e socialismo, como apresenta a teoria de grupos de Wilfred Bion, conflito que já estava descrito nos textos sociais de Freud, os quais, a rigor, discutem como se constitui o sujeito enquanto ser social segundo um confronto entre existir como fim para si e, ao mesmo tempo, como meio para o comum, vale dizer, em um sentido mais amplo, como todo em si mesmo e como parte da espécie humana que Freud repetidamente pontuou como a relação entre ontogênese e filogênese, de maneira que a primeira repete a segunda.

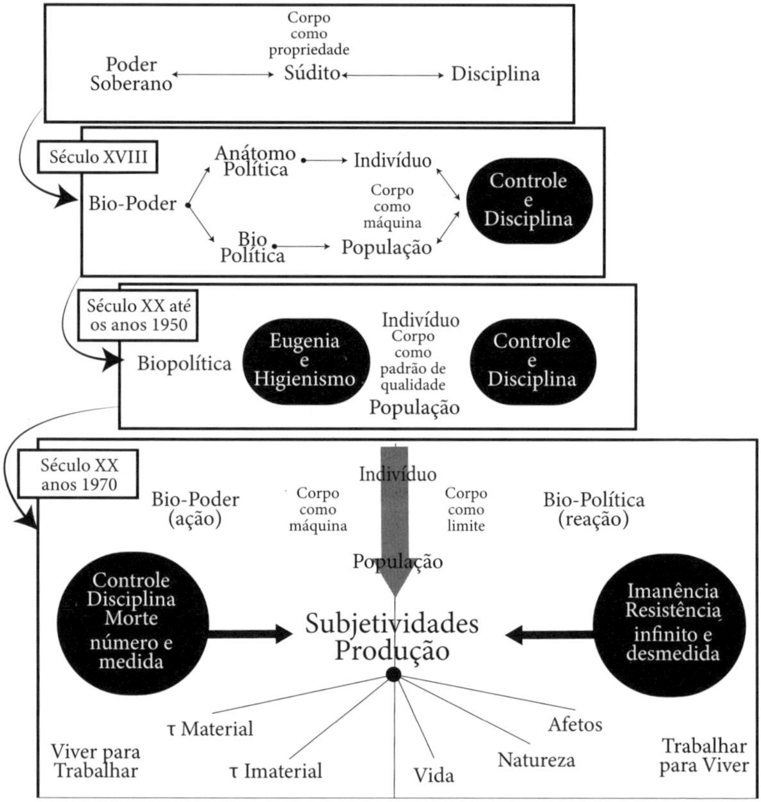

Figura 11.2 – Biopoder e Biopolítica.

Nessa visada, que considera as relações de produção e consumo materiais e imateriais como essência dos vínculos sociais e que, conforme a fundamentação hermenêutica, não pretende ser a única possível, é a produção de subjetividades que está em disputa entre o biopoder e a biopolítica, de modo que o trabalho, a produção e o consumo se relacionam com a vida individual e social em dois modos completamente distintos conforme a finalidade do agir. De um lado, viver para trabalhar, produzir e consumir, e de outro, trabalhar, produzir e consumir para viver. Na primeira finalidade, a vida em todas as suas manifestações fica sujeita a preço e comércio, a vida é mercadoria. Na segunda finalidade, a vida está além das relações de produção e consumo, a vida afirma sua natureza de desmedida que não aceita limite de tempo e espaço/forma próprios da coisa mercantil, seja material ou imaterialmente.

A manifestação contemporânea do sistema capitalista incorpora a produção e consumo de afetos tanto incrustados na coisa material quanto em si mesmos e, assim, cria a impressão de ser possível apreçar toda e qualquer forma de vida, daí ser fundamental a produção de subjetividades adequadas a tal falácia. A esse modo de funcionamento denomino biocapitalismo, em linha com a conceituação desse neologismo por Negri: "biocapitalismo que nomeia um capitalismo que para sua valorização e para seu benefício, já investiu para a totalidade da sociedade. E com a totalidade da sociedade, na vida humana, isto é, o conjunto da vida humana individual e social que é posta, enquanto tal, a trabalhar" (Negri, 2015, p. 57).

Importa ressaltar que o biocapitalismo de Negri não considera a psicanálise devido à discordância essencial quanto ao conceito de inconsciente que herda das críticas de Guattari e Deleuze à psicanálise, sobretudo em seu livro *Anti-Édipo – Capitalismo e esquizofrenia*.

Psicanálise social

As elaborações freudianas sobre a vida em sociedade podem ser agrupadas como um conjunto de textos sociais composto sobretudo, mas não apenas, por "Totem e tabu", "Psicologia das massas e análise do eu", "Mal-estar na civilização", "O futuro de uma ilusão" e "Moisés e o monoteísmo". Nessas elaborações, Freud explicita a tensão entre a escolha pela vida em comum e a satisfação dos instintos individualistas de natureza narcísica e constata sua motivação nos seguintes termos:

> *Foi precisamente por causa dos perigos com que a natureza nos ameaça que nos reunimos e criamos a civilização, a qual também, entre outras coisas, se destina a tornar possível nossa vida comunal, pois a principal missão da civilização, sua* raison d'être *real, é nos defender contra a natureza . . . Uma das poucas impressões gratificantes e exaltantes que a humanidade pode oferecer, ocorre quando, em face de uma catástrofe elementar, esquece as discordâncias de sua civilização, todas as suas dificuldades e animosidades internas, e se lembra da grande tarefa comum de se preservar contra o poder superior da natureza. (Freud, 1969/1927, pp. 25-28)*

Os textos sociais freudianos são a rigor exercícios de explicação da relação entre sociedade e sujeito e expandem as ficções heurísticas da metapsicologia, formando um conjunto de considerações causais, porém, sem a proposição de dispositivos de intervenção como na clínica individual. Ainda que Freud tenha se oposto às primeiras iniciativas de grupos como dispositivos clínicos, esse conjunto explicativo dos fenômenos sociais, como contágio, liderança, instituições, guerras etc., formou semeaduras que *a posteriori* frutificaram em uma teoria e prática psicanalítica de grupos.

Freud e a psicologia das massas

Ao contrário da psicanálise individual, que se afirmou como uma prática modificadora de estruturas e modos de funcionamento da psique do sujeito, Freud não vislumbrou uma prática em psicanálise social, vale dizer o grupo como dispositivo[4] para compreensão e mudança da psique do grupo e dos sujeitos no grupo.

Aparentemente a aposta freudiana sobre questões sociais foi de uma expansão da clínica psicanalítica individual, de modo que se por um lado o social antecede e conforma o individual, pois "a ontogênese repete a filogênese", seria no sentido inverso, do individual para o social, que a sociedade poderia ser transformada:

> *As pessoas que hoje vêm ao mundo trazem consigo, como organização herdada, alguma tendência (predisposição) para transformar os instintos egoístas em sociais, à qual bastam leves incitamentos para realizar essa transformação. Outra parcela dessa transformação instintual tem que ser efetuada na vida mesma. Desse modo, o ser individual se encontra não apenas sob o influxo do seu meio cultural presente, mas está sujeito também à influência da história cultural de seus antepassados . . . Por outro lado, a manutenção da cultura, ainda que sobre uma base tão duvidosa, oferece a perspectiva de*

4 O grupo como dispositivo terapêutico surge em 1905 com Joseph Henry Pratt em Boston e em 1910 com Jacob Levy Moreno em Viena, já no contexto da técnica do psicodrama. Posteriormente, no princípio da década de 1920, Trigant Burrow, discípulo de Freud e Jung nos Estados Unidos, cunhou o termo análise grupal, cuja rejeição por Freud levou à rejeição de Burrow como membro da Associação Psicanalítica Americana.

> *preparar o caminho, em cada nova geração, para uma transformação instintual mais ampla, portadora de uma cultura melhor. (Freud, 2010/1915, pp. 221-224)*

Retomando o desafio de conexão entre psicanálise e biopolítica e conforme a acepção de biocapitalismo como tentativa de controle absoluto da vida humana individual e social, configurando então um confronto contínuo entre biopoder e biopolítica pela produção de subjetividades, não parece razoável a filiação a este ou aquele pensamento crítico que desconsidere a psicanálise.

Ao contrário, é justamente por tratar tanto da vida individual quanto da social que o saber e a prática psicanalíticos devem ser considerados em teórica crítica. Para tanto, em vez de excluir e fragmentar saberes e linhas teóricas no interior da psicanálise, é essencial integrar as teorias e práticas individuais e sociais grupais em um todo que coopera e assim orienta a compreensão dos fenômenos da díade indivíduo-sociedade.

É precisamente essa integração entre psicologia individual e social que Freud, a partir do exercício sobre conceitos e experiências (isto é, razão pura e empírica), conforme o método especulativo kantiano, estabelece no plano teórico em "Psicologia das massas", logo no início:

> *A oposição entre psicologia individual e psicologia social ou das massas, que à primeira vista pode parecer muito significativa, perde boa parte de sua agudeza se a examinamos mais detidamente. É certo que a psicologia individual se dirige ao ser humano particular, investigando os caminhos pelos quais ele busca obter a satisfação de seus impulsos instintuais, mas ela raramente, apenas em condições excepcionais, pode abstrair das*

> *relações deste ser particular com os outros indivíduos. Na vida psíquica do ser individual, o Outro é via de regra considerado enquanto modelo, objeto, auxiliador e adversário, e portanto a psicologia individual é também, desde o início, psicologia social, num sentido ampliado, mas inteiramente justificado. (Freud, 2011/1921, p. 14)*

Como de costume o texto freudiano é semeadura não apenas nesse parágrafo inaugural, mas em todas as suas partes. Já nesse início estão plantadas as sementes da alteridade, da vida em comunidade, da possiblidade da psicanálise dos grupos e da intersubjetividade. Todos conceitos que serão aprofundados posteriormente.

Em especial Freud, a partir de Le Bom, Sighele, McDougall e Trotter, articula conceitos de natureza social como massa, tribo, povo, casta, classe e instituições, com a ideia de um instinto social (*herd instinct*, *group mind*) para pensar criticamente a relação entre indivíduo e massa e daí conceber conceitos fundamentais para as elaborações posteriores de uma psicanálise de grupos e mesmo de uma psicanálise social.

Freud compreendeu o instinto gregário de Trotter como sentimento social derivado de outra origem. Enquanto Trotter se alinha com a máxima aristotélica de que o homem é um ser social e entende que o instinto gregário faz parte da essência do ser humano como condição natural de sua existência, Freud o compreende como um resultado da necessidade de anular diferenças de modo a manter sobre limites civilizados as manifestações de uma inveja original, assumindo então uma posição mais próxima do contrato social hobbesiano, com a particularidade que depreende a partir do que denomina como massas artificiais (o exército e a Igreja), que também se estabelecem como saída para aquela inveja original devido à constituição de um líder no qual todos se espelham em igualdade, num fenômeno que combinaria identificação e garantia de amor equânime: todos serão igualmente amados pelo líder.

A experiência da regressão é outro aspecto da reflexão freudiana sobre massas. Ao adentrar uma situação de grupo o sujeito experimenta um movimento de regressão em direção a um funcionamento mais elementar, vale dizer primário, de seu aparelho psíquico. Resulta dessa regressão a anulação quase completa da capacidade crítica e a autolimitação sobre o exercício de seus impulsos e desejos, capacidade provida pelo superego, bem como a urgência de satisfação de instintos no que se passou a denominar de passagem ao ato. Freud sintetiza sua concepção de um psiquismo da massa nos seguintes termos:

> *A psicologia dessa massa, tal como a conhecemos das descrições até aqui mencionadas – a atrofia da personalidade individual consciente, a orientação de pensamentos e sentimentos nas mesmas direções, o predomínio da afetividade e da psique inconsciente, a tendência à imediata execução dos propósitos que surgem –, tudo isso corresponde a um estado de regressão a uma atividade anímica primitiva, como a que nos inclinamos a atribuir à horda primeva. (Freud, 2011/1921, p. 85)*

Vê-se que o fenômeno da regressão não se aplica apenas à perspectiva individual, e, sim, ao grupo enquanto um todo uniforme experimenta tal regressão em direção a um estado hipotético da horda primeva que Freud já havia abordado em "Totem e tabu", quase uma década antes. Nessa síntese estão apresentados implícita ou explicitamente alguns conceitos fundamentais da psicanálise: regressão, identificação, passagem ao ato, pulsão e negação.

Neste ponto, cumpre ressaltar que está plantada a semente de um psiquismo grupal que veio a ser proposto posteriormente por René Kaës, já no final da década de 1970. Também fica estabelecida a possibilidade da conceituação de uma clínica psicanalítica de grupo, conforme Bion, com os conceitos de suposto básico, cultura e mentalidade de grupo, e Foulkes, com o conceito de matriz e inconsciente grupal/social, ambos durante o período da Segunda Guerra Mundial e nos anos seguintes.

Por fim, Freud esclarece o conceito de ideal de Eu em relação com a alteridade constituída não apenas por um Outro, mas por grupos:

> *Cada indivíduo é um componente de muitos grupos, tem múltiplos laços por identificação, e construiu seu ideal do Eu segundo os mais diversos modelos. Assim, cada indivíduo participa da alma de muitos grupos, daquela de sua raça, classe, comunidade de fé, nacionalidade etc., e pode também erguer-se além disso, atingindo um quê de independência e originalidade. (Freud, 2011/1921, p. 92)*

Outra semeadura! Se a construção do ideal de Eu é tributária de uma multiplicidade de outros individuais e grupais, então é implicação direta que o Eu seja plural. Tal concepção de um Eu não unívoco tem se afirmado como uma base essencial para a teoria e a prática psicanalítica contemporânea. Ademais, é nesse texto que Freud esclarece de maneira bastante efetiva a distinção entre Eu e ideal de Eu, na seguinte passagem:

> *o indivíduo renuncia ao seu ideal do Eu e o troca pelo ideal da massa corporificado no líder. Devemos acrescentar, a título de emenda, que esse fenômeno não tem a*

> *mesma grandeza em todos os casos. Em muitos indivíduos a separação entre Eu e ideal do Eu não progrediu bastante, os dois ainda coincidem facilmente, o Eu conserva amiúde a anterior autocomplacência narcísica. (Freud, 2011/1921, p. 93)*

Tal distinção será posteriormente aprofundada por Daniel Lagache no artigo "A psicanálise e a estrutura da personalidade", de 1958, sobre a distinção entre Ideal de Eu e Eu Ideal e sua vinculação com o narcisismo, como sugere o próprio Freud quando diz em "Psicologia das massas" de uma autocomplacência narcísica e cita o texto sobre narcisismo de 1915 (Freud, 2011/1921, p. 94).

A clínica psicanalítica individual e grupal

Freud jamais escolheu explicitamente a dialética como fundamento epistemológico ou metodológico, mas, como o proceder hermenêutico não requer autorização do autor, é possível tomar seus textos independentemente da sua vontade, de maneira que procede divisar na teoria e na prática da psicanálise um extenso conjunto de díades resolvidas segundo o proceder dialético em suas mais variadas vertentes, desde a síntese hegeliana até a dialética negativa adorniana. É a partir dessa visão dialética que as relações entre o individual e o grupal e entre a psicanálise e a biopolítica são aqui pensadas.

A tríade Eu, Id e Supereu pode ser entendida como uma tensão dialética entre dois polos, o Id e o Supereu, que se resolve dinamicamente no Eu, de modo que não existe uma anulação em definitivo dos polos, mas, sim, um movimento contínuo de equilíbrio e desequilíbrio por meio do Eu. O Eu é, pois, a dialética viva do psiquismo. Da mesma forma, a relação entre consciente e inconsciente abriga uma díade em dialéticas que se resolve em mais de um tipo de movimento. A teoria do recalque é em si uma tríade dialética (recalque originário, recalque propriamente dito e retorno do recalcado) que fornece uma resolução dialética da relação entre consciente e inconsciente, o trabalho do negativo fornece outra estratégia dialética na mesma direção e assim por diante. A rigor, todo o edifício teórico e prático da psicanálise trata da relação entre consciente e inconsciente, daí a pertinência de falar em dialéticas em vez de uma dialética.

Nesse sentido, *setting* é o local privilegiado de observação e ação da dialética psicanalítica que se mostra e funciona nos encontros e desencontros entre analista e analisando mediante a relação entre o manifesto e o latente, entre seus conscientes e seus inconscientes, entre a lembrança e o esquecimento. O resultado dialético produzido no *setting* seria então a compreensão (*insight*) e terá como condição de possibilidade a cooperação entre vazio e tempo, daí a máxima bioniana: sem desejo e sem memória. Vazio entendido não como falta ou perda, mas como espaço psíquico aberto ao não saber, e, assim, passível de surgências, e sem memória porque é sem tempo, pois o surgente não tem antes ou depois, não é passível de planejamento ou de qualquer historicidade. O surgente é um acontecer, um instante, não é *cronos*, é *kairos* e está em *aeon*.

Já a díade individual-social tem resolução dialética em Freud apenas no plano teórico e demorar á algumas décadas para ser expandida para o terreno prático, ou seja, para a clínica psicanalítica de grupos. No plano teórico, a resolução dialética entre o individual e o social é introduzida por Freud no início de "Psicologia das massas", de forma que o individual e o social são mutuamente continentes e, portanto, indivisíveis: o indivíduo é produto do social e nele está contido, e o social é produto do indivíduo e nele está contido. Tal resolução tomará uma forma mais bem-acabada em "Mal-Estar na civilização" (Freud, 1930), que tem como espinha dorsal o incontornável e insolúvel conflito entre as exigências pulsionais individuais e as limitações requeridas no social da civilização, em uma dialética de interdependência que estava insinuada quase uma década antes, em "Psicologia das massas".

O avanço inicial em direção a uma clínica que integre o individual e o grupal surge quando o grupo é tomado como dispositivo psicanalítico, mas ainda em direção à psique de cada indivíduo e fundamentalmente motivado pelo esforço de guerra, dada a indisponibilidade de tratamento psicológico, pois não havia psicanalistas em número suficiente *vis-à-vis* a demanda pelos traumas de guerra (*shell shock*/PTSD). Esse primeiro movimento propiciará ou mesmo implicará um segundo, quando o grupo será tomado também como ente psicanalítico *per se* portador, portanto, de um psiquismo próprio. Tal aquisição da perspectiva grupal tomará parte da metapsicologia orientada para o individual e sobre ela realizar ajustes e reconfigurações tanto teóricas como práticas. Foram gradualmente incorporados novos conceitos, como supostos básicos, continência, transferência lateral, espaço comum, trabalho do grupo, pensamento do grupo, semiosfera, *genius loci*, sonho social e transgeracional, entre outros, mas, do ponto de vista clínico, a compreensão do grupo, pelo grupo e no grupo se manteve vinculada ao vazio e ao tempo (*kairós*) nos termos de um surgente para os membros vindo do grupo e no grupo em si como ente.

Definição e encaminhamento dos problemas

A questão que se deseja responder sobre a relação entre biopolítica e psicanálise decorre e se inscreve em uma problemática social contemporânea que resulta do biocapitalismo. Tal problemática pode ser definida como um desequilíbrio entre o biopoder e a biopolítica, e desde fins da década de 1970 há uma contínua prevalência do biopoder, que resultou em sua hipertrofia atual. No entanto, deve-se evitar uma posição maniqueísta com a exigência de vitória do bem sobre o mal, ou seja, ao contrário das utopias sociais, não se faz aqui uma crítica ao biopoder, e por extensão ao biocapitalismo, a partir da idealização de sua completa extinção em benefício de uma sociedade completamente biopolítica em um sistema produtivo em completa equanimidade. Afinal, não será uma distopia quando a utopia investe em um mundo sem conflitos?

Ora, a psicanálise ensina com a última teoria pulsional freudiana que pulsão de vida e de morte são polaridades que formam um todo, emaranhadas em constante movimento de fusão e desfusão sem nunca haver a completa desfusão, vale dizer sem a presença absoluta de um dos polos. Também ensina que a excessiva preponderância ou exclusão da pulsão de morte forma estruturas psíquicas patológicas. Ou seja, imaginar o indivíduo humano ou a sociedade humana sem dores, angústias, mortes, maldade, guerra, inimizades etc. cria uma contradição em petição de princípio, pois vai contra a própria natureza da existência que é em si ambivalente na díade vida e morte, daí ser patológico e distópico imaginar uma sociedade perfeitamente purificada da agressividade mortífera e de assimetrias de poder. A questão pode ser recolocada, então, como quais os caminhos para evitar os malefícios produzidos por uma sociedade excessivamente narcísica, conforme constataram Richard Sennett em *O declínio do homem público* (1977) e Cristopher Lasch em *Cultura do narcisismo* (1979).

Constatada a hipertrofia do biopoder, ela pode então ser contida e revertida a partir do fortalecimento de sua contraparte natural, a biopolítica, pelo investimento na vida como condição e requisito de existência que seja irredutível ao número e à medida, vale dizer, nos termos do biocapitalismo, irredutível a preço e comércio.

A primeira tese parte, então, da ideia de que a vida enquanto biopolítica tem em si a propriedade de recolocar o biopoder em seus devidos tamanho e função, recuperando um equilíbrio dinâmico e dialético entre ambos os polos.

A segunda tese responde à interrogação sobre a relação entre biopolítica e psicanálise nos seguintes termos:

- *se* a vida é uma condição humana que implica o comum, ou seja, implica a relação com o Outro e logo implica a vida em sociedade;
- *se* o comum é determinante do biopoder quando estabelecido como servil ao individual desde a afirmação narcisista da individualidade que pretende controlar e determinar todo o porvir;
- *se* o comum é determinante da biopolítica como expressão da vida enquanto vazio e *kairós* que aceita e elabora o imprevisível e a impermanência;
- *se* a disputa pela produção de subjetividades determina a possibilidade do comum;
- *se* a psicanálise encontra compreensão (*insight*) como surgência a partir de vazio e *kairós* na relação com o Outro;

então decorre dessas premissas que o composto vazio-*kairós* estabelece um termo médio que estrutura o seguinte silogismo:

- premissa maior: a psicanálise cultiva vazio e *kairós* para criar compreensão (*insight*);
- premissa menor: a biopolítica requer vazio e *kairós* para um comum subordinado à vida;
- conclusão: a psicanálise cultiva a biopolítica.

Considerando que a biopolítica e o biopoder são formas de vida, tem-se que a psicanálise, sendo um conjunto de técnicas e conhecimentos voltados para a vida, pode servir a ambos conforme se posicionem analistas e analisandos enquanto viventes. Sobretudo conforme analistas tenham efetivamente equacionado em suas próprias análises os desafios de seu narcisismo *vis-à-vis* o reconhecimento e poder interpessoal e social de que passam a desfrutar pelo exercício clínico da psicanálise.

É, portanto, a partir da década de 1970 e princípio da década de 1980, desde um relativo malogro da comunidade psicanalítica frente a esses desafios, que a psicanálise tem sido frequentemente criticada como adequada ao biopoder por ser geradora de conformidade ao modelo social e econômico de assimetrias sociais, de maneira que a comunidade psicanalítica passou a se apresentar e a ser tida como parte da elite intelectual, artística e financeira, vale dizer psicanalistas como membros naturais da classe dominante, mormente se consideradas as barreiras financeiras criadas pelos modelos de formação de psicanalistas, em especial o da análise didática praticada pelas sociedades de psicanálise a partir da International Psychoanalytical Association (IPA). Coincide com esse período – o início da década de 1980 – um ocaso da psicanálise de grupo, sobretudo naquelas práticas de política social em saúde mental, com mais evidência nos casos da Inglaterra, da Argentina e do Brasil.

No entanto, a natural capacidade crítica da psicanálise não pode ser domada pelo biopoder, na medida em que, ao estar atravessada por movimentos dialéticos desde a teoria até a prática, ela cultiva e enriquece o pensamento no sentido de integrar cisões objetais, expande a tolerância e a angústia epistemofílica e estrutura a distinção entre desejo e necessidade, o que ensejou tensões e rupturas com o biopoder. São exemplares nesse sentido as vicissitudes da comunidade psicanalítica argentina durante a ditadura militar, no final da década de 1970, quando psicanalistas foram perseguidos até o ponto de uma diáspora que levou famílias inteiras para a América do Norte, sobretudo o México, a Europa, sobretudo a Espanha, e o Brasil. Em especial no Brasil a recepção dos psicanalistas argentinos exilados foi objeto de um confronto com a ditadura militar, outra expressão do biopoder à época, com o abrigo e salvo-conduto propiciados por uma instituição específica: o Instituto *Sedes Sapientiae*.

Conclusão

A psicanálise é intrinsecamente biopolítica na sua essência teórica e prática, na medida em que interfere decisivamente na produção de subjetividades e estimula a realização do potencial de vida individual e social. No entanto, enquanto dispositivo é preciso ter em mente que a própria psicanálise também tem sido e continuará sendo objeto de disputa entre o biopoder e a biopolítica, e que a demora, ou mesmo a negligência, da comunidade psicanalítica em integrar a psicanálise individual e de grupo como partes cooperativas de um todo conceitual e prático é sintoma da colonização da psicanálise pela biopoder.

A psicanálise em seu melhor destino é geradora de mais vida, aproxima indivíduos e sociedades e, a partir de uma relação positiva e de reconhecimento da morte, do narcisismo e das pulsões destrutivas, cria condições para fruição da vida individual e social em seu maior potencial. Se considerada nessa perspectiva, a psicanálise pode ser uma formidável e mesmo necessária aliada da biopolítica contra os excessos contemporâneos do biopoder.

Referências

Casarino, C., & Negri, A. (2008). *In praise of the common*. Minneapolis: University of Minnesota Press.

Deleuze, G. (2006). *Conversações*. São Paulo: Editora 34.

Freud, S. (2010). *Obras completas* (vol. 12: Considerações atuais sobre a guerra e a morte). São Paulo: Companhia das Letras. (Trabalho originalmente publicado em 1915)

Freud, S. (2011). *Obras completas* (vol. 15: Psicologia das massas e análise do Eu). São Paulo: Companhia das Letras. (Trabalho originalmente publicado em 1921)

Freud, S. (1969). *Edição standard brasileira das obras psicológicas completas de Sigmund Freud* (vol. XXI: O futuro de uma ilusão). Rio de Janeiro: Imago. (Trabalho originalmente publicado em 1927)

Foucault, M. (1978). *The history of sexuality* (vol. I: Introduction). New York: Pantheon Books.

Hardt, M. & Negri, A. (2001). *Empire*. Cambridge: Harvard University Press.

Harris, G. W. (1911). Bio-Politics. *The New Age Journal*. Recuperado de https://repository.library.brown.edu/studio/item/bdr:439539

Laplanche, J., & Pontalis, J.-B. (2001). *Vocabulário da psicanálise*. São Paulo: Martins Fontes.

Lasch, C. (1979). *The culture of narcissism*. New York: W. W. Norton & Company.

Negri, A. (2003). *Kairós. Alma Vênus e Multitudo*. Rio de Janeiro: DP&A Editora.

Negri, A. (2008). *The labor of the multitude and the fabric of biopolitics* (M. Coté, Ed.). Mediations 23.2, 8-25; Spring 2008; www.mediationsjournal.org/the-labor-of-the-multitude-andthe-fabric-of-biopolitics

Negri, A. (2015). *Biocapitalismo*. São Paulo: Iluminuras.

Sennett, R. (1977). *The fall of the public man*. London: Penguin Books.

12. Sonhos pandêmicos

Natália Bezerra Mota

Novembro de 2019. Wuhan, na China, está prestes a se tornar uma localização importante para todo o globo. Surgem os primeiros casos de uma síndrome respiratória aguda mortal que, de maneira bastante democrática, leva ao óbito aqueles em contato com o vírus: homens, mulheres, profissionais de saúde, atletas, viajantes, homens e mulheres de negócios, donas de casa, trabalhadores rurais, celebridades. No início, a Ásia chorava seu luto, e o mundo científico, perplexo, buscava explicações, mas as bolhas sociais se mantiveram imersas em suas realidades compartilhadas, até que, no início de 2020, aumentam vertiginosamente o número de casos e óbitos na Europa, com um foco simbólico na Itália (ponto do grande império, berço das culturas ocidentais letradas, parte da nossa referência de ancestralidade). No Brasil, seguimos os preparativos para o Carnaval; na Itália, filas de carros recolhem corpos empilhados, cenas propagadas na internet compartilhando o luto daqueles que se isolavam sem a certeza de absolutamente nada sobre o futuro próximo. Até que, em março de 2020, a Organização Mundial da Saúde (OMS) anuncia: estamos enfrentando uma pandemia letal para a qual não temos soluções.

Nos resta o isolamento, a distância, evitar a contaminação pelo ar que nos aproxima de maneira tão abstrata uns dos outros.

Nesse ambiente asséptico, de incertezas, de saudades e luto, impera um sentimento: medo. Para uns, mais leve. O privilégio de ter um lar abastecido, uma família acolhedora e presente, saudável, compartilhando o mesmo espaço, conseguindo manter a produtividade a distância, sem dúvida foram fatores que mitigaram a intensidade desse medo. Por outro lado, naqueles em que o medo e a dor se tornam difíceis demais surgem os mecanismos de negação, amplificados pelas identificações com grupos virtuais tão cheios de certezas pelos caminhos mais incertos. Nosso mundo de trocas perde o local do encontro, a troca de expressões faciais, do toque, da presença, e passa ao aprendizado repentino do ambiente virtual, com toda a variabilidade de qualidade de informações. Para uns, mais e mais MEDO, LUTO, DOR. Buscar em veículos conhecidos notícias como antes é em si uma confirmação de um mundo que antes vivia apenas na imaginação dos diretores hollywoodianos. A realidade vivida nos lares lar adquire contornos embaçados, enredos abstratos, consciência obnubilada: será que tudo isso não passa de um sonho?

Nesse contexto, surgem várias iniciativas de compartilhamento desse universo. Artistas expressam suas incertezas, curiosos compartilham suas narrativas em redes sociais, e cientistas resolvem olhar para este objeto que tanto inspira o imaginário coletivo da humanidade desde os primeiros registros escritos das nossas civilizações: nossos sonhos. Se seria esse mecanismo uma ferramenta fisiológica do cérebro humano para lidar com os aprendizados do cotidiano, como o processamento de informações, memórias e emoções, entendemos que nesse momento singular da história temos um sofrimento coletivo de proporções globais sem precedentes para aqueles com menos de um século de existência. Assim, o infortúnio é também uma oportunidade para testar uma pergunta tão intrigante para tantas disciplinas: por que sonhamos?

No início do século XX, Freud (2010), em sua obra seminal *A interpretação dos sonhos*, descreve a observação de fragmentos do cotidiano presentes, de maneira cifrada ou mais ou menos explícita, nos relatos de sonhos. Para o fenômeno escolhe o descritor "restos diurnos", e traz a chave para a compreensão de um filtro daquilo que parece transparecer as angústias e desejos vivenciados pelo sonhador, percebidos muitas vezes de forma pouco consciente. A informação que seleciona o assunto importante para se tocar no repertório onírico daquele sujeito que deseja e se angustia, de uma forma ou de outra, parecer ser emoção: a etiqueta que informa o valor de importância e saliência de um determinado assunto.

Na época em que Freud escreve, pouco se entendia sobre o mecanismo base para os sonhos e sua fisiologia: o próprio processo de adormecer. "Para que sonhamos?" é uma questão que nos intriga de forma encantadora pelas cores desse universo virtual, mas a pergunta "para que dormimos?" é precedente. Apenas décadas mais tarde foi possível começar a entender melhor esse comportamento que, ao contrário dos nossos sonhos, parece tão inerte e obscuro, tanto quanto passivo. Após a descoberta dos marcadores eletrofisiológicos complexos que marcam as várias fases do sono (Dement, 2005), a leitura do sono como um desligar de atividade mental desperta o olhar empírico sobre esse processo, fazendo parecer especulação atribuir interpretações tão ousadas sobre os sonhos a um momento em que percebemos quanto ainda não se entende do sono. São caracterizados estados eletrofisiológicos alternados em ciclos repetitivos, postulando uma sincronização crescente de atividade cerebral associada a um relaxamento muscular e cardiorrespiratório que correspondem a um sono cada vez mais profundo. Após minutos a horas, atinge-se um estado paradoxal de mente eletrofisiologicamente "desperta" (com marcadores sinalizando uma dessincronização neuronal característica do cérebro em vigília), associado à atonia muscular de um estado bastante paradoxal conhecido pela sigla em inglês REM (*rapid eye movements*), estado em que, ocorrendo despertar, são lembrados os sonhos com mais frequência. Reconhecendo esse avanço, a comunidade passa a concluir que sonhos são fenômenos emergentes do sono REM, e boa parte passa a atribuir aos sonhos o lugar de um simples epifenômeno eletrofisiológico do cérebro, que faria uma combinação de elementos mnêmicos do cotidiano de forma aleatória.

Mas não há como negar a importância desses eventos em contextos em que se experimenta uma avalanche de emoções conflitantes no cotidiano. Em situações de trauma, quando o indivíduo sofre ou presencia eventos que constituem um risco para sua integridade ou de outros, a depender de sua capacidade de resiliência, pode se passar por um processo de invasão mental de memórias mais ou menos fidedignas do evento traumático tanto na vigília como nos sonhos. Após o processo de trauma agudo, alguns indivíduos não conseguem superar essas dificuldades, expressando pesadelos recorrentes (sinal cardinal para o diagnóstico da cronificação do trauma, o conhecido transtorno de estresse pós-traumático). Como podemos pensar em uma busca aleatória trazendo conteúdos repetitivos dadas todas as possibilidades de associações aleatórias de memórias que poderíamos ter em um dia?

Nesse contexto ressurgem teorias para explicar as funções dos sonhos, levando em consideração esse importante filtro para seres tão sociais que somos: nossas emoções. Surge a teoria da função de regulação emocional dada a partir do mecanismo do sonhar (Nielsen & Lara-Carrasco, 2007). Dessa maneira, ao dormimos, processamos as memórias do cotidiano, de forma que podemos reter o aprendizado com importância para nós (e quem sinaliza o que é ou não relevante, nesse contexto, seria a própria intensidade emocional). Mas a mesma característica que salienta o aprendizado necessário carrega uma toxicidade associada a todos os mecanismos evocados por memórias com um tom emocional tão intenso. Imaginemos uma memória carregada de intensidade emocional. Que situação seria se, ao lembramos do nascimento de um filho querido em plena cerimônia solene de formatura, inoportunamente escorressem lágrimas com toda a intensidade emocional do parto vivenciado? Ou se, passando novamente pela esquina onde um dia presenciamos um acidente, invadisse-nos novamente toda a descarga adrenérgica, com sua potência de fuga face a um perigo iminente? Nossos sonhos seriam o mecanismo fisiológico para a diminuição desse conteúdo afetivo associado a uma memória importante. Dessa maneira, somos capazes de entender as emoções sem termos de vivenciá-las com toda a sua intensidade, permitindo o aprendizado da informação declarativa sem os excessos limitantes consequentes delas. Seria, em uma analogia simplória, uma digestão de informações do ambiente que possibilita reter seus nutrientes (o que precisamos aprender, por exemplo, onde estávamos no momento de um assalto, em que circunstâncias), eliminando o excesso de toxinas que limitam a fluidez da vida.

Mas sonhando não estamos apenas representando na nossa mente uma situação irreal, estamos também associando esses aprendizados a novas ideias, gerando novas informações, por mais aberrantes ou bizarras que possam parecer. Olhando para o sonhar como um simulador de realidades possíveis, Anti Revonsuo propõe a teoria dos sonhos como um simulador de ameaças ao estudar sonhos de crianças que se desenvolvem em uma região de conflitos constantes na faixa de Gaza (Valli et al., 2005). Diante de desafios reais para a sobrevivência, sonhamos como uma maneira de simular futuros prováveis em um espaço de tempo curto, treinando habilidades que promovam uma vantagem de sobrevivência mais eficiente, uma fuga mais rápida, uma luta mais oportuna. Mas o que aconteceria no dia a dia comum, no cotidiano rotineiro, nos preocupando com situações corriqueiras? Sonhamos com situações tão essenciais para nossa sobrevivência em longo prazo, com o elo poderoso da humanidade que permite nossa conquista de quase todos os ambientes deste planeta em detrimento de mamíferos tão mais poderosos que nós mesmos: a nossa habilidade social. Treinaríamos assim em nossos sonhos estratégias para nossos conflitos sociais, formas de lidar com os desafios editados tantas vezes em nossa convivência com nossos pares (Revonsuo, Tuominen, & Valli, 2015).

Diante desse contexto, o cenário onírico se confunde com a realidade compartilhada globalmente face a uma pandemia sem precedentes, digna de narrativas hollywoodianas que habitam o imaginário coletivo. Está no ar uma ameaça viral que abate vidas sem distinção, obrigando-nos a preservar novamente a nossa integridade nos apartando uns dos outros. Nós, seres ultrassociais que somos, confinados de um dia para o outro em nossas realidades, confrontando o que temos em casa e nos distanciando do que sonhamos fora de casa. Mudança drástica de planos, num cenário de luto e medo, invadidos por informações de várias qualidades, convivendo com nossos espelhos. Se por um lado é um desafio investigar os sonhos diante de todas as possibilidades de realidades que nos são mentalizáveis em uma simulação, esse cenário impõe a todos duas pressões ecológicas comuns e bastante caras para nós: a nossa sobrevivência (por medo de contaminação) e a necessidade de reinventarmos nossas estratégias de relacionamentos sociais das mais diversas naturezas (principalmente para lidar com a distância dos queridos, aprendendo a estar na presença mantendo distância, evitando totalmente o contato usando os mais diversos recursos de proteção, como a tão discutida máscara facial, limpando as mãos constantemente com álcool gel, cuidando dos mais idosos, evitando aquilo que nos acalenta no nosso medo, o contato, o abraço).

Dessa maneira, passamos a seguir os sonhos de voluntários que já haviam concordado em participar de uma pesquisa, cujo objetivo era entender melhor como falar sobre sonhos pode nos ser útil para sinalizar o sofrimento mental (Mota et al., 2020). No início, esse projeto visava dar oportunidades de um contato mediado por um aplicativo para telefones móveis, de forma que fosse possível coletar sonhos a distância. Para uma primeira etapa, coletamos, de setembro a novembro de 2019, sonhos de voluntários sem história de sofrimento mental, e então convidamos esses voluntários, assim como outros voluntários de estudos sobre sonhos anteriores à covid-19, para passarem esse período agudo nos relatando seus sonhos (desde o anúncio da pandemia pela OMS em março de 2020 até meados de abril de 2020). O objetivo seria quantificar sinais de alterações nas narrativas oníricas que sinalizassem um processamento afetivo mais intenso diante dessas contingências globais de insegurança e medo, assim como verificar se o conteúdo ligado ao covid-19, como contaminação ou estratégias para lidar com isso, como adoção de medidas de higiene, seria mais relevante para os voluntários durante o início desse contexto pandêmico. Foram investigados termos como "saúde" e "doença", assim como "morte" e "vida".

Para buscarmos maneiras de medir esses fenômenos em relatos de sonhos, usamos ferramentas de processamento de linguagem natural, um ramo das ciências da computação que constrói estratégias para tornar nossa linguagem compreensível para computadores. Fizemos três níveis de análises:

1. Verificação de conteúdo emocional por meio da identificação de palavras reconhecidas como palavras emocionais: essas palavras foram categorizadas previamente em dicionários validados internacionalmente em duas grandes categorias (emoções positivas e negativas), sendo a categoria emoções negativas subdividida em três tipos de emoção (raiva, medo e tristeza). Após verificar e quantificar essas palavras, calculamos a proporção de palavras fazendo uma razão entre quantidade de palavras de emoções negativas, por exemplo, dividida pelo total de palavras no relato.

2. Verificação de conteúdo semântico relacionado ao covid-19: a partir de um *corpus* grande e representativo da língua, situamos todas as palavras desse léxico em um mapa semântico após computar a frequência de cada palavra em cada documento desse *corpus*, identificando que palavras costumam co-ocorrer nos mesmos contextos. Assim o endereço de cada palavra nesse mapa semântico de n dimensões se dará a partir da sua frequência de co-ocorrência com as demais palavras nesse léxico. Por exemplo, identifica-se que palavras como "cachorro" e "gato" co-ocorrem mais frequentemente que o par "cachorro" e "ônibus", portanto, estariam mais próximas nesse mapa. Fazemos isso representando as palavras como vetores, localizando-as em um grande mapa vetorial, de forma que, para calcular a distância ou semelhança entre palavras, aqui vetores, calculamos o cosseno entre esses vetores, estimando uma semelhança entre 0 a 1 (sendo 1 muito semelhante e 0 muito distante em significado). Para esse estudo utilizamos artigos publicados na Wikipedia em português brasileiro. Palavra a palavra, usada nas narrativas dos sonhos, verificamos quanto estas se assemelham aos termos-chave "contaminação" e "limpeza", "saúde" e "doença", "vida" e "morte". Calculamos empiricamente um limiar e consideramos apenas as palavras que apresentavam uma semelhança significativa com os termos-chave, calculando ao final a distância média de todas as palavras que apresentavam alguma semelhança aos termos-chave.
3. Verificamos mudanças na estrutura da narrativa pela representação da trajetória de palavras como um grafo. Para isso, representamos cada palavra como um nó, e sua sequência espontânea na narrativa foi indicada por arestas direcionadas (ou setas). Após representar o relato como um grafo, calculamos quanto esse grafo estava conectado, ou seja, quanto todas as palavras utilizadas na narrativa estavam mutuamente

atingíveis em uma coesão que liga início, meio e final da história. Como mudanças na estrutura narrativa se alteram com a desorganização mental (marcador importante nos contextos de psicose [Mota et al., 2012]), não esperávamos alteração estrutural nesse contexto, ao menos para a maioria dos voluntários, que eram indivíduos mentalmente saudáveis e sem história prévia de sofrimento mental.

Em linhas gerais, podemos perceber o efeito agudo da pandemia na modificação do conteúdo presente nos relatos de sonhos dos voluntários, mostrando principalmente um aumento na proporção de palavras emocionais negativas (ligadas a emoções de raiva e tristeza), assim como um aumento de palavras com conteúdo semântico ligado aos termos "contaminação" e "limpeza" (Mota et al., 2020). Ao final do mês de acompanhamento, aplicamos uma escala psicométrica (PANSS) para quantificar sinais e severidade de sintomas que indicassem sofrimento mental, sendo possível observar sinais de sofrimento em participantes principalmente ligados ao contexto de isolamento social. Observamos uma associação importante dessas peculiaridades oníricas e um maior grau de sofrimento identificado em entrevistas por meio da aplicação da escala. Quanto maior a dificuldade em estabelecer um *rapport* com o entrevistador, assim como quanto maior a dificuldade em manter atividades sociais de forma satisfatória, maior conteúdo pandêmico foi identificado nos relatos de sonhos. Ao final, também aplicamos uma escala de autoavaliação sobre a experiência de observar os próprios sonhos durante esse período agudo, e a maioria dos voluntários pontuou mais fortemente efeitos positivos que negativos em relação a essa observação, sentiu mais felicidade que tristeza, mais energia que cansaço, mais paz que agressividade, mais altruísmo que egoísmo, e mais criatividade que confusão mental como consequência desse ato de observar os sonhos. Interessante notar que não houve diferença entre sentimentos de calma *versus* ansiedade, demonstrando que olhar para os sonhos trouxe ambos os sentimentos em proporções semelhantes para esses voluntários. Para concluir, apenas a intensidade dos sentimentos negativos foi associada às peculiaridades pandêmicas, ou seja, quanto mais pandêmico o sonho, mais difícil foi observá-lo nesse período.

Olhar para mudanças agudas em narrativas oníricas nos permitiu avançar em conhecimento tanto do ponto de vista básico, testando teorias recentes das funções dos sonhos, como do ponto de vista de ciência aplicada, testando a validade desse relato para a clínica de saúde mental. Podemos verificar que, como previsto pelas teorias de simulação de ameaças, assim como de simulação de habilidades sociais, tivemos aumento de conteúdos ligados à ameaça trazida pelo covid-19 no contexto de contaminação, assim como aumento de conteúdos ligados à adoção de medidas de higiene fundamentais para ajustarmos nosso comportamento social diante do contexto pandêmico. Repentinamente, certos objetos de limpeza entraram no nosso cotidiano, como máscaras e álcool gel, permitindo mantermos, a distância, uma mínima interação social. Esses objetos entraram nas narrativas oníricas em situações sociais com maior frequência do que era observado nas narrativas oníricas antes da covid-19. Tais resultados ajudam a corroborar a hipótese dos sonhos agindo como simuladores de futuros prováveis a partir de um mesmo desafio contingencial, tanto por uma ameaça à sobrevivência como para manter relações sociais satisfatórias. Da mesma maneira, foi possível corroborar a hipótese de regulação emocional, mostrando como o aumento do conteúdo emocional foi expressivo e agudo no período de observação.

Do ponto de vista aplicável, o estudo também traz evidências de como olhar para os sonhos pode ser informativo no cenário clínico. Não só o conteúdo mudou, como mudou mais para aqueles que tiveram mais dificuldades de se adaptar ou que expressaram mais sofrimento mental (principalmente ligado às habilidades sociais). Da mesma forma, justamente aqueles que tiveram maior dificuldade em observar os sonhos, que se sentiram mais ansiosos, mais tristes no processo, foram os que estavam olhando para os sonhos de maior conteúdo pandêmico. No contexto da clínica, essa pode ser uma grande oportunidade para tratar e lidar com os desafios patentes e difíceis de se olhar.

Esse foi um dos primeiros estudos realizados no mundo sobre os efeitos da pandemia de covid-19 nas narrativas oníricas. Em diversas partes do globo, utilizando ferramentas mais tradicionais, metodologias qualitativas e quantitativas, ou ferramentas mais recentes e automatizadas, foi possível corroborar os efeitos da pandemia no cenário onírico em diferentes culturas e nações (Scarpelli et al., 2021; Wang et al., 2021; Gorgoni et al., 2021). Em linhas gerais, aumentaram emoções negativas, bizarrices, com impactos mais importantes em populações vulneráveis (voluntários mais jovens, em geral mulheres, ou indivíduos que expressavam sintomas de sofrimento mental, trabalhadores da linha de frente ao enfrentamento da pandemia ou sujeitos em luto em decorrência da covid-19). Atualmente podemos observar fenômenos populacionais de forma mais sistemática. Essa oportunidade nos permite testar observações sensíveis que uma escuta atenta revela nas circunstâncias particulares de cada indivíduo, mas com um olhar coletivo, permitindo testar hipóteses e conhecimentos acumulados no cenário clínico, avançando interdisciplinarmente com foco naquilo que nos caracteriza como humanos, refinando nossas ferramentas de cuidado uns com os outros.

Referências

Dement, W. C. (2005). History of sleep medicine. *Neurologic Clinics, 23*, 945-965.

Freud, S., & Strachey, J. (2010). *The interpretation of dreams.* New York: Basic Books.

Gorgoni, M. et al. (2021). Pandemic dreams: quantitative and qualitative features of the oneiric activity during the lockdown due to Covid-19 in Italy. *Sleep Medicine, 81*, 20-32.

Mota, N. B. et al. (2012). Speech graphs provide a quantitative measure of thought disorder in psychosis. *PLoS ONE, 7.*

Mota, N. B. et al. (2020). Dreaming during the Covid-19 pandemic: computational assessment of dream reports reveals mental suffering related to fear of contagion. *PLoS ONE, 15.*

Nielsen, T., & Lara-Carrasco, J. (2007). Nightmares, dreaming, and emotion regulation: a review. In D. Barrett & P. McNamara (Eds.), *The new science of dreaming* (pp. 253-284). West Port: Praeger Publishers.

Revonsuo, A., Tuominen, J., & Valli, K. (2015). The avatars in the machine – Dreaming as a simulation of social reality. doi:10.15502/9783958570375.

Scarpelli, S. et al. (2021). Pandemic nightmares: effects on dream activity of the Covid-19 lockdown in Italy. *Journal of Sleep Research, 30.*

Valli, K. et al. (2005). The threat simulation theory of the evolutionary function of dreaming: evidence from dreams of traumatized children. *Consciousness and Cognition, 14*, 188-218.

Wang, J., Zemmelman, S. E., Hong, D., Feng, X., & Shen, H. (2021). Does Covid-19 impact the frequency of threatening events in dreams? An exploration of pandemic dreaming in light of contemporary dream theories. *Consciousness and Cognition, 87.*

13. Experiência em grupo de discussão

Ana Elias Barbosa
Margaret Simas Ramos Marques

Introdução

Em janeiro de 2020, nós, humanos, fomos surpreendidos por algo que não se via desde a pandemia de gripe espanhola, em 1918. Estávamos entrando numa pandemia de um novo vírus, apelidado de Corona e nos apresentado como coronavírus.

> *SARS-CoV-2: vírus da família dos coronavírus que, ao infectar humanos, causa uma doença chamada covid-19. Por ser um microrganismo que até pouco tempo não era transmitido entre humanos, ele ficou conhecido, no início da pandemia, como "novo coronavírus".*
>
> *Covid-19: doença que se manifesta em nós, seres humanos, após a infecção causada pelo vírus SARS-CoV-2. (Instituto Butantan, s.d.)*

Noticiava-se que o sujeito, ao ser contaminado, apresentava reações diversas, sintomas muito graves que poderiam levá-lo à morte. Em seguida, veio a notícia de que em algumas pessoas o Corona causava sintomas brandos; em alguns casos nem sintomas apresentava: são os chamados casos assintomáticos. No Brasil, ao ser decretada pelas autoridades do Estado a pandemia de covid-19, em março de 2020, entramos em isolamento social.

Nesse cenário, sem entender muito bem o que estava acontecendo, a população se dividiu entre aqueles que aderiram ao isolamento social e ao uso de máscara, aqueles que não acreditaram na existência ou na gravidade da doença causada pelo vírus e um grupo dos que acreditavam na doença, mas não puderam se isolar, devido à necessidade de continuar com suas atividades laborais. Apesar das controvérsias, tivemos de nos adaptar ao meio digital. Sem muitas ressalvas, assim se fez possível a realização dos nossos encontros: on-line. Grupos de estudos, eventos, congressos, aulas, muitos trabalhos no modelo *home office*, atendimentos/consultas médicas, psicoterápicas, psicanalíticas, reuniões com familiares, amigos etc. Tudo passou a acontecer remotamente. Também sucederam no on-line os romances, as paixões e namoros, entre outros. Nos adaptamos ao digital, desde então, para que a vida continuasse e mantivéssemos nossa convivência em grupo e na sociedade.

Uns mais adaptados, outros menos. Em 2021, continuamos utilizando os meios tecnológicos digitais. O grupo de estudos "Psicanálise, Grupos e Instituições", que faz parte do leque de Grupos de Estudos da Comissão de Projetos e Pesquisas do Departamento Formação em Psicanálise do Instituto *Sedes Sapientiae*, resolveu homenagear Freud com um evento on-line em comemoração ao centenário do texto *Psicologia das massas e análise do eu*.

Freud, em *Psicologia das massas e análise do eu* (Freud, 1921/1969b), nos apresenta diversos conceitos que serão reorganizados e que viabilizaram a construção de uma psicanálise de grupos. Entre eles, a questão do desamparo; a força do líder (suas origens no complexo de Édipo, em especial o complexo paterno); a diferença entre massa (grupo) e multidão; o narcisismo das pequenas diferenças, que explica o ódio entre as diferentes tribos/grupos humanos; conceitos de identificação horizontal entre os membros e identificação vertical com o líder; introjeção, entre outros.

Outro artigo de Freud, considerado socialmente como o primeiro, que também descreve tanto o fenômeno da massa como o da força do líder, é *Totem e tabu* (1913/1969a). Neste último, porém, o enfoque está no componente da ambivalência do complexo paterno. No enredo, o assassinato do pai, como um momento mítico, nos traz a cultura e o estabelecimento das regras que possibilitaram a constituição da sociedade humana. Freud conceitua, nesse artigo, os processos de identificação e de introjeção, ora compondo material constituinte das instâncias psíquicas do Eu, ora do Supereu, entre outros conceitos.

Voltando ao nosso evento, tal comemoração se deu de forma dinâmica, com palestras, mesas-redondas e dispositivos grupais entre uma palestra/mesa e outra, tudo on-line e pelas plataformas digitais.

Cada dispositivo grupal era composto por uma coordenadora e uma cocoordenadora, já com experiência em dispositivos de grupos psicanalíticos.

Este artigo se refere ao dispositivo grupal Grupo de Discussão, que teve como disparador um curta-metragem de ficção científica com treze minutos de duração: *A date in 2025*, produzido na Ucrânia em 2017 e lançado em agosto do mesmo ano.

O filme

O filme se passa em 25 de setembro de 2025, a personagem central é Daniel, um jovem acadêmico. Daniel vive num pequeno apartamento apenas com uma inteligência artificial, que ele chama de Conselheira. Conselheira "controla" a vida de Daniel, enquanto ele realiza suas atividades por meio de tecnologias: um relógio que marca a porcentagem de suas emoções quando ele está acordado; uma espécie de cinta na cabeça que o tira da realidade externa e o transporta para uma realidade virtual/sonho. O outro companheiro de Daniel é um boneco de pano em formato de travesseiro. Daniel se apaixona por Âmber, sua colega de curso, mas essa paixão está no âmbito do virtual e do digital, ou seja, ele não a encontra presencialmente.

Na primeira cena do filme, Daniel está em uma praia paradisíaca com Âmber, eles estão deitados na areia, e as ondas do mar indo e voltando. Uma experiência de sonho. O despertador toca, Conselheira chama Daniel para iniciar seu dia e suas atividades. Ele tira a espécie de cinta da cabeça e se reconecta à realidade externa.

O filme chama nossa atenção para várias situações bem atuais: aquecimento global, isolamento social, relações interpessoais digitais, medos, angústias, coragem e confiança.

A única companhia falante, e de alguma maneira presencial, de Daniel é a Conselheira, que se preocupa com o estado emocional dele na situação de isolamento. Ela observa que ele corre o risco de se suicidar, então o estimula a se encontrar com outras pessoas; ou melhor, com Âmber. A inteligência artificial diz a Daniel que ele é só uma célula num grande organismo/mundo e que ele precisa encontrar outras células desse organismo/mundo. Ele precisa se reconectar às outras células.

O desafio de Daniel, no filme, é sair para um encontro presencial, depois de 42 dias sem sair de casa. No final da trama, Daniel e Âmber se encontram, e a primeira reação de Daniel é lhe dar um abraço. Ao ser aprovado nesse abraço, os dois saem de mãos dadas, mostrando a importância do afeto e das experiências de contato físico para o ser humano.

O grupo e o sonho: um sonho grupal

Anzieu (1993) diz que o grupo é como o sonho: regido pelos processos primários e por uma realização imaginária do desejo. Segundo esse mesmo autor, "os sujeitos humanos vão aos grupos da mesma forma que, no seu sono, entram no sonho. Do ponto de vista da dinâmica psíquica, o grupo é um sonho" (p. 49).

Trabalharemos as lembranças que ficaram da experiência grupal como num sonho. Não foi realizada gravação, as coordenadoras fizeram breves anotações e o registro logo após a sessão, em associação livre. A experiência emocional da cocoordenadora foi que o grupo parecia se conhecer havia muito tempo. Pareciam vinculados, apesar de serem de diferentes instituições e áreas de estudo e de estarem se encontrando pela primeira vez. Houve uma conexão das fantasias, do imaginário e dos sentimentos despertos nesse encontro.

Um dos integrantes do grupo, que disse ser da área de exatas, expressou de forma "psicanalítica" o que sentiu e percebeu ao assistir ao filme, usando termos como identificação, projeção etc. Foi por causa da fala desse integrante que o grupo cunhou a expressão "não psicanalítico", que equacionou a expressão "sentimentos-pensamentos" e que nomeou o sentimento de todos ali presentes. Dali nasceu o fantasma grupal.[1] Falou-se sobre a necessidade do *date* (encontro) e sobre como o abraço espontâneo e caloroso de Daniel chamou a atenção do grupo.

Discutimos que esse filme, apesar de ter sido gravado em 2017, antes da pandemia de covid-19, traz algo de muito atual

1 Anzieu (1993) conceitua cinco organizações fantasmáticas inconscientes nos grupos: o fantasma individual, a Imago, os fantasmas originários, o complexo de Édipo e a imagem de corpo único. Em síntese, o organizador do fantasma individual, quando em ressonância, é comunicado por meio do emergente/porta-voz.

à nossa realidade pandêmica. As pessoas não se encontravam presencialmente nas cenas, em especial as duas personagens, que – pressupõe-se – faziam faculdade diariamente e de maneira virtual. Existia uma conversa com algo semelhante a uma Alexa (Daniel a chamava de Conselheira), um tipo de inteligência artificial que acompanhava a personagem principal do filme desde o acordar até a hora de dormir. Daniel se sentia como uma célula cancerosa, ou seja, estava apenas sobrevivendo, e não vivendo.

No final do filme, concluiu-se que a personagem feminina também tinha uma inteligência artificial, e tanto a dela quanto a de Daniel acompanharam o encontro dos dois por meio de um relógio de pulso. Na cena final, as inteligências artificiais comemoram o feito, como se ambas fossem as autoras e responsáveis pelo encontro.

O integrante da área de exatas, que chamaremos de XY, era o único rapaz num grupo de mulheres. XY trouxe uma angústia, que foi capturada por contratransferência pela cocoordenadora: uma angústia diante "de um encontro às escuras". Houve, então, uma identificação com a personagem principal do filme. O participante se desculpava o tempo todo por não ser psicólogo, não ser da psicanálise, por não entender "dessas coisas", mas dizia estar se sentindo muito bem e acolhido pelo grupo.

As integrantes, que chamaremos de XX.1, XX.2, XX.3, XX.4, XX.5 e XX.6, abraçaram calorosamente as angústias de XY. Elas se identificaram e transformaram a experiência de desamparo e insegurança apresentada pelo colega. Todas afirmaram não saber o que encontrariam no grupo. Estavam todos ali, num "*date* grupal às escuras", e o fantasma grupal que emergiu começou a ser trabalhado. Eles comparavam as personagens do filme a eles mesmos, imaginavam como seria um encontro às escuras, as semelhanças e as diferenças entre o encontro do grupo e o de Daniel e Âmber.

Uma das integrantes afirmou não saber que se tratava de um grupo de discussão, ela imaginava que estaria numa palestra. Entrou na sala de reunião on-line com a câmera desligada e só a ligou quando se deu conta de que a coordenadora a chamava pelo nome e a cumprimentava com um "bom dia caloroso". Chamaremos essa integrante de XX.2; ela foi a porta-voz do sentimento de impacto e surpresa, porque não fazia ideia do que aconteceria nesse dispositivo grupal.

A coordenadora sentiu uma transferência, como se ela fosse a personagem do filme, a Conselheira, despertando os integrantes do grupo desse isolamento social em que a pandemia de covid-19 os colocou, viabilizando um encontro verdadeiro, ainda que tenha ocorrido em meio digital. Ela sentiu como se abraçasse de forma acolhedora cada integrante do grupo, sensação também sentida pela cocoordenadora. Houve uma transferência positiva com as coordenadoras, o que possibilitou e viabilizou a experiência grupal como grupo de trabalho,[2] bem como a realização da tarefa[3] planejada.

Ao final do encontro, o grupo falou sobre como se sentiram acolhidos, tecendo vários elogios às coordenadoras e ao evento. Relataram ter aproveitado muito a experiência, que foi revitalizante e enriquecedora. Perceberam que o encontro "às escuras" foi uma grande experiência emocional, uma boa surpresa.

Durante o grupo de discussão, houve identificações com as personagens do filme, além de transferências cruzadas (entre os

---

2 Bion (1961/1975) define dois tipos de funcionamento grupais: o grupo de trabalho (GT) tem um funcionamento em nível mais refinado, o Ego funcionando na sua função secundária (consciente), na qual se realiza uma tarefa específica, com cooperação, cada membro contribui com suas habilidades e capacidades individuais; o outro tipo de grupo é o de pressupostos básicos (ou grupo de base).

3 Pichon-Rivière (1982) conceitua que a tarefa está diretamente relacionada ao objetivo a ser alcançado. A pré-tarefa é um pensamento oposto ao da tarefa (exprime resistência).

integrantes do grupo), nas quais todos se sentiram como as personagens do filme: em um *date*.

A curiosidade e o interesse dos integrantes em participar do grupo de discussão talvez tenha uma relação direta com a angústia de estar no isolamento social imposto pela pandemia de covid-19 e por estarem participando de outros eventos nesse modelo coletivo e digital.

Existia também, para as coordenadoras, uma expectativa de como seria o encontro. Ambas tiveram de aprender praticando, uma com a outra, a mexer com a tecnologia, com a plataforma digital. Havia uma preocupação em não saber colocar as pessoas para dentro da sala virtual, em não saber resolver algum problema tecnológico que pudesse acontecer.

Hoje, aqui, escrevendo este artigo, podemos interpretar a ansiedade natural – que também se manifestou nas coordenadoras – que existe em um encontro grupal às escuras. Ambas tinham medo de não saber manejar as técnicas/tecnologias para que o trabalho se desenvolvesse e de os integrantes não se sentirem devidamente encorajados a cumprir papéis no interjogo grupal. Pairava uma angústia relacionada ao encontro grupal e à possibilidade de a experiência não acontecer de forma espontânea e verdadeira, não sendo proveitosa e enriquecedora para todos.

A teoria da técnica dos grupos de psicanálise

O artigo de Fernandes e Hur (2022), intitulado "Psicanálise, grupo e teoria da técnica: conselhos ao jovem coordenador de grupos", desde o primeiro parágrafo, descreve uma importante diferença entre o trabalho da psicanálise individual e o da psicanálise em grupo. Inspirados na teoria de Kaës (1994), afirmam que, na primeira, podemos entender que ocorre uma cadeia associativa livre entre o dito e o não dito. Já nos grupos, ocorre uma polifonia de vozes, fator que os define como uma cadeia associativa que tanto é determinada pelo sujeito da singularidade como pelo processo intertransferencial e por alianças inconscientes. Na psicanálise de grupos, ocorre mais que uma cadeia de significantes: o que se vê é uma interdiscursividade, uma trama discursiva. Nas palavras de Kaës (1994), é "um conjunto semiótico amplo e composto, no qual se entrelaçam palavras, olhares, lugares, mímicas, gestos" (p. 56).

Fernandes e Hur (2022) nos apresentam, em quatro tópicos, esse novo campo, demonstrando que precisaremos de novas teorias e técnicas para embasar o trabalho de psicanálise no dispositivo grupal: "Ressaltamos que a psicanálise no contexto grupal não é mera psicanálise individual aplicada ao grupo. Por se tratar de agenciamentos distintos, ocorrem outros processos" (p. 2), que abordaremos no próximo tópico.

Dispositivo, enquadramento e tarefa: situação psicanalítica

No primeiro tópico, os autores descrevem que as sessões devem ter estas três dimensões: dispositivo, enquadramento e tarefa.

O dispositivo

O dispositivo consiste na primeira dimensão. Fernandes e Hur (2022), apoiados na teoria de Deleuze (1996), descrevem que o dispositivo pode ser comparado a "uma máquina de produção" de visibilidades, discursos e modos de subjetivação.

Kaës (2007) caracteriza o dispositivo como um aparelho de trabalho com finalidades definidas. Deve-se entender que "é um artifício", "uma construção" que agencia elementos espaciais, temporais e materiais com o propósito de servir aos objetivos de conhecimento e à transformação próprios ao exercício do método psicanalítico.

Fernandes e Hur (2022), baseados nas ideias de Deleuze e Guatarri (1995), explicam que acontecem operações no grupo, no sentido de transformações:

> *Assim, o dispositivo permite a manifestação de uma certa ordem de realidade psíquica, que é objeto de operações que visam a transformação. Possui uma tetravalência: na dimensão horizontal, os agenciamentos maquínico-corporal e coletivo de enunciação; e, na dimensão vertical, os lados territoriais e os picos de desterritorialização. (p. 2)*

Compreendemos, assim, que sofá-divã é uma outra tecnologia, como o dispositivo de grupo. Segundo Kaës (1997), teremos de agenciar/manejar a relação face a face, situação que deveria ser neutralizada nos primórdios da psicanálise. Fernandes e Hur, apoiados na conceituação de Kaës (1994), afirmam: "Obviamente, a máquina grupal incita processos diferenciados do dispositivo do sofá-divã, como lidar com a diferenciação de limites e fronteiras, os processos intertransferenciais" (Fernandes & Hur, 2022, p. 2).

Os mesmos autores mencionam Foukes e Anthony (1967) ao dizerem que também ocorrem ressonâncias entre os integrantes do grupo: "a ressonância fantasmática no espaço coletivo", "entre outros fenômenos" (Fernandes & Hur, 2022, p. 2).

O enquadre

O enquadre é a segunda dimensão, e Fernandes e Hur, baseados em preceitos de Bleger (1975) e Lans (2003), nos provocam a pensar no contorno de um novo enquadre no dispositivo grupal: "todo dispositivo possui um território, seus lados territoriais, que é chamado de enquadramento" (Fernandes & Hur, 2022, p. 2).

Bleger (1975) considera o enquadramento parte essencial do trabalho analítico: é o que dá sustentação para a parte dinâmica. Ele compara o enquadramento a uma base, uma instituição, à parte constante, ao território que dá ancoragem para o trabalho psíquico e de transformação.

Lans (2003) conceitua o enquadre como um conjunto de coordenadas para que o processo psicanalítico aconteça, semelhante a um contrato entre o psicanalista e os membros do grupo: "Faz parte do enquadramento seu conjunto de coordenadas: o espaço físico em que o processo ocorrerá; as consignas; os agenciamentos discursivos, corporais e espaciais; o tempo e o contrato que se faz com o cliente ou com o grupo" (p. 96).

Uma importante referência é que o enquadramento não deve se tornar rígido. Conforme as forças em jogo, no campo analítico, ele pode se flexibilizar: "Nesse sentido, é uma forma móvel que trata de capturar o movimento. Esta modalidade de trabalho, mais que interpretar, permite desdobrar uma linha de experimentação" (Lans, 2003, p. 96).

As funções de ancoragem, ou apoio psíquico, referentes ao enquadramento são importantes para garantir que os processos de elaboração e criação do coletivo se desenvolvam.

Kaës (2005) elenca seis funções distintas do enquadramento: a função continente se refere ao receptáculo das partes indiferenciadas e indiscriminadas do sujeito; a função de limitação garante a distinção entre um Eu e um não Eu; a função transicional delimita fronteiras de continuidades e de ligações; a função de apoio e suporte marca a sensação de segurança e de identidade; a função contentora corresponde aos fenômenos de figurabilidade; e, finalmente, a função simbolizante é traço de uma das principais condições do pensamento. Fernandes e Hur (2022) afirmam: "Por isso não entendemos o enquadramento como elemento fixo que apenas dá base ao movimento, ele mesmo incita processos de elaboração e simbolização" (p. 2).

O enquadre que propusemos ao grupo "*Date*" foi o de um único encontro, com tempo predefinido (noventa minutos) e com a proposta de utilização de um filme como disparador da conversa. Após o filme, todos poderiam falar, um a um, sobre suas experiências. Nos últimos vinte minutos, os integrantes poderiam contar como foi a experiência em grupo.

A tarefa

Para a terceira dimensão, Fernandes e Hur (2022) vão se basear na teoria de tarefa de Pichon-Rivière (1982). Os autores afirmam que a tarefa proposta ao grupo é de suma importância e funciona como eixo organizador e de investigação. A tarefa conduz a cadeia associativa grupal, sendo a "consigna", que serve de estímulo para o desenvolvimento psíquico e para a produção dos discursos grupais.

No grupo de discussão "*Date*", nossa consigna/tarefa foi trabalhar os sentimentos e pensamentos despertados pelo filme.

Registro grupal

O segundo tópico proposto por Fernandes e Hur (2022) é o registro grupal. Para a análise do grupo é necessário fazer um registro detalhado do que ocorreu na sessão, pois é esse registro que fornecerá dados para a análise. Essa descrição será a base para uma análise mais minuciosa e complexa e menos marcada pelos pressupostos do investigador.

Os mesmos autores apresentam as principais formas de registro elencadas por Saidón (1986):

> *(1) Gravação em áudio e transcrição posterior de todas as falas; (2) Registro escrito de todas as falas no decorrer do grupo; (3) Registro* a posteriori *da sessão do grupo; (4) Protocolo do Ibrapsi – Instituto Brasileiro de Psicanálise, Grupos e Instituições. (Fernandes & Hur, 2022, p. 3)*

No grupo em questão, usamos o registro *a posteriori* da sessão.

Compreensão da transferência nos grupos

O terceiro tópico tem como referência a compressão da transferência nos grupos. Fernandes e Hur (2022) vão basear suas conceituações em considerações de Kaës (1993). Este, por sua vez, referenda a simultaneidade e a multiplicidade das manifestações transferenciais. O que se transfere é a conexão "dos objetos tornados inconscientes". O autor nos diz: "o grupo é um dispositivo particularmente adequado a receber em seu espaço e nos seus sujeitos essas conexões de transferências simultâneas e sucessivas" (Kaës, 1993, p. 177, tradução nossa).

O mesmo autor estabelece como conceito principal para a reflexão sobre a transferência nos grupos a ideia de difração. Esclarece que: "A difração de um objeto interno sobre diferentes sujeitos, sobre o analista ou sobre o próprio grupo é o regime habitual e particularmente fecundo do trabalho psíquico que se opera nos grupos" (Kaës, 1993, p. 178, tradução nossa).

Ocorre o compartilhamento e a repartição do componente energético, ou seja, das cargas pulsionais ligadas a esses objetos.

Entretanto, interconexões desses elementos estão ocorrendo nos grupos, a transferência se dá de forma mais complexa que na psicanálise individual. Isto é: "O grupo é o lugar da emergência de configurações particulares de transferência" (Kaës, 2015, p. 174, tradução nossa).

Não vamos nos aprofundar no tema da transferência, mas para os analistas grupais é muito importante ter noção da amplitude de movimentos transferenciais que acontecem no âmbito grupal.

Kaës (2015) declara que no espaço grupal, a pluralidade de sujeitos e de espaços psíquicos vai coexistir interferindo entre si, nos objetos, nas modalidades, nos conteúdos e nas conexões de transferências. As transferências adquirem características específicas: a) em seus conteúdos; e b) em suas modalidades de manifestação.

Além disso, ele esclarece que o que torna mais complexo o manejo no dispositivo grupal são transferências, ou seja, a pluralidade de espaços de realidade psíquica aí produzida: a) a do sujeito; b) a dos vínculos intersubjetivos; e c) a do grupo como conjunto.

Análise dos emergentes

O quarto tópico importante do artigo de Fernandes e Hur (2022) é o da "análise dos emergentes". Também não temos a intenção de nos aprofundar nessa temática do "emergente grupal", mas pretendemos deixar nomeado o formato que utilizamos para compreender o que estávamos experimentando nesse *date* grupal.

Baseamos a escuta e a escrita na conceituação de emergente de Pichon-Rivière (1982) e de Kaës (1997). Sobre esse conceito, os autores Fernandes e Hur explicam, com base em Pichon-Rivière (1998): "O emergente enuncia/denuncia uma certa modalidade de vínculo do grupo entre si e com a tarefa – efeito de transferência – pela articulação entre uma fantasia inconsciente (aí mobilizada) e os diferentes papéis/lugares sociais distribuídos entre os membros do grupo" (Fernandes & Hur, 2022, p. 5).

Kaës (1997) vai inferir que o porta-voz, ou seja, o emergente, funciona como o condutor do grupo; é, portanto, essencial para alcançar os objetivos e a tarefa explicitados. Sua função é acessar representações, trazer rupturas do discurso, movimentos afetivos, revelar as relações transferenciais, dos membros do grupo entre si, com o coordenador e com a tarefa. Os emergentes expressarão os conteúdos latentes, recalcados ou mesmo inscrições psíquicas não representadas, sendo o ponto de cruzamento entre problemática individual e grupal (Fernandes & Hur, 2022).

Fernandes e Hur dizem, com base nos preceitos de Kaës, que, no dispositivo grupal, estamos no campo dos sonhos: que podem aparecer sob a forma de uma denúncia verbal, mas também pela enunciação de um sonho ou de um sintoma que expõe o exercício das funções fóricas (porta-voz ou porta-palavra) por um porta-sonho ou um porta-sintoma (Fernandes & Hur, 2022).

Fernandes e Hur (2022) nos apresentam o emergente como "elemento transicional", "intermediário", entre o manifesto e o negado/desconhecido. Descrevem que a equipe de trabalho deve analisar e mapear os emergentes que surgem no processo associativo grupal. Igual atenção deve ser dada ao fluxo discursivo que parece fugir da tarefa proposta, o que emerge enquanto diferença ou nova associação.

De volta ao grupo de discussão

Na nossa experiência de "*Date* grupal às escuras", dois integrantes foram porta-vozes e/ou emergentes do grupo: XY e XX.2. O primeiro dizia não pertencer ao grupo de psicólogos ou psicanalistas, mas foi quem nos trouxe o signo/símbolo, a equação simbólica que permeou o imaginário grupal. E XX.2 trouxe o aspecto de surpresa, pois não sabia que trabalho seria realizado naquele espaço digital.

Em nossa proposta de *date* grupal, nenhum dos sujeitos/atores se conheciam, porém, foi estabelecido, nesse encontro, um sentimento comum: o sentimento de pertença. Percorreu a sessão uma expressão que o próprio grupo cunhou, uma espécie de signo/símbolo, isto é, uma equação: a expressão "nosso sentimento-pensamento".

Todos foram ao *date* grupal às escuras e se sentiram vinculados pela experiência humana, por pertencerem a este século e estarem vivendo a mesma condição de confinamento há mais de um ano.

Lembremos que, como todos os vírus, o Corona é invisível a olho nu e que sua estrutura nos foi revelada por meio de estudos científicos. Recebemos informações por meios de comunicação variados: TV e várias redes sociais da internet (Instagram, Facebook, YouTube, Twitter, WhatsApp etc.), em formato de vídeo ou *lives*. Fomos todos comunicados da noite para o dia, de uma hora para outra, que deveríamos ficar isolados em nossas casas e que o vírus era altamente contagioso. Como a cegueira branca do livro de Saramago, *Ensaio sobre a cegueira* (1995), nós víamos uns aos outros como possíveis portadores do vírus, do mal, e carregamos conosco o medo de contaminar uns aos outros com um vírus causador de uma doença fatal/letal.

Após as apresentações, propusemos ao grupo assistir ao filme que seria o disparador para a discussão naquela tarde de sábado, no *date* grupal às escuras. No filme, as personagens vivem confinadas, por uma razão que não nos é comunicada de forma objetiva, e imediatamente o grupo se identificou com esse momento histórico vivido.

O grupo de discussão fez uma ponte com a importância do trabalho grupal e foi programado como um dispositivo que permite, dentro do evento, uma expansão de nosso pensar horizontal.

No artigo de Fernandes (2000), "Como trabalhamos psicanaliticamente com grupos: alguns aspectos do trabalho psicanalítico com grupos de discussão", no tópico "Os grupos psicanalíticos de discussão", o autor nos referenda que, no Centro de Educação Permanente em Psicanálise de Vínculos (CEPPV), entendem o grupo como "o mais eficiente dispositivo para proporcionar o Universo em Expansão" (p. 5), referindo-se a Bion, precursor dessa ideia.

Fernandes, nesse mesmo artigo, afirma que no grupo de discussão se viabiliza o pensar democrático e horizontal. Ele ainda descreve a importância da utilização desse dispositivo em congressos e jornadas, como o evento no qual este trabalho aconteceu, e também a importância da publicação desses trabalhos na revista da SPAGESP: "podemos entendê-los como um grupo com finalidades operativas, ao lado dos grupos operativos propriamente ditos ou também como uma modalidade de Grupo Operativo, com tarefa restrita à discussão em cima de tema(s) e do contexto em que ocorrem" (Fernandes, 2000, p. 3).

Estabelece-se, aqui, qual será a tarefa do grupo de discussão e seu objetivo: "O objetivo é fazer circular o saber, o pensar de cada participante, despertar associações e formar conhecimento, procurando horizontalizar o saber e a prática de cada um" (Fernandes & Fernandes, 1999, p. 3).

Assim, mostramos nossa identificação com essa proposta de Fernandes (2000) e percebemos a importância da realização desse dispositivo (grupo de discussão) dentro de eventos como esse que organizamos, bem como da oportunidade de escrita e publicação das descobertas feitas nesses momentos. Temos, aqui, a oportunidade de produzir um artigo clínico que discursa sobre a teoria da técnica do trabalho com grupos.

Para encerrar este trabalho, gostaríamos de apresentar a pesquisa de Seminotti e Cardoso (2007): o artigo "As configurações vinculares no pequeno grupo potencializando e/ou limitando seu processo",

Baseados nos conceitos de Puget (2002), Berenstein (2001/2003/2004) e Morin (2004), esclarecem que, na psicanálise das configurações vinculares, a subjetividade é entendida como um conjunto e construída a partir de múltiplos vínculos em que o sujeito participa.

Seminotti e Cardoso (2007) utilizam conceitos de Anzieu (1993) para construir uma arqueologia do trabalho com grupos – conceitos como o de fantasia grupal; as fantasias como organizadores socioculturais; como as fantasias e representações individuais se engendram ao grupo e passam a ser grupais; e os conceitos de dentro e fora que Anzieu (1993) definiu como envelope (mantêm cada indivíduo com suas fronteiras).

Berenstein (2003) e Puget (2000) definem o campo da subjetividade como "espaço virtual" devido ao fato de sua morada ser no interior do sujeito. Em analogia, definem que a estrutura vincular é inconsciente, isto é, o vínculo é um campo de encontro entre dois ou mais sujeitos. Esse campo ou zona definimos como uma estrutura inconsciente, que liga os sujeitos numa relação de presença, constituindo-os como sujeitos do vínculo (Seminotti & Cardoso, 2007).

O sentimento de pertença se estabelece nesse espaço virtual que os autores descrevem. Estamos no **espaço do virtual**, pois a subjetividade está alojada nesse espaço interior. "Mas, como a estrutura vincular é inconsciente, seu registro dá-se apenas pelo sentimento de pertença do sujeito, que designa a ocupação de um lugar na estrutura vincular" (Seminotti & Cardoso, 2007, p. 3).

Podemos compreender que o grupo de discussão "*Date*" trouxe o aspecto de um registro que se deu pelo sentimento de pertença, um vínculo pela identificação de estarem todos ali, nessa condição de iguais. Um encontro às escuras, no qual, apesar de o digital estar nos transformando e definindo, a subjetividade, pertencendo ao espaço em si do virtual, nos viabilizou uma relação de presença em razão desse sentimento de pertença.

Berenstein (2003) e Puget (2000) estabelecem que esse sentimento de pertença precisa ter, constantemente, o reconhecimento dos outros e ser renovado pelo próprio sujeito, que se apossa de forma possessiva, com investiduras simbólicas referenciais ao seu lugar dentro do grupo, compartilhando sua representatividade, fantasias, objetivos e sonhos/projetos com os outros sujeitos vinculados.

Morin (2004) enriquece nosso conhecimento e nossa compreensão da complexidade sistêmica, da importância do grupo, ou melhor, dos *complexus* grupais: "O princípio da complexidade sistêmica é de operar em unidades [similar ao que a Conselheira disse a Daniel sobre as células] da totalidade dos conjuntos vivos [como os conjuntos de células vivas/organismos que a Conselheira menciona] com estratégias de simplificação" (Morin, 2004, p. 13).

Assim, disse também a personagem Conselheira ao jovem Daniel, esclarecendo a importância de uma célula pertencer a um organismo maior. A fala da personagem se relaciona com os dizeres de Morin: "Não podemos ser reduzidos às partes [células], e sim uma práxis no sentido de focar processos específicos que possam auxiliar na compreensão do *complexus* [do *complexus* grupais] a que pertencemos" (Morin, 2004, p. 13).

Seminotti e Cardoso (2007) fazem uma síntese do sentimento de pertença e o compreendem como um sinalizador/indicador de que, em grupo, algo pode emergir de processos latentes individuais, mas que será trabalhado na intersubjetividade grupal (estruturas intersubjetivas) de forma mais eficiente.

> *A pertença, pelo dito, é o que é observável dos processos do grupo. O conceito permite uma simplificação teórica para compreender e intervir na complexidade das relações. Simplificação que deve ser entendida como um dos vértices possíveis, como uma dimensão de um*

> *objeto multidimensional, dialógico e complexo como é o grupo. Na intervenção em grupo aprendemos que a manifestação de um indivíduo pode indicar a emergência de processos latentes. (Seminotti & Cardoso, 2007, p. 3)*

Entendemos que esse emergente de processos latentes não diz respeito apenas ao integrante, ele é porta-voz de uma angústia do grupo.

> *Assim, podemos pensar que o sentimento de pertencimento manifesto pelos sujeitos vinculados é um indicador que dá acesso à estrutura inconsciente intersubjetiva e, assim vista a pertença, está posta uma estratégia que permite tanger e organizar os processos intersubjetivos do grupo (Seminotti & Cardoso, 2007, p. 3)*

O grupo de discussão com o filme *A date in 2025* como disparador teve como proposta a tarefa de falar dos sentimentos ali despertados, das angústias desencadeadas pelo afastamento social. No grupo, criou-se um sentimento de pertença, pois todos estavam vivendo em um momento de isolamento, de digitalização das relações sociais, familiares, de trabalho, amizades, das paixões e amores. Resumindo, em tempos de Corona.

A discussão em torno desse tema nos fez chegar à conclusão de que, mesmo em isolamento, em nossas bolhas familiares, ou bolhas solitárias, podemos ter acesso aos dispositivos digitais de forma verdadeira, emocional e vincular, também podemos reestabelecer, nesses grupos, nosso sentimento de pertença à espécie humana.

Referências

Anzieu, D. (1993). *O grupo e o inconsciente: o imaginário grupal.* São Paulo: Casa do Psicólogo.

Berenstian, I. (2001). *El sujeto y el outro: De la ausencia a la presencia*. Buenos Aires: Paidós.

Berenstein, I. (2003). Reflexões sobre uma psicanálise do vínculo. In: A. Green (Org.), *Psicanálise contemporânea: revista francesa de psicanálise* (número especial, pp. 183-198; A. Cabral, Trad.). Rio de Janeiro: Imago. (Texto original publicado em 2001)

Berenstian, I. (2004). *Devenir otro con otro(s): Ajenidad, presencia, interferencia*. Buenos Aires: Paidós.

Bion, W. R. (1975). *Experiências com grupos*. Rio de Janeiro: Imago. (Trabalho original publicado em 1961)

Bleger, J. (1975). *Simbiosis y aambigüedad*. Buenos Aires: Paidós.

Deleuze, G. (1996). O que é um dispositivo? In G. Deleuze, *O mistério de Ariana* (pp. 83-96). Lisboa: Vega.

Deleuze, G. & Guattari, F. (1995). *Mil platôs: capitalismo e esquizofrenia* (Vols. 1 a 5). São Paulo, SP: Editora 34. (Trabalho original publicado em 1980).

Dust (Produtora) & Turner, R. (Diretor). (2018). *A date in 2025* [Curta-metragem]. Ucrânia: Dust. Retirado de https://www.youtube.com/watch?v=NZ8 G3e3Cgl4

Fernandes, B. S., & Fernandes, W. J. (1999). Grupos de discussão e grupos de reflexão das vicissitudes de sua coordenação. In *XI Congresso Brasileiro de Psicoterapia Analítica de Grupo* e *V Encontro Luso-Brasileiro de Grupanálise e Psicoterapia Analítica de Grupo*, Rio de Janeiro, Brasil.

Fernandes, M. I. A., & Hur, H. D. (2022). Psicanálise, grupo e teoria da técnica: conselhos ao jovem coordenador de grupos. *Psicologia USP*, 33. https://doi.org/10.1590/0103-6564e190078.

Fernandes, W. J. (2000). Como trabalhamos psicanaliticamente com grupos: alguns aspectos do trabalho psicanalítico com grupos de discussão. *SPAGESP, 1*(1), 61-69.

Foulkes, S. H., & Anthony, E. J. (1967). *Psicoterapia de grupo*. Rio de Janeiro: Biblioteca Universal Popular.

Freud, S. (1969a). Totem e tabu. In S. Freud, *Edição standard brasileira das obras completas* (vol. 12, pp. 13-193; J. Salomão, trad.). Rio de Janeiro: Imago. (Trabalho original publicado em 1913)

Freud, S. (1969b). Psicologia de grupo e análise do ego. In S. Freud, *Edição standard brasileira das obras completas* (vol. 18, pp. 89-179; J. Salomão, Trad.). Rio de Janeiro: Imago. (Trabalho original publicado em 1921)

Hur, D. U. (2012, jun.). O dispositivo de grupo na esquizoanálise: tetravalência e esquizodrama. *Vínculo, 9*(1), 18-26. São Paulo. Recuperado de http://pepsic.bvsalud.org/pdf/vinculo/v9n1/a04.pdf.

Hur, D. U. (2018). *Psicologia, política e esquizoanálise*. Campinas: Alínea.

Instituto Butantan. (s.d.). *Qual a diferença entre SARS-CoV-2 e Covid-19? Prevalência e incidência são a mesma coisa? E mortalidade e letalidade?* Instituto Butantan. Recuperado de https://butantan.gov.br/covid/butantan-tira-duvida/tira-duvida-noticias/ qual-a-diferenca-entre-sars-cov-2-e-covid-19-prevalencia-e-incidencia-sao-a-mesma-coisa-e-mortalidade-e-letalidade

Kaës, R. (1993). *Le groupe et le sujet du group*. Paris: Dunod.

Kaës, R. (1994). *La invención psicoanalítica del grupo*. Buenos Aires: Asociación Argentina de Psicología y Psicoterapia de Grupo.

Kaës, R. (1997). *O grupo e o sujeito do grupo: elementos para uma teoria psicanalítica do grupo*. São Paulo: Casa do Psicólogo.

Kaës, R. (2005). *Os espaços psíquicos comuns e partilhados: transmissão e negatividade*. São Paulo: Casa do Psicólogo.

Kaës, R. (2007). *Um singular plural: a psicanálise à prova do grupo*. São Paulo: Loyola.

Kaës, R. (2015). *L'extension de la psychanalyse: pour une métapsychologie de troisième type*. Paris: Dunod.

Lans, A. (2003). *El esquizoanálisis: una clínica en movimiento*. Montevideo: Multiplicidades.

Morin, E. (2004) Inclusão: verdade da literatura. In T. Rösing (Org.), *Edgar Morin – religando fronteiras* (pp. 13-20). Passo Fundo: UPF Editora.

Pichon-Rivière, E. (1982). *O processo grupal*. São Paulo: Martins Fontes.

Pichon-Rivière, E. (1998). *Teoria do vínculo* (6a ed.). São Paulo: Martins Fontes.

Puget, J. (2000). Traumatismo social: memoria social y sentimiento de pertenencia. *Psicoanálisis APdeBA, XXII*(2), pp. 455-482.

Puget, J. (2002). La Perspectiva Vincular - Incertidumbre: estado, situacion, principio. In *Jornada AAPPdeG*. Buenos Aires, Argentina.

Saramago, J. (1995). *Ensaio sobre a cegueira*. São Paulo: Companhia das Letras.

Saidón, O. I. (1986). O grupo operativo de Pichon-Rivière: guia terminológico para a construção de uma teoria crítica dos grupos operativos. In G. F. Baremblitt (Org.), *Grupos: teoria e técnica* (2a ed., pp. 169-200). Rio de Janeiro: Graal.

Seminotti, N., & Cardoso, C. (2007, dez.). As configurações vinculares no pequeno grupo potencializando e/ou limitando seu processo. *Vínculo, 4*(4). http://www.redalyc.org/articulo.oa?id=139420850004.

14. W^3: o virtual, o digital e a arte como recursos de transformação

Alexandre Santos Ferreira

Todos os livros do mundo são um
único livro, que é o livro do homem.
Octavio Paz

"Nada é permanente, exceto a mudança." Com essa síntese, Heráclito de Éfeso expressa a fundamental premissa sobre a existência de todos os seres. Somos mutantes, em constante transformação real e simbólica. Partindo desse princípio, este trabalho nos convida a pensar o indivíduo inserido em uma coletividade em transformação contínua e que encontra no meio digital uma velocidade e potência nunca vividas anteriormente. Não pretendo realizar uma análise futurista, seja ela otimista ou pessimista. Tenho como objetivo observar, principalmente, o digital como um novo ambiente, no qual podem se manifestar pulsões de vida e de morte, e o recurso artístico como uma possibilidade expressiva e de conexão. Um instrumento de elaboração e transformação de pulsões, como sugerido por Freud ao formular o conceito de sublimação.

Segundo o *Vocabulário de psicanálise de Laplanche e Pontalis*, sublimação é um

> *processo postulado por Freud para explicar atividades humanas sem qualquer relação aparente com a sexualidade, mas que encontrariam seu elemento propulsor na forma da pulsão sexual . . . diz-se que a pulsão é sublimada na medida em que é derivada para um novo objetivo não sexual e em que visa objetos socialmente valorizados. (Laplanche, 1982, p. 494)*

Somos seres de percepção subjetiva capazes de criar diversas relações sociais moldadas por encontros temporais. Cada indivíduo, em seu tempo, transforma e é transformado por esse encontro coletivo. Um fenômeno descrito por Freud em toda a sua obra e que, a partir de seu texto *Psicologia das massas e análise do eu* (1921/2016), encontrou reverberação em inúmeros psicanalistas, como Enrique Pichon-Rivière, René Kaës e muitos outros ao longo do tempo.

Tempo... uma métrica curiosa que nos coloca a 2,5 milhões de anos de distância dos nossos antepassados que produziram os primeiros artefatos em pedra lascada. Naquele tempo, a ambivalência já estava impressa em todos os objetos inventados: a lança criada para caçar também era capaz de matar; o fogo usado para aquecer e cozinhar também feria. O tempo nos mostrou que esses objetos, frutos da nossa observação e imaginação, seriam instrumentos dos nossos desejos, medos e agressividades. Como o Id só pode experimentar a realidade externa por meio do Eu, essas novas próteses de um corpo que não é apenas físico abrem criativas e assustadoras possibilidades libidinais. Em *O mal-estar na civilização*, Freud imaginou um homem primitivo que não precisou abdicar de sua libido devido às restrições sociais, uma vez que

> *os valores culturais nascem da necessidade de impor limites às pulsões, mas estas nunca são totalmente dominadas. O mal é intrínseco à natureza humana, nem tanto por existir uma natureza má no homem, mas porque tanto o mal como o bem são valores fabricados, construídos de um material sujeito a rápida deterioração. (Miguelez, 2015, p. 34)*

Esse será um ponto importante de observação sobre uma pulsão que não se encontra sob o domínio de uma qualificação maniqueísta. Será necessário partirmos da premissa de que esta tentativa de qualificar uma ética para um bem maior encontra incoerências teóricas e dogmáticas que só podem ser resolvidas por intermédio da elaboração e de inúmeros acordos sociais. Assim, uma proposta de expressão em que a subjetividade dessa noção de ética possa ser apresentada, elaborada e transformada em algo que possamos chamar de coletivo precisa se instituir nos meios de comunicação que hoje nos unem.

Voltando à história, nossa existência como *Homo sapiens* não ultrapassa 200 mil anos, e a partir de 50 mil de existência nossa espécie parece ter adquirido a capacidade de simbolizar, de atribuir valores e significados aos fenômenos materiais e imateriais. Chamada de "explosão criativa do paleolítico superior", datam dessa época os primeiros indícios de sepultamentos ritualizados, adornos corporais, instrumentos estilizados, esculturas e pinturas em cavernas. Um processo que, segundo o paleontólogo Walter Alves Neves, nos levou a uma explosão de criatividade e desenvolvimento tecnológico. Para se ter uma ideia, um conjunto de ferramentas neandertais não ultrapassaria vinte tipos de ferramentas especializadas. Com o *Homo sapiens*, esse número salta para a casa dos cem. Com a capacidade de raciocínio abstrato, resolução de problemas complexos e o uso da linguagem, fomos capazes de nos organizar em grupos, criar e compartilhar cultura e estruturar o que hoje chamamos de civilização.

Voltando ao nosso tempo... Nesse intervalo de 2,5 milhões de anos, presenciamos um novo instrumento, que completou 64 anos em 2021 e parece estar transformando nossa própria relação com o tempo e o espaço. Em 1957, os Estados Unidos e a União Soviética protagonizavam um embate ideológico, econômico, político e militar que assombrava o mundo: a guerra fria, nome apropriado para um potente conflito repleto de fantasias paranoicas e táticas obscuras. Devido à constante ameaça mútua de destruição, os Estados Unidos estavam interessados em encontrar uma maneira de proteger suas informações e comunicações no caso de um ataque nuclear soviético. Fruto do medo, um pensamento inovador acabou nos trazendo ao que hoje conhecemos como internet.

Em 1958, um ano após o lançamento do Sputnik 1 (primeiro satélite artificial da história) pela União Soviética, os Estados Unidos criaram a Agência de Projetos de Pesquisa Avançada de Defesa, a DARPA (Defense Advanced Research Projects Agency). Daí em diante, pode-se observar uma série de eventos que acabaram construindo coletivamente o que chamamos de Mundo Digital. No ano de 1961, Leonard Kleinrock apresenta sua teoria de comutação de pacotes em sua tese de doutorado no MIT (Massachusetts Institute of Technology). Um pouco depois, em 1964, Marshall McLuhan prevê uma sociedade evoluindo para uma grande comunidade global em seus artigos científicos. Em 1965, Lawrence G. Roberts, em Massachusetts, e Thomas Merrill, na Califórnia, conectam um computador TX2 a um Q-32 por uma linha telefônica comutada de baixa velocidade. Um ano após esse acontecimento, Roberts entra na DARPA e, junto de Robert Kahn e Howard Frank, cria o plano da ARPANET para desenvolver a primeira rede de comutação de pacotes. Em 1972, Ray Tomlinson cria o *software* básico de *e-mail*.

Dois anos depois, Robert Kahn e Vinton Cerf desenvolvem uma nova versão do protocolo TCP/IP que respondia a um ambiente de rede de arquitetura aberta.

E, finalmente, em 1989, Tim Berners-Lee desenvolve a *World Wide Web* (rede mundial de computadores): WWW, um sistema de distribuição de documentos de hipertexto (HTTP) interconectados e acessíveis por meio de um navegador *web* conectado à internet. Desencadeia a partir de então a Quarta Revolução Industrial, levando o mundo a se estabelecer na era da informação. Uma nova etapa que nos permite deixar o papel passivo de usuários e passar a interagir como criadores de conteúdo. Para alguns, esse conteúdo que emerge da rede seria a exposição violenta de uma massa destrutiva, infantil e rebaixada em suas capacidades diante de um movimento, como descrito por Freud em *Psicologia das massas e análise do eu* (1921/2016). Para outros, representa uma nova experiência coletiva que transformou a comunicação Um-Todos, vigente por séculos, em uma versão atualizada: Todos-Todos. Comunicação dispersa e surpreendentemente diversa do que se passa internamente no que chamaremos de um psiquismo coletivo.

Esse psiquismo coletivo diz respeito ao conjunto de conhecimentos e experiências humanas que transpassam o tempo e inserem o indivíduo na cultura, com suas regras e limites. Material histórico erotizado desde os primeiros instantes do nascimento na relação mãe-bebê e cuja experiência com o mundo vai estruturando um inconsciente que não pode ser investigado sem suas relações vinculares com estes Outros que habitam todos os indivíduos.

Para Lacan, um Grande Outro que nos é apresentado como uma ideia constitutiva e antagônica que indicaria a aproximação do inconsciente com a linguagem. Um lugar simbólico no qual é possível receber mensagens de forma invertida. A possibilidade de alteridade inserida em cada indivíduo. Um conceito que estaria mais próximo da metalinguagem que da própria linguagem tão bem trabalhada pelo autor.

Melanie Klein descreve que as frustrações orais liberam impulsos e que o superego começa a se formar ao mesmo tempo. Ela parte da premissa de que, normalmente, o prazer do bebê em sugar é substituído pelo prazer em morder. A falta de satisfação no estágio oral de sugar aumenta a necessidade de satisfação no estágio oral de morder. Assim, a criança estaria suscetível a condições de alimentação desfavoráveis e frustrações externas, mas não só isso. São os "mamadores preguiçosos" que, embora recebam suficiente alimento, possuem sadismo oral acima da média, e essa seria a fonte de sua frustração interna. Uma polaridade entre pulsões de vida e morte. Um delicado equilíbrio entre a expressão da força da libido e desse sadismo oral. Klein nos lança a ideia de que a transformação da libido não satisfeita em angústia também é repleta de fúria. Uma fusão de pulsões destrutivas e libidinais desde o nascimento que são fortalecidas pelas vivências de frustração, fortalecendo as pulsões sádicas do bebê.

Dirigida destrutivamente contra o próprio organismo e encarada como um perigo pelo ego, essa angústia seria originada pela agressão. Trata-se, então, de uma cisão que se inicia a partir da incorporação do objeto e cuja finalidade é se tornar uma defesa contra os impulsos destrutivos.

Para Melanie Klein, esta é a forma com que o ego, presente desde o nascimento e ainda muito frágil, consegue lidar com a angústia: diante da angústia de aniquilamento, o ego promove a deflexão da pulsão de morte para fora, criando uma intrincada dinâmica de ejeção/incorporação de seus objetos internos. Às vezes, satisfatórios e fundamentais para a construção da experiência de vida, às vezes, persecutórios e sádicos. Para ela, todos esses objetos, incorporados, assumiriam, desde o início, o papel deste superego arcaico. Um estágio de desenvolvimento ainda regido por tendências agressivas contra o corpo da mãe e também contra o conhecimento inconsciente de que os pais desfrutam prazeres sexuais mútuos onde a criança reage a essa fantasia com inveja dos pais e isso, por sua vez, reforça o ódio que sente por eles. Nesse sentido, o superego kleiniano teria seu núcleo constituído muito antes daquele descrito pela teoria freudiana, sua instauração se dando a partir da incorporação parcial que ocorre durante a fase pré-genital.

Não é difícil perceber esses elementos arcaicos presentes na comunicação atual em todo o mundo. Movimentos paranoicos e sádicos, ataques, defesas, cisões. O universo digital parece ter entornado de uma só vez um caldo psíquico que antes podia ser escutado apenas em pequenas escalas. Agora, esses movimentos estão registrados e interligados entre todas as culturas. Uma cadeia retroalimentar cujo resultado pode ser aprofundar tais recursos ou elaborar no sentido do pensar.

Na história da arte, encontramos recorrentemente o tema da inveja e da destrutividade, elaborados e expressados de forma a se construir um pensamento coletivo sobre o assunto. Freud viu nesse processo o que ele denominou sublimação. Objeto de comunicação por excelência, sua materialidade foi (e é) obsessivamente estudada e representada, revelando a expressão de um mundo psíquico repleto de peculiaridades, no que tange às manifestações individuais e símbolos presentes na coletividade. Muitas vezes, cabe à arte a expressão, um compromisso com a reinterpretação e reintegração do seu valor simbólico. Esse correlato é um espaço de metáforas, narrativas.

É importante, neste momento, tentar apresentar um significado para este conceito tão abstrato que chamamos de arte. Neste trabalho, arte será tratada como uma forma de expressão subjetiva, cuja linguagem carrega consigo a tentativa de elaboração de um indivíduo, e não apenas a sua criação. Uma obra que não pode ser experimentada por outro indivíduo estaria muito mais próxima de uma descarga. Aqui, proponho a necessária troca entre criadores e audiência. Uma possibilidade de comunicação e interpretação subjetivas que possam gerar transformações dentro desta relação artista/outro. Uma linguagem metafórica que existe entre indivíduos.

Uma forma de expressão que existe, em minha percepção, por meio da dinâmica subjetiva que Melanie Klein propôs teoricamente ao apresentar a relação entre a posição esquizoparanoide e a posição depressiva – conceitos que coexistem em constante movimentação e só podem evoluir juntos. Sendo este um movimento existente em um indivíduo, podemos percebê-lo também durante a relação que se estabelece entre analista/analisado. A escuta e a elaboração do analista a serviço de uma mente que busca movimento.

A possibilidade de transformação que acontece a partir de um outro que se dispõe a dialogar por meio do inconsciente: esse é o movimento que também acontece por meio da arte. Uma forma de pensar o não estático da vida enquanto houver vida: "Na vida Psíquica do ser individual, o Outro é via de regra considerado enquanto modelo, objeto, auxiliador e adversário, e portanto a psicologia individual é também, desde o início, psicologia social, num sentido ampliado, mas inteiramente justificado" (Freud, 1921/2016, p. 14).

É inegável que vivemos um tempo narcísico. Os indivíduos valorizam ao máximo sua própria condição singular e consomem materialmente os benefícios da civilização sem se implicarem nos próprios vínculos relacionais. Violência social e indiferença são manifestações comuns de uma fase histórica que se deslumbra com a sedutora ideia de um coletivo sem angústia. Uma experiência devastadora, mas talvez necessária para a construção de um novo aprendizado. Uma construção de significados que nos permita, via símbolo, a humanização dos sofrimentos. Um novo contrato fundado sobre identificações, representações e ideais comuns. Unidos ao todo pelo que Freud considera uma renúncia recíproca às satisfações pulsionais imediatas e aos ideais pessoais. Um novo instrumento de coordenação não hierárquica e uma criação coletiva de uma nova forma de inteligência.

Pensando o Ego individual como a emanação de um Id compartilhado por toda a humanidade, sem o grupo não existiria identidade. Lazlo A. Ávila considera a possibilidade de uma mente grupal, já Pierre Lévy, de uma inteligência coletiva. Ao internalizarmos nossas relações com os Outros, fazemos com que, do ponto de vista psíquico, objetos internos do outro vivam dentro de nós mesmos. Como podemos pensar que uma coisa possa ser mais que a própria coisa? Em que momento nosso aparelho psíquico pode criar relações que vão além do próprio objeto? Um peito não é apenas um peito? Definitivamente não. O conceito de objetos internos desenvolvido por Melanie Klein explica uma elaborada rede intra/inter-relacionada que nos possibilita experimentar e erotizar o mundo por meio de relações perceptivas/emocionais que nos fazem compreender a realidade de uma forma tão abstrata que, muitas vezes, apenas a arte poderia ser testemunha.

Algumas palavras poderiam tentar descrever este pensamento que tomou forma concreta e é reconhecido como arte. Um espaço de metáforas, como a relação entre o conceito psicanalítico de fantasias inconscientes que se expressam por meio de simbolismos. Arte como linguagem, expressão e significado, em uma relação entre criador e espectador. Apenas aí a arte pode existir. Exatamente entre ambos. Associações e representações tão subjetivas em um espectador que seriam inimagináveis pelo artista. Segundo Freud, "as gratificações substitutivas, tal como a arte as oferece, são ilusões face à realidade, nem por isso menos eficazes psiquicamente, graças ao papel que tem a fantasia na vida mental" (1930/2016, p. 29).

Pensar e realizar algo tão pouco lógico poderia se aproximar da loucura, palavra tão abstrata quanto a tentativa de explicar o que se passa diante da subjetividade psíquica, em um processo que procura o desconhecido, o novo, a ampliação deste aparelho que também podemos observar na fórmula matemática criada a partir do conceito de inúmeras novas posições desenvolvido por R. Britton (2003). Arte como uma possível elaboração de partes psicóticas. Uma constante simbolização desse jogo que fala sobre o sonho e realidade. Inconsciente e consciente. Coisa e palavra.

Mudemos, por um instante, de palavra: virtual. Sua raiz vem do latim medieval *virtualis* e significa força, potência. Segundo Pierre Lévy em seu livro *O que é o virtual?* (1996), seria um contraponto ao atual, não ao real. O real, para ele, se contraporia ao possível. Assim, a virtualização seria um dos principais vetores da criação de novas realidades. Um recurso utilizado pelo psiquismo muito antes do advento do digital e da internet. Virtual e fantasia estariam entrelaçados, mas não são sinônimos. A virtualidade carrega em si a potência do possível, realidades que ainda não se tornaram atuais e uma complexa matriz de existência. O virtual como uma possibilidade de mudança de identidade, seja interna ou em nossa relação com o mundo, com os outros e com os artefatos criados por estes. Fogo, roda, livro, televisão, internet... Virtualizamos para nos atualizar. Uma rede material que nos serve de suporte para reorganizarmos nosso próprio espaço mental. Criação e recriação. Reatualização de um mundo de significações que nos constituem como seres coletivos.

O virtual acontece inserido dentro de nossa própria subjetividade. As ferramentas, cristalizações do virtual, nos dão acesso a um conjunto indefinido de possíveis usos, como é o caso do ambiente digital que se estruturou a partir do advento da internet. O digital, apesar de estar estruturado em instrumentos materiais, como servidores, bancos de dados e computadores, quebra este mesmo paradigma da materialidade por se constituir mediante complexas matrizes de 1 e 0. Infinitas combinações de programações, nas quais a experiência é simulada, não experimentada fisicamente. A mente viaja no virtual, mas o corpo ainda não. Nesse sentido, digital e virtual se encontram. O primeiro, um suporte; o segundo, um recurso psíquico capaz de trabalhar neste e em outros suportes materiais já criados pela humanidade.

A virtualização é um recurso usado contra a fragilidade, a dor, a angústia. Não pensamos sozinhos, mas sempre na corrente de um diálogo ou de um multidiálogo, real ou imaginado por meio da linguagem e do sistema de signos, herdados pela cultura. Um coletivo humano no qual cada recorte nos faz evoluir em um sistema de novas representações e significados. Transformamos para aprender. Um psiquismo que, desde o início, é coletivo. Essa dialética entre o atual e o virtual é, em essência, a força criadora e transformadora de um psiquismo coletivo. E é nesse território que existe a possibilidade artística.

> *A arte efetua, por via peculiar, uma reconciliação dos dois princípios. O artista é originalmente um homem que se afasta da realidade por não poder aceitar a renúncia à satisfação dos instintos que ela inicialmente requer, e concede a seus desejos eróticos e ambiciosos inteira liberdade na fantasia . . . Mas o consegue somente porque as outras pessoas compartilham a sua insatisfação com a renúncia real exigida, e porque tal insatisfação, que resulta da substituição do princípio do prazer pela da realidade, é ela mesma parte da realidade. (Freud, 1911/2016, pp. 117-118)*

Nesse sentido, este trabalho se propôs a pontuar a importância da expressão artística neste momento histórico tão conflitante e em plena transição na forma como nos relacionamos. Em uma época em que a cisão se apresenta como uma visível manifestação coletiva, a arte é um recurso de síntese, crítica e possibilidade de integração nesse novo espaço digital. Uma potência virtual para uma possível transformação de um coletivo que sofre diante de sua incapacidade simbólica e do uso ineficiente de paliativos contra sua própria angústia. Nas palavras de Pierre Lévy, "a arte virtualiza a virtualização" (1996, p. 79).

Referências

Ávila, L. (2016). *Grupos: uma perspectiva psicanalítica*. São Paulo: Zagodoni.

Britton, R. (2003). Antes e depois da posição depressiva. In R. Britton, *Crença e imaginação: explorações em psicanálise*. Rio de Janeiro: Imago.

Freud, S. (2016). Formulações sobre os dois princípios do funcionamento psíquico. In S. Freud, *Obras completas* (vol. 10). São Paulo: Companhia das Letras. (Trabalho originalmente publicado em 1911)

Freud, S. (2016). Totem e tabu: animismo, magia e onipotência. In S. Freud, *Obras completas* (vol. 11). São Paulo: Companhia das Letras. (Trabalho originalmente publicado em 1913)

Freud, S. (2016). Luto e melancolia. In S. Freud, *Obras completas* (vol. 12). São Paulo: Companhia das Letras. (Trabalho originalmente publicado em 1917 [1915])

Freud, S. (2016). Psicologia das massas e análise do eu. In S. Freud, *Obras completas* (vol. 15). São Paulo: Companhia das Letras. (Trabalho originalmente publicado em 1921)

Freud, S. (2016). O eu e o id. In S. Freud, *Obras completas* (vol. 16). São Paulo: Companhia das Letras. (Trabalho originalmente publicado em 1923)

Freud, S. (2016). O mal-estar na civilização. In S. Freud, *Obras completas* (vol. 18). São Paulo: Companhia das Letras. (Trabalho originalmente publicado em 1930)

Klein, M. (1996). Estágios iniciais do conflito edipiano. In M. Klein, *Amor, culpa e reparação*. Rio de Janeiro: Imago. (Trabalho originalmente publicado em 1928)

Lacan, J. (2020). *O seminário* (livro 5: As formações do inconsciente). Rio de Janeiro: Zahar.

Laplanche, J. (1982). *Vocabulário de psicanálise Laplanche e Pontalis* (4a ed.). São Paulo: Martins Fontes.

Lévy, P. (1996). *O que é o virtual?* (2a ed.). São Paulo: Editora 34.

Miguelez, O. (2015). *Narcisismos*. São Paulo: Escuta.

GRÁFICA PAYM
Tel. [11] 4392-3344
paym@graficapaym.com.br